觀相

己亥年 甲戌月

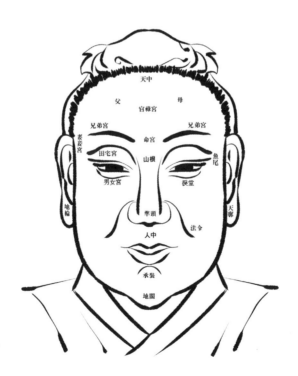

관상이 四柱八字다

초판발행 2019년 10월 01일
초판 3쇄 2024년 08월 01일
지은이 이 남 희
펴낸이 김 민 철

등록번호 제 4 -197호
등록일자 1992.12.05

펴낸곳 도서출판 문원북
주 소 서울시 마포구 토정로 222 한국출판콘텐츠센터 422
전 화 02-2634-9846
팩 스 02-2365-9846
메 일 wellpine@hanmail.net
카 페 cafe.daum.net/samjai
블로그 blog.naver.com/gold7265

ISBN 978-89-7461-453-9
규 격 152mmx225mm
책 값 30,000원

이 도서의 국립 중앙도서관 출판사 도서 목록(CIP)은 서지정보 유통지원 시스템 홈페이지 (http://seoji.nl.go.kr)와 국가 자료 공동 목록 시스템(http://www.nl.go.kr/kolisnet) 에서 이용하실 수 있습니다. (CIP제어번호: CIP2019038778)

얼굴을 보면 사람을 알 수 있다

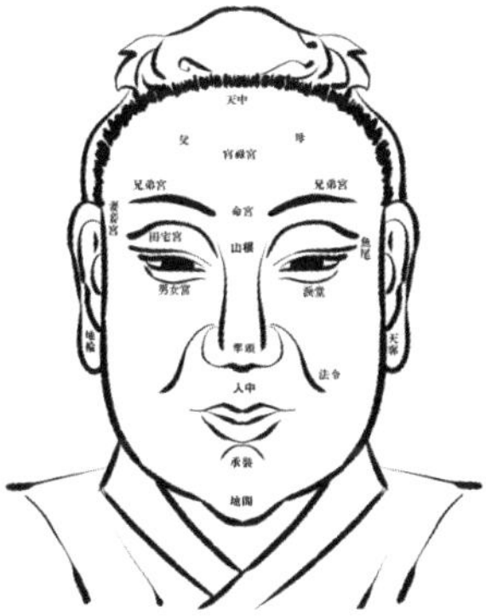

觀相이 四柱八字다

문원북 BOOK

관상을 보면 사람을 알 수 있다.

생김새 만 보아도 그 사람의 운을 대충은 알 수 있다는 소리다. 관상이란 얼굴의 골격 및 주요 부위를 포함하여 주름살, 점, 상처의 흔적, 목소리 등 함께 듣고 보고 종합적으로 사람의 운을 예견하는 학문이다. 요즘 관상에 관한 서적이 많이 나와있지만 일반인들이 이해하기는 어려운 설명으로 대부분 이루어졌고, 잘못된 내용들도 많다.

필자는 이런 현실에 더 이상 침묵만 할 수 없어서 관상학의 처음과 끝이라 할 수 있는 마의상법을 새롭게 해석한 뒤 일일이 그림으로 그려 설명했다. 이 과정에서 원문 내용과는 다른 관상 법으로 대체한 것도 있고, 손금 보는 법 역시 현실에 맞는 내용으로 바꿨다.

관상을 제대로 보려면 얼굴 생김뿐 아니라 좌우의 손금도 반드시 같이 봐야 한다. 얼굴에 나타나있지 않은 운명이 양쪽 손금에 숨겨져있고, 손금에 나타나있지 않은 인생길이 얼굴에 적나라하게 드러나있기 때문이다.

요즘 남자 직장인들에게 유행하는 눈썹 문신에서 볼 수 있듯이, 눈썹을 눈보다 길게 하여 관운을 좋게 하려고 한다. 몸에 병이 났을 때만 병원에 가는 것이 아니다. 마음의 상처를 입고 방황할 때 관상을 좋게 하여 소원을 성취할 수 있다면 적극 추천하고 싶다.

이 책은 마의상법을 쉬운 언어로 재해석했으되 필자가 청춘을 바쳐 연구하면서 나름대로 보완하고 검증을 거친 관상의 집합체이기도 하다.

여러분이 이 내용을 바탕 삼아 더 깊이 공부한다면 뜻한 바를 달성하리라 본다. 관상학이 오늘날까지 이어져올 수 있도록 기록해서 후세에 남겨주신 마의 선생님과 달마선사님 그리고 여러 선현들께 깊은 감사를 드린다.

己亥年 癸酉月 本主

목
차

 Part 01 **얼굴의 주요 명칭과 위치**

Part 02 마의선생 석실이부

Part 03 금쇄부(金鎖賦)

Part 04 은시가(銀匙歌)

Part 05 흉터, 주름, 점

Part 06 남녀의 여러가지 품격

Part 07 피부, 골격, 이마, 주름

Part 08 8장 얼굴, 이목구비로 본 길흉

신체부위로 본 길 흉

Part 01

얼굴의 주요 명칭과 위치

12궁十二宮

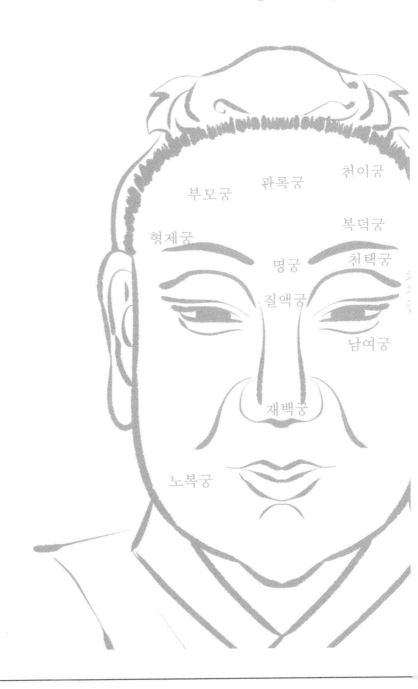

1. 마의상법이란

송초(宋初)에 저작된 것으로 알려진〈마의상법(麻衣相法)〉은 늘 마의를 입고 동굴에서 수도생활을 했다는 마의 선사로부터 구전으로 상법을 전수받은 진단(陳摶)이 그 내용을 기록하여 후세에 남긴 상서이다.

마의 선사에게 직접 전수받은 상술의 내용은〈마의 선사 석실 신이 부(麻衣先生石室神異賦)〉,〈금쇄부(金鎖賦)〉,〈은시가(銀匙歌)〉로 알려졌다. 나머지 부분은 후대에 더하여진 내용으로 전해진다.

진단은 5 대 10국에서 송(宋) 초까지 살았던 인물로 자는 도남(圖南)이다. 그는 이 책을 저작함으로써 많은 후학과 일반 대중에게 관상학에 더욱 쉽게 접근할 수 있도록 하였다. 그는 어렸을 때부터 시(詩), 서(書), 역(易), 방술(方術) 등 다방면에 관심과 조예가 있었다.

그는 과거시험을 보고자 하였으나, 낙방하여 산수를 낙으로 삼았다고 한다. 또한, 송 태종이 그를 불러 벼슬을 내리려고 하였으나 나아가지 않아, 희이(希夷)라는 호를 하사했다는 기록이 송사에 전하고 있다.

〈마의상법〉은 총 5권으로 구성되어 있다. 제1권은 총론으로 관일팔법(觀人八法), 13부위 총도가(十三部位總圖歌), 12궁(十二宮), 오악사독(五嶽四瀆), 인면 총론(人面總論), 오행론(五行論), 논형(論形), 신(神), 기(氣), 성(聲) 등으로 이루어져 있다.

제2권은 각론으로 신체를 이루고 있는 뼈, 살, 머리, 이마, 얼굴, 눈, 코, 입 등과 사지(四肢)의 상에 대해 세부적으로 기술하고 있다. 제3권은 팔다리와 수족 등에 관한 내용을 담고 있다. 제4권은 달마대사의 이름을 빌려 후대에 편입한 것으로 추측되는 달마조사의 상경 비전(相訣祕傳)이 실려있는데, 부(賦), 가(歌)의 문체 형식으로 관상학의 주요 내용을 요약 정리하고 있다. 또한 기색에 관한 내용으로 기색의 길, 흉에 대해서도 서술하고 있다.

2. 관인팔법(觀人八法)

8가지 유형으로 사람을 보는 방법

1. 위맹지상(威猛之相)

보는 이의 고개가 저절로 숙여질 정도로 엄격함과 존경스러움을 갖춘 상이다. 그 위세는 토끼를 낚아채는 독수리 같아서 주변의 새들이 놀라 달아나고, 숲에서 성난 호랑이가 나타나면 뭇 짐승들이 전전긍긍하는 것과 같다.

이런 사람은 눈빛과 온몸에서 뿜어져 나오는 기운이 사람들에게 위압감을 느끼게 하고 저절로 머리를 숙이게 한다. 많은 군사를 이끄는 장군이나 정치 지도자 중에서 이런 상을 볼 수 있다.

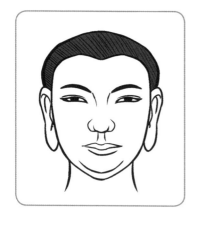

2 후중지상(厚重之相)

체격과 얼굴 형상이 태산처럼 두텁다. 사고방식의 품이 바다처럼 넓고 그릇이 커서, 무거운 짐을 실은 거대한 배와 같이 끌어당기고 흔들어도 꿈쩍도 하지 않는다. 많은 재산과 복을 누리며 산다.

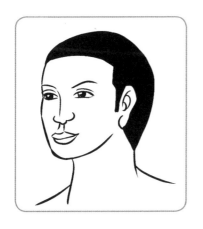

3. 청수지상(淸秀之相)

정신이 맑고 깨끗하다. 그 모습은 잡목 속에 섞인 수려하게 뻗은 계수나무 가지와 같이 두드러지고, 곤륜산에 묻혀 은은한 빛을 내는 옥처럼 고상하다. 그러나 이 관상의 사람은 심성이 가벼운 나머지 언행에 신중함이 없다면 도리어 경박스러워질 가능성이 있다.

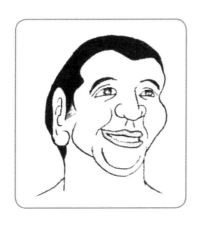

4. 고괴지상(古怪之相)

골격이 울퉁불퉁한 바위산처럼 생겼다. 따라서 이 관상은 정서적으로 맑고 안정되지 않으면 오히려 무식하고 천박하게 비칠 수 있다.

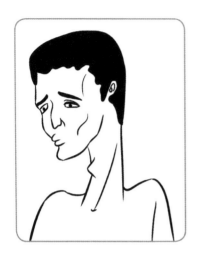

5. 고한지상(孤寒之相)

형상이 외롭고 쓸쓸해 보인다. 목은 가늘고 길며 어깨는 옴츠려졌고 다리 역시 가늘고 몸은 뒤틀려 있는 듯하다. 앉은 모습에서도 안정감이 없고 걸음 걸이마저 휘청거려서 불안하다. 모습은 마치 물가에 홀로 서 있는 학과 같고 비에 젖은 해오라기처럼 춥고 쓸쓸해 보인다. 고독하고 가난하게 살 운이다.

6. 박약지상(薄弱之相)

골격이 약하고 표정은 늘 겁먹은 듯 불안하다. 눈빛은 늘 흐릿하여 어둡고, 가랑잎만큼이나 가볍고 작은 배가 거친 파도위에 떠 있는 것처럼 불안하다. 복이 붙을 것 같지 않은 가난한 상이다. 혹, 궁핍함이 없더라도 수명이 그리 길지 못하다.

7. 완악지상(頑惡之相)

징그러운 뱀이나 쥐를 보는 것 같이 생겼고 목소리도 승냥이가 울부짖는 소리로 들린다. 생김새처럼 성격 또한 흉포해서 아름다움과는 거리가 멀다.

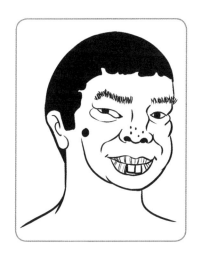

8. 속탁지상(俗濁之相)

점잖은 것과 거리가 먼 세속적인 것에만 눈이 어둡다. 때가 구질구질 묻고 악취가 풍기는 더러운 옷을 보는 형이다. 재물은 있을지 모르나 인간으로써의 고상함과 예의, 체면과는 거리가 먼 천한 상이다.

3. 오관

오관이란 첫째, 귀. 둘째, 눈썹. 셋째, 눈. 넷째, 코. 다섯째, 입.
이렇게 다섯 군데를 말한다.

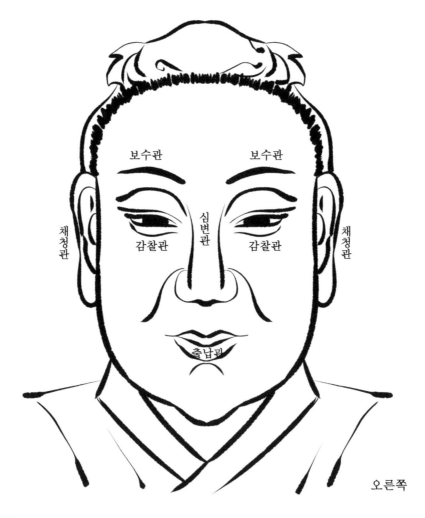

오른쪽

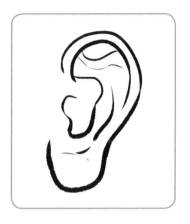

1) 귀

▶ 귀를 채청관(採淸官)이라고 하며, 크고 작음보다는 우선 색깔이 가장 중요하다. 귀가 크더라도 빛깔이 거무스름하다면 현재 좋지 않은 운을 가지고 있다고 봐야 한다.

▶ 내륜의 윤곽이 뚜렷해야 한다.

▶ 귀의 살집이 두텁고 귀 앞의 명문이 넓고 흠이 없어야 좋다.

2) 눈썹

▶ 눈썹을 보수관(保壽官)이라 하는데 술이 엉키지 않고 가지런하게 나야 좋다.

▶ 눈썹 술에 은은한 윤기가 흘러야 좋다.

▶ 눈썹 끝이 옆머리까지 닿을 정도로 길어야 좋다.

▶ 눈썹은 눈과 멀리 떨어져 있는 게 좋다.

3) 눈

▶ 눈을 감찰관(監察官)이라 부르고, 눈꺼풀이 잘 감싸서 눈동자가 밖으로 드러나지 않는 것이 좋다.

▶ 눈의 검은자위와 흰자위가 구분되어서 또렷해야 좋다.

▶ 눈동자가 안정되어 보이고 이리저리 흘겨보지 않아야 한다.

▶ 눈의 모양이 가늘고 길어야 좋다.

▶ 눈에 은은한 광채가 있고 사물을 보는 시각이 집중력 있게 보여야 좋다.

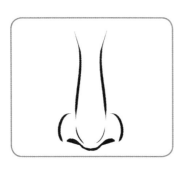

4) 코

▶ 코를 심변관(審辨官)이라 하는데, 콧대가 바르고 살이 넉넉하게 뼈를 감싸야 좋다.

▶ 코끝 준두가 둥그스름 해야하고 양 옆의 코볼이 도독하게 솟아올라 있으면 좋다.

▶ 대나무를 쪼갠 듯 바르고 빛깔이 밝아야 한다.

▶ 코의 모양이 현담(懸膽, 쓸개를 매달아 놓은 모양)같이 생기면 더욱 좋다.

▶ 산근과 연상과 수상부분이 지나치게 낮지 않아야 한다.

5) 입

▶ 입은 출납관(出納官)이라 하는데 도톰
하고 약간 크며 붉은색이면 좋다.

▶ 활을 당긴것처럼 입의 양쪽 끝이 위로
살짝 올라간 모습이 좋다.

▶ 『대총부』라는 상서에서 말하기를 "이
오관 중에 일관이 좋으면 10년을 귀하
게 되고, 오관 모두가 좋으면 늙도록 귀
현(존귀하고 이름이 높음)한다"고 했다.

觀相이 四柱八字다

4. 오악(五岳)

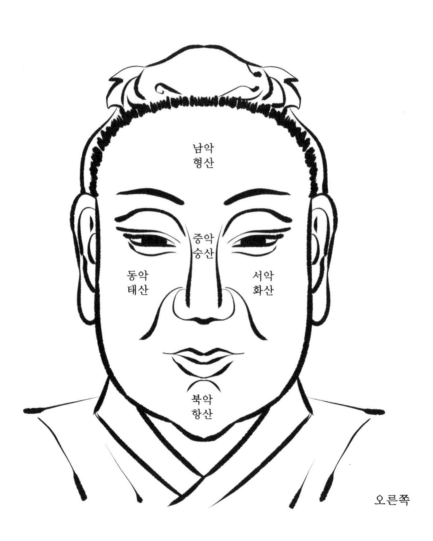

남악
형산

중악
숭산

동악
태산

서악
화산

북악
항산

오른쪽

오악(五嶽)이란 중국에 실제하고 있는 다섯 군데의 큰 산을 말하는데 형산·항산·숭산·화산·태산을 일컫는다. 이 산들을 사람 얼굴 부위와 대비 시 킨 것을 오악이라고 부르는 것이다.

이마는 남악(南嶽)인 형산(衡山)과 비교했고, 턱은 북악(北嶽)인 항산(恒 山), 코는 중악(中嶽)인 숭산(崇山), 왼쪽 광대뼈는 동악(東嶽)인 태산(泰山)에 비유했고, 오른쪽 광대뼈를 서악(西嶽) 인 화산(華山)이라 불렀다.

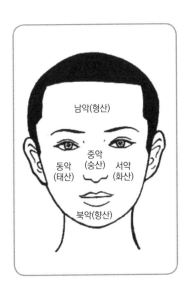

▶ 코는 중악인 숭산에 해당되는데, 살집이 있어야 하고 지나치게 높거나 낮지 않으면서 삐뚤어지지 않아야 된다. 만일 코가 나머지 네 군데에 비해 지나치게 높이 솟아 있으면 주변의 부위들이 코를 감싸주지 못하게 되므로 재물이 모여들지 않고 흩어지게 되고 자기주장만 강해 대인관계에서 원만치 못하게 된다. 또한 코가 지나치게 낮다면 자기 주관이 뚜렷치 않아서 줏대 없다는 말을 들을 것이다. 이마, 관골, 턱, 귀가 코를 사방에서 오긋하게 감싸는 형국이어야 재운이 좋다.

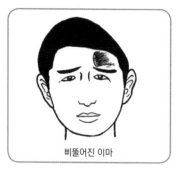

▶ 이마가 바르지 않고 삐뚤어져 있으면 부모와의 인연이 멀고 삶에 굴곡이 많다.

삐뚤어진 이마

▶ 나이가 들어서도 턱이 짧고 뾰족하거나 뒤틀려 있으면 성격에 문제가 많고 말년에 고생한다.

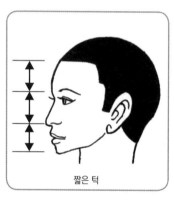

짧은 턱

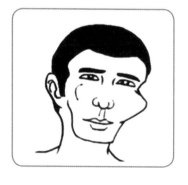

▶ 좌우의 광대뼈 높낮이가 다르면 부모와의 인연이 멀고, 푹 꺼져 있으면 자비로움이 없다.

5. 사독(四瀆)

얼굴의 귀, 눈, 입, 콧구멍처럼 우묵하게 들어간 곳, 깊은 부위를 지칭을 하는데 눈을 하독(河瀆), 콧구멍을 제독(濟瀆), 입은 회독(淮瀆), 귓구멍을 강독(江瀆)이라 부른다.

강독   제독   강독
하독   하독
회독

오른쪽

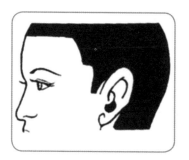

▶ 귀는 구멍이 넓고 길어야 하며 성의 담장 역할을 하는 귓바퀴가 두텁고 색깔이 밝아야 건강도 좋고 재물을 얻는다.

▶ 눈은 눈꺼풀이 잘 덮여서 눈동자가 튀어나오지 않아야 하고, 눈빛이 늘 흐릿하거나 눈길이가 짧으면 수명이 길지 않다.

▶ 입은 도톰하고 약간 큰 듯 보여야 좋고 위와 아래의 입술 두께에서 지나치게 차이가 나거나 입술이 다물어지지 않고 늘 치아가 드러나 보이면 재산 손실이 많다.

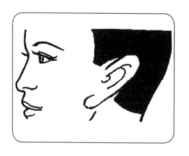

▶ 코는 살집이 넉넉하고 바르게 뻗어야 좋다. 콧구멍이 훤히 드러난 들창코와 콧대가 삐뚤어져 있으면 인생에서 굴곡이 많다.

6. 오성(五星) · 육요(六曜) · 육부(六府)

오성이란 목, 화, 수, 금, 토의 오행부 위를 말하는데 얼굴의 주요 부위를 이 오성과 대비해서 이름 붙였다.

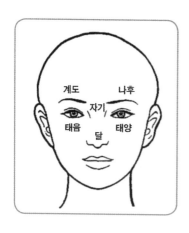

육요(六曜)

육요란 태양, 태음, 달, 자기, 나후, 계도를 말하며 왼편 눈을 두고 태양, 오른쪽 눈은 태음, 산근은 달, 인당은 자기, 왼쪽 눈썹을 나후, 오른편 눈썹을 계도라 부른다.

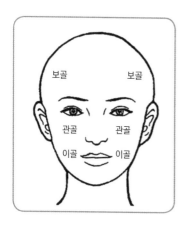

육부(六府)

육부란 좌우 보골, 좌우 관골, 좌우 이골 부위를 말한다.

7. 십이궁

십이궁이란 명궁(命宮)·재백궁(財帛 宮)·형제궁(兄弟宮)·전택궁(田宅宮), 자녀궁(子女宮)·노복궁(奴僕宮)·처첩궁(妻妾宮, 부부궁)·질액궁(疾厄宮)·천이궁(遷移宮)·관록궁(官綠宮)·복덕궁(福德宮)·부모궁(父母宮)을 일컫는다.

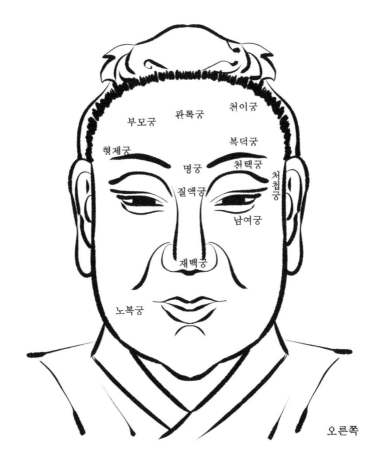

오른쪽

명궁(인당)의 위치

1) 명궁(命宮) 산근 위 양미간(인당)이다.

▶ 명궁이 넓고 밝은 빛을 띠고 있으면 학문에 통달하게 된다.

명궁(인당)의 가는 세로주름

▶ 명궁에 세로 주름이 가늘게 나 있으면 과거에 연인 사이나 부부 사이에 생이별이나 사별 수가 있었다는 것을 나타낸다.

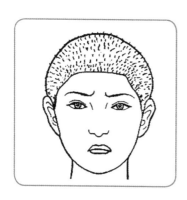

▶ 이마가 좁고 눈썹에 윤기가 없으면 재물이 흩어진다.

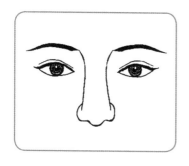

2) 재백궁(財帛宮) 코는 재물을 담당하는 곳이라고 해서 이름 붙였다.

(註: 코 한 군데에서만 재물을 관장하는 것이 아니라 실제는 얼굴 모든 부위와 손금에서도 재물운이 나타난다)

▶ 코가 통을 잘라 놓은 듯 생기고 곧으면 재물이 왕성하고 부귀하다.

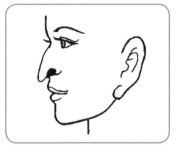

▶ 준두가 뾰족하여 매부리 같고 콧구멍이 훤히 보이면 먹을 양식이 부엌에서 하룻밤을 머물지 못하며 금고에는 돈이 쌓여 있을 사이가 없다.

3) 형제궁(兄弟宮) 눈썹 부위를 말한다.

윤기 흐르는 눈썹

▶ 눈썹에 윤기가 흐르고 눈보다 길면 먼 곳까지 자신의 이름을 알리고 무리 중에서도 가장 뛰어나다.

뒤엉킨 눈썹

▶ 눈썹이 뒤엉키고 거칠면 성격에서 문제가 많고 형제간에 사이가 나쁘다.
▶ 눈썹털이 꼬이면 형제간에 원수가 된다.

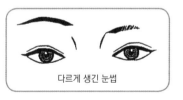

다르게 생긴 눈썹

▶ 좌우 눈썹의 생김에서 차이가나면 한쪽 부모와의 인연이 멀다.

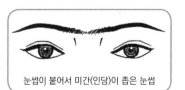

눈썹이 붙어서 미간(인당)이 좁은 눈썹

▶ 눈썹이 맞붙어서 미간이 좁으면 크게 발전하지 못한다.

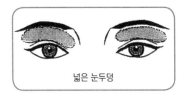

넓은 눈두덩

4) 전택궁(田宅宮) 윗 눈두덩을 말한다.

▶ 눈두덩에 살이 잘 올라 있으면서 넓으면 부모나 위 조상의 유산을 물려받는다.

넓은 눈두덩

▶ 눈알이 붉으면 가산을 탕진하고 늙어서는 먹을 양식이 없다.

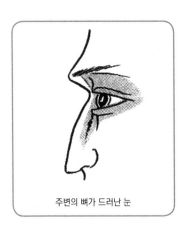

주변의 뼈가 드러난 눈

▶ 눈 주변의 살이 말라 뼈가 드러나면 명예가 떨어지고 재산을 보존하지 못한다.

밝은 빛의 누당(누잠)

5) 자녀궁(子女宮) 위치는 양쪽 눈 아래 (누당, 누잠)에 있다.

▶ 누당에 누에가 누워 있는 듯 도톰하게 살이 올라 있고 은은한 밝은 색을띠면 귀한 자식을 둔다.

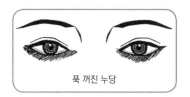

누당에 살집이 없이 푹 꺼져 있으면 남녀간에 인연이 없다.

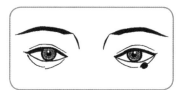

누당에 검은 점이 있으면 자녀와의 인연이 멀다.

누당에 주름이 어긋나 있으면 자녀에게 해롭다.

6) 노복궁(奴僕宮) 턱 부위에 있다.

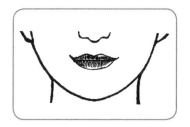

▶ 턱이 둥글게 생기고 살이 넉넉하면 도와주고 따르는 사람들이 많다.

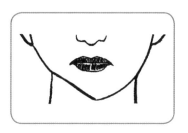

▶ 턱이 뾰족하면서 삐뚤어진 사람은 은혜를 받고도 도리어 원망한다.

▶ 턱이 삐뚤어진 사람은 은혜가 원수로 된다.

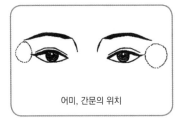

어미, 간문의 위치

7) 처첩궁(妻妾宮: 부부궁, 남녀궁) 위치

그림처럼 눈의 끝부분을 어미, 간문이라고 하는데 이 부위를 부부사이, 남녀 관계의 운을 나타내는 곳이라 해서 부부궁 혹은 처첩궁, 남녀궁으로도 부른다.

▶ 처첩궁의 살이 두둑해서 풍부하면 성욕이 강하다.

▶ 간문에 주름이나 점, 흉터가 없으면서 윤기가 흐르면 부인과 자식을 잘 지키고 덕을 받는다.

▶ 간문에 흠이 없고 살이 풍성하면 부부 사이가 좋고 재물운이 좋다.

▶ 처첩궁 부위의 살이 말라서 뼈가 드러난 듯 보이거나 점, 흉터가 있으면 부부 사이에 이별할 수 있다.

간문의 주름이나 흉터

▶ 간문에 세로주름이나 흉터가 있으면 부부 사이가 매우 나쁘다.

▶ 간문에 세로주름이 있으면 배우자로 인하여 가정이 깨진다.

▶ 간문의 색이 거무스레하면 부부가 이별한다.

살이 꺼진 간문

▶ 간문이 항상 어두우면 첩의 자식이 있다.
▶ 눈 꼬리에 살이 푹 꺼져 있는 남자는 음탕한 마음이 많다.

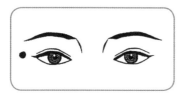

▶ 간문에 검은 점이 있으면 부부 사이가 타인에게는 좋은 듯 보이나, 마음에는 음탕한 욕심이 많아서 그 원인으로 인해 부부 사이에 이별한다.

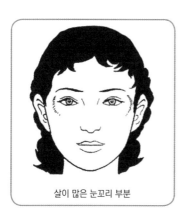

살이 많은 눈꼬리 부분

▶ 눈꼬리에 살이 많은 여성은 성욕이 강해서 그 때문에 말썽이 일어나는 경우도 있다.

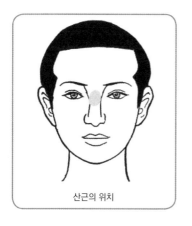

산근의 위치

8) 질액궁(疾厄宮) 콧등의 산근 부위이다.
▶ 산근에 살이 넉넉하면 복이 있다.

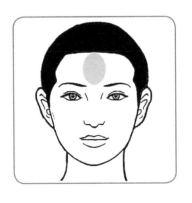

▶ 산근이 복서골에 연결돼 있으면 글 솜씨가 좋다.

9) 천이궁(遷移宮) 눈썹의 끝 미각에 있고 천창으로도 부른다.

▶ 천창에 살이 넉넉하고 눈썹에 윤기가 있는 사람은 근심 걱정이 없다.

▶ 액각 부위가 살이 팽팽하게 살아있으면 벼슬을 하든가 사방에 이름을 얻는다.

▶ 액각 부위가 꺼진 사람은 늙어서 머물 곳에 대한 걱정이 있다.

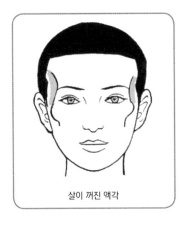

살이 꺼진 액각

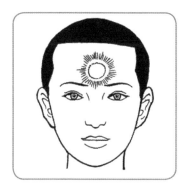

10) 관록궁(官綠宮) 중정이다.

▶ 중정이 윤기가 흐르고 광채가 나면 지혜가 출중하다.

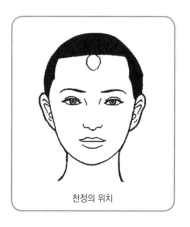

천정의 위치

11) 복덕궁(福德宮) 천정을 봐서 결정한다.

▶ 이곳에 흠이 없고 살이 두둑하면 복을 받으며 산다.

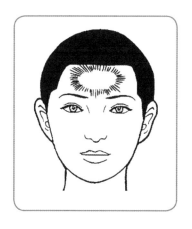

12) 부모궁(父母宮) 일각, 월각과 좌우의 보골(輔骨)을 말한다.

▶ 이곳이 높고 빛이 밝고 윤택하면 부모가 장수하고 부모의 덕을 많이 받는다.

▶ 일각과 월각에 홍색이나 황색, 자색이 뜨면 좋은 일이 생긴다.

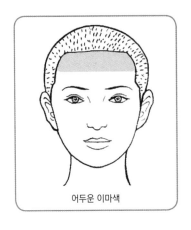

어두운 이마색

▶ 이곳이 낮거나 들어가 있고 피부색이 어두우면 조실부모를 하거나 부모가 생존해 있더라도 늘 병약해서 근심이 많은 사람이다.
▶ 일·월각에 푸른색이 돌면 부모에게 걱정이 있고 흰색이 되면 부모에게 관재가 있고, 검은색을 띄면 부모가 사망하든가 도난을 당한다.

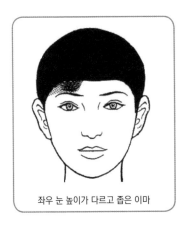

좌우 눈 높이가 다르고 좁은 이마

▶ 일각과 월각의 높이가 다르면 한 쪽 부모를 일찍 잃는다.
▶ 머리 골격이 비틀어지고 이마가 몹시 좁은 사람은 서자, 또는 사생아가 많다.

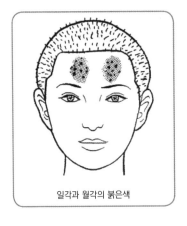

일각과 월각의 붉은색

▶ 일·월각에 붉은색을 띄면 부모에게 화재가 있던가 구설을 듣는다.

8. 사학당(四學堂)

사학당은 관학당, 녹학당, 내학당, 외학당을 말한다.

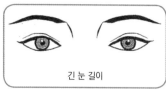

긴 눈 길이

▶ 관학당(官學堂)은 눈을 말한다. 눈의 길이가 길고 정기가 있으면 좋은 직업에 종사한다.

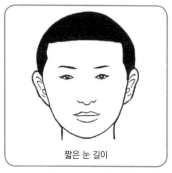

짧은 눈 길이

▶ 녹학당(祿學堂)은 천정을 말한다. 천정이 둥글게 솟아 있고 윤기가 흐르면 귀한 사람이 된다.

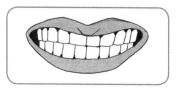

천정의 위치

▶ 내학당(內學堂)은 치아를 말한다. 치아가 가지런하면 신의가 있고 충정이 있다.

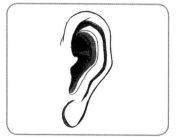

▶ 외학당(外學堂)은 귀를 말한다. 귀에 살집이 풍부하고 윤기가 흐르면 총명하다.

9. 팔학당(八學堂)

팔학당은 고명학당, 고광학당, 광대학당, 명수학당, 총명학당, 충신학당, 광덕학당, 반순학당을 말한다.

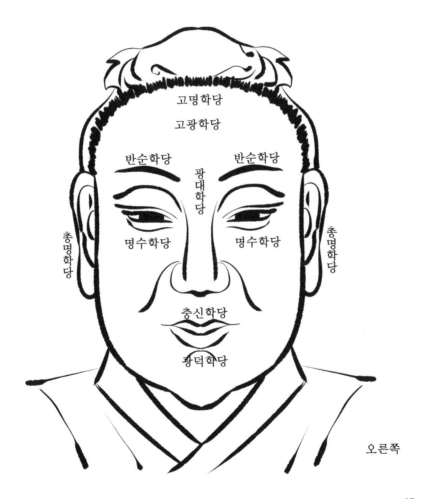

고명학당

고광학당

반순학당　　반순학당

광대학당

총명학당　명수학당　명수학당　총명학당

충신학당

광덕학당

오른쪽

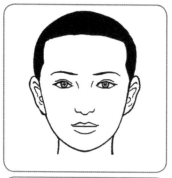

▶ 고명학당(高明學堂)은 머리(두골)를 말한 다. 이곳이 둥글고 모양이 바르면 좋다.

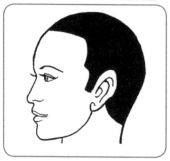

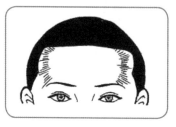

▶ 고광학당(高廣學堂)은 이마를 말한다. 사방에 맑은 윤기가 흐르면 좋다.

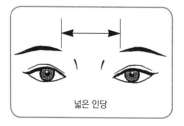

넓은 인당

▶ 광대학당廣大學堂)은 인당을 말한다. 인당이 넓고 점이나 흉터가 없으면서 윤기가 흐르면 최고로 좋은 관상으로 친다.

▶ 명수학당(明秀學堂)은 눈을 말한다. 검 은자위와 흰자위가 뚜렷하고 은은한 광 채가 있으면 좋다.

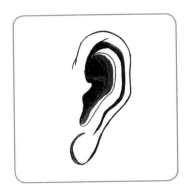

▶ 총명학당(總明學堂)은 귀를 말한다. 귓
바퀴가 넓으며 복숭아색이 나고 윤기가
흐르면 좋다.

▶ 충신학당(忠信學堂)은 입을 말한다. 붉
은 색깔을 띤 입이 약간 큰 듯하며 단정
하고 도톰하면 좋다.

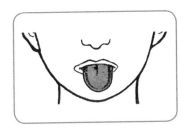

▶ 광덕학당(廣德學堂)은 혀를 말한다. 혀
가 둥글면서 길고 붉은빛을 띠어야 한다.

▶ 반순학당은 눈썹을 말한다. 눈에서 멀
리 떨어져 있고 숱이 엉키지 않으면서
윤기가 흐르면 좋다.

10. 팔대(八大)

커야 좋은 곳 여덟 군데를 말한다.

1) 안대채신(眼大彩神)
눈이 크고 광채가 있음.

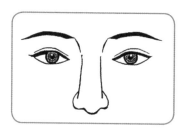

2) 비대년수고(卑大年壽高)
코가 크고 연수가 높음.

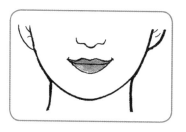

3) 구대향상(口大向上)
입이 크고 양끝이 위로 올라감.

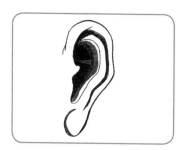

4) 이대유곽(耳大有廓)
귀가 크고 갓이 분명함.

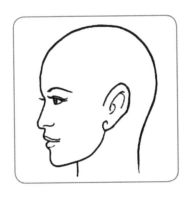

5) 두대액용(頭大額聳)

머리가 크고 이마가 솟음.

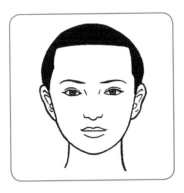

6) 면대요곽(面大要廓)

얼굴이 크고 윤곽이 분명함.

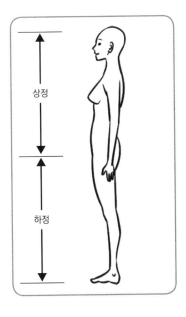

상정

하정

7) 신대상장(身大上長)

몸이 크고 상정이 길다.

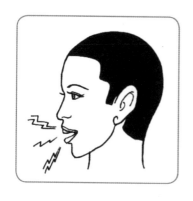

8) 성대운청(聲大韻淸)

소리가 크고 맑음.

팔대가 갖춰진 사람은 부귀하다. 하지만
커도 격이 맞지 않으면 빈천상이다.

11. 팔소(八小)

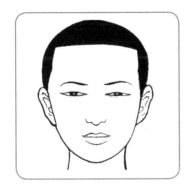

1) 안소세장(眼小細長)

눈은 작으나 가늘고 길다.

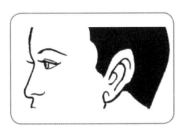

2) 비소년수고(卑小年壽高)

코는 작으나 연수가 높다.

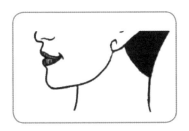

3) 구소홍윤(口小紅潤)

입은 작으나 붉고 윤기가 흐른다.

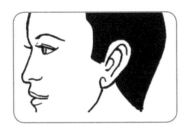

4) 이소견윤(耳小堅潤)

귀는 작으나 단단하고 윤택하다.

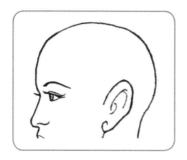

5) 두소골원(頭小骨圓)
머리는 작아도 골이 둥글다.

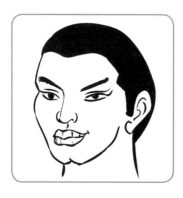

6) 면소유위(面小有威)
얼굴이 작아도 위엄이 있다.

7) 신소단정(身小端正)
몸은 작으나 단정하다.

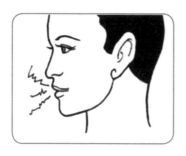

8) 음소운청(音小韻淸)
소리가 작으나 맑다.
위의 예처럼 작아도 격에 합당하므로 부
귀할 상이다.

12. 육천상(六賤像)

여섯 가지의 천한 상을 말한다.

1) 부끄러움을 모름.

2) 일을 당해서 웃기만 함.

3) 나갈 때와 물러갈 때를 구분 못함.

4) 남의 단점을 말하기를 좋아함.

5) 자기의 장점을 자랑함.

6) 아부를 잘함.

이상의 사람은 겉보기엔 잘생긴 것처럼 보여도 큰 일을 못하는 소인과 같다.

13. 육악(六惡)

악하게 생긴 곳 여섯 가지를 말한다.

1. 사람을 바라볼 때 염소처럼 꼿꼿이 고개를 치켜들고 보면 마음이 선량하지 못한 자이다.

2. 입술이 들려서 앞 치아가 늘 드러나 보이면 마음이 온화하지 못하다.

3. 목울대 뼈가 톡 불거져 드러나면 부인과 자녀에게 재앙이 많다.

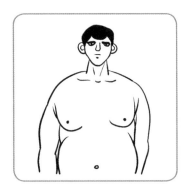

4. 몸은 큰데 머리가 작으면 가난하고 재물이 없다.

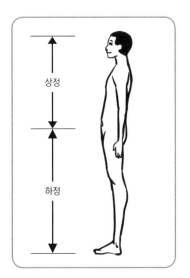

5. 몸의 체형에서 상정이 짧고 하정이 길면 일생을 늘 분주하게 보낸다.

6. 뱀처럼 꾸물거리거나 참새처럼 팔딱팔딱 뛰는 걸음걸이는 집안이 평화롭지 못하다.

이상 육악의 사람은 열심히 정신수양을 하면서 살아야 한다.

14. 십대공망(十大空亡)

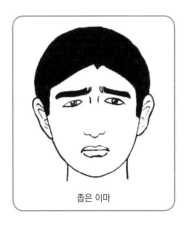

좁은 이마

1) 천공(天空)

이마가 뾰족하면 부모 덕이 없고 관운이 약하며 초년고생이 많다.

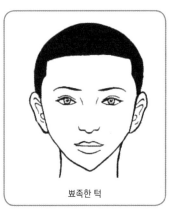

뾰족한 턱

2) 지공(地空)

턱이 뾰족하면 말년에 재복과 자식 덕이 없고 육친의 보살핌이 없어 늦게까지 고생한다.

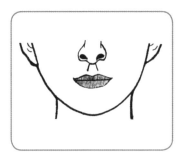

3) 인공(人空)

콧구멍이 뻥 뚫려 정면에서 훤히 보이는 들창코는 중년에 경제적인 고생이 많다.

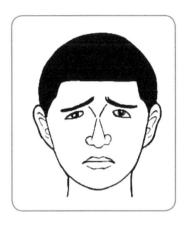

4) 사공(四空)

산근이 끊어지면 육친의 덕이 없고 병약하여 고생이 많다.

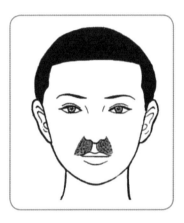

5) 오공(五空)

인중에 수염이 없으면 친구 덕이 없고 아내는 있으나 자식 수가 적다.

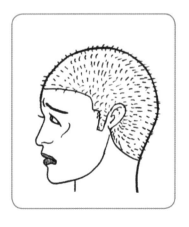

6) 육공(六空)

광대뼈가 낮으면서 귀가 작거나 크더라도 윤곽이 뚜렷하지 않으면, 매사가 용두사미와 같아 일에 시작만 있고 끝을 맺지 못하고, 부모 유산도 없으며 수명도 길지 못하다.

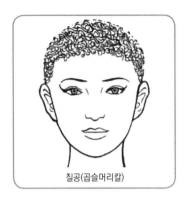

칠공(곱슬머리칼)

7) 칠공(七空)

머리털이 짧고 곱슬곱슬해서 불로 지진 것 같으면 성격이 완고하다. 자녀와의 인연이 멀고 윗사람을 공경하지 못하며 아랫사람과도 친하지 못하여 불효자가 많다.

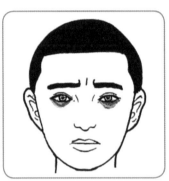

8) 팔공(八空)

누당이 깊고 거무스레하면 배우자와 자녀에게 좋지 않고 음덕을 베풀 줄도 모른다.

9) 구공(九空)

눈에 광채가 없으면 수명이 짧기 쉽고 자녀와 인연이 멀고 형제 덕도 없다.

십공(희미한 눈썹)

10) 십공(十空)

눈썹이 없으면 육친의 덕이 없고 형제와의 인연이 멀며 무척 고단하게 살고, 장수한다 해도 의지할 곳이 없다.
공망하면 고독하지만 그중 한두 가지를 과거에 이미 거쳤다면 그 강도는 약해진다.

15. 십살(十殺)

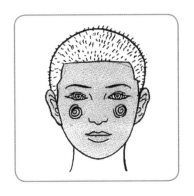

1. 얼굴이 늘 술 취한 것 같음.

2. 사람이 없는데도 혼자서 중얼거림.

3. 할일 없이 침을 탁탁 뱉음.

4. 정신이 혼탁함.

5. 목소리가 깨진 종소리 같음.

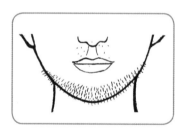

6. 아랫수염은 나는데 콧수염이 없음.

7. 밥 먹을 때 식은땀을 흘림.

8. 콧대가 휘어졌거나 콧구멍이 뻥 뚫리게 보임.

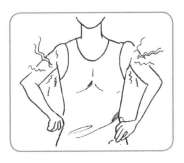

9. 겨드랑이에서 역겨운 노랑내가 남.

10. 잠꼬대로 큰 소리를 지름.

이상의 사람은 살아가는데 풍파가 많고 가난하고 천한 인생이다. 한두 가지는 약간의 해가 돌아오겠지만 극악은 면한다. 늘 마음 수양을 해서 언행을 교정하면 점차 좋아진다. 비관만 하지 말고 적극 노력하며 살아야 한다.

16. 십대천라(十大天羅)

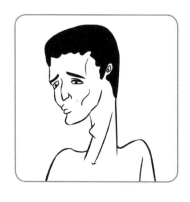

1. 사기천라(死氣天羅)
얼굴에 연기처럼 검은색이 생기면 죽음이 닥칠 상이다.

2. 상곡천라(喪哭天羅)
얼굴에 백분 가루 바른 것처럼 창백한 색깔이 나타나면 주변 가까운 사람의 상(喪)을 만난다.

3. 우체천라(憂滯天羅)
얼굴에 푸른색이 분분하면 걱정이 많을 상이다.

4. 질병천라(疾病天羅)
얼굴에 윤기가 없고 누르스름한 색이 나타나면 질병에 걸릴 상이다.

5. 허화천라(虛花天羅)
얼굴에 개기름이 흐르면 모든 일이 될 듯하나 되지 않고 허송세월만 한다.

6. 간음천라(姦淫天羅)

눈을 곱게 흘기며 눈웃음을 치면 음란한 생각이 많다.

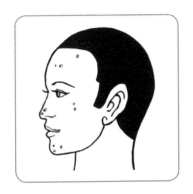

7. 관사천라(官司天羅)

여드름이 날 나이가 지났는데도 얼굴에 여드름 같은 빨간 반점이 생기면 관재구설이 많다.

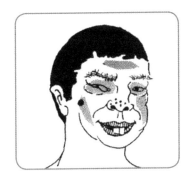

8. 형옥천라(刑獄天羅)

얼굴이 늘 술 취한 것 같으며 감옥에 갈 상이다.

9. 고형천라(孤刑天羅)

남자의 목소리가 애교가 있고 여자같이
행동하면 고독하며 처자에게 해롭다.

10. 퇴패천라(退敗天羅)

코끝에 붉은 반점이 있고 피부가 거칠면
모든 일이 잘 되지 않고 실패만 거듭한다.

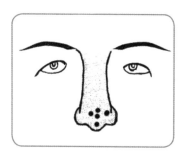

17. 오장(五長), 오단(五短), 오노(五勞)

오장(五長)

오장(五長)이란 머리, 얼굴, 몸통, 손, 발이 긴 것을 말하는데 이 다섯 군데가 길며 뼈와 살이 풍성하고 밝은 색을 띠면 길하다.

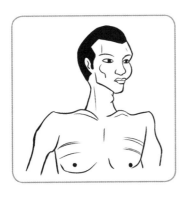

▶ 뼈가 마르고 앙상하며 힘줄이 드러나 있으면 천하다.

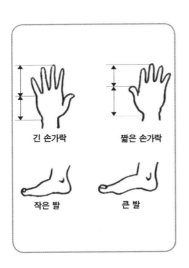

긴 손가락   짧은 손가락

작은 발   큰 발

▶ 손은 긴데 발이 작은 사람은 부귀하고, 손이 짧고 발이 큰 사람은 가난하고 천하다.

오단(五短)이란 머리, 얼굴, 몸통, 손, 발이 짧은 것을 말한다. 이 다섯 군데가 짧으면서 뼈와 살이 부드럽게 잘 감싸주고, 인당이 넓으면서 윤기가 흐르는 사람은 높은 벼슬에 오른다.

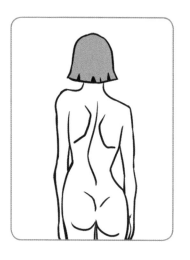

▶ 뼈를 살이 잘 감싸주지 못하고 삐뚤어져 있으면 천하다.

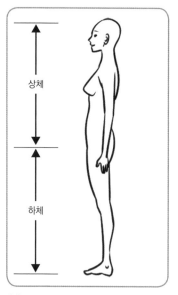

▶ 상체는 길고 하체가 짧으면 부귀하고, 상체가 짧고 하체가 길면 가난하다.

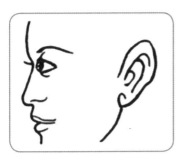

1) 안철(眼凸)

▶ 눈이 툭 튀어나와 있으면 수명이 길지 못하다. 그러나 눈이 드러나 있어도 은은한 광채가 있으면 총명하다.

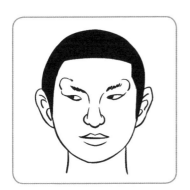

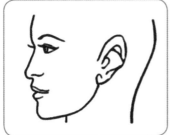

2) 이반(耳反)

▶ 귀가 뒤집히면 고생이 많다.

▶ 귓바퀴가 뒤집혀 있어도 윤곽이 뚜렷하고 귀 색깔이 좋다면 재복이 있고 수명도 길다.

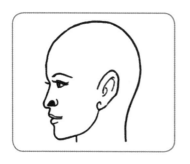

3) 비앙(卑仰)

▶ 콧구멍이 뻥 뚫린 들창코는 재물 관리
를 못해서 가난하게 산다.

▶ 코의 준두가 반듯하고 윤기가 흐르면
재운이 좋다.

4) 순건(脣乾)

▶ 입술이 뒤집혀져서 앞 치아가 늘 보이
면 구설수가 많고 힘들게 산다.

▶ 입술이 뒤집혔어도 앞 치아가 고르고
단단하다면 나쁜 운은 비켜갈 수 있다.

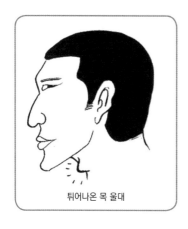

튀어나온 목 울대

5) 후결(喉結)

▶ 목의 울대뼈가 지나치게 튀어나오면 객
사한다.

▶ 여자의 목울대가 나오면 남편을 억누르
고 부부 사이가 나빠진다.

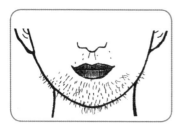

▶ 남자가 입은 넓고 큰데 콧수염이 자라
지 않는다면 빈천하다.

▶ 남자의 광대뼈가 높은데 콧수염이 나
지 않거나 희미하다면 빈천한 상이다.

남자 얼굴 주요명칭

天中
父　　　母
官祿宮
兄弟宮　　　兄弟宮
壽宮
眉宮　妻妾宮
田宅宮　山根
男女宮　姦門
地輪　奸室
準頭　天角
人中　法令
水裝
地閣

오른쪽

마의선생 석실이부

팔학당八學堂

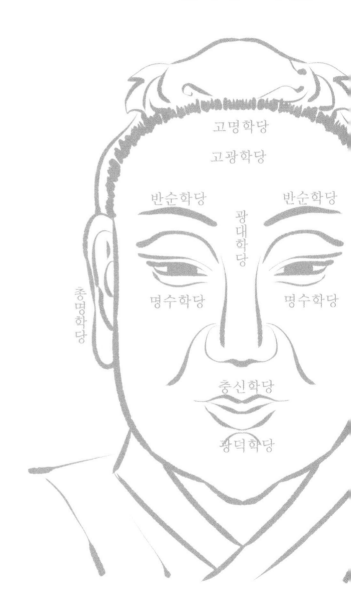

고명학당

고광학당

반순학당　　　　　반순학당

광대학당

총명학당

명수학당　　　　명수학당

충신학당

광덕학당

1. 석설신이부(石室神異賦)

마의선생께서 이렇게 말씀하셨다.

"사람 각자는 이 세상에 태어나는 그 순간부터 부귀와 빈천, 현명함과 어리석음, 수명, 화복, 선악이 결정되어진 채 육신을 입게 되는 것이다. 그것을 골격, 피부, 기색, 목소리 등의 생김을 보고 짐작할 수 있는데, 이 같은 이치를 아는 자가 없는 것을 애석하게 생각해 왔다.

관상이란, 사람마다 다르게 생긴 형상을 보고 과거, 현재, 미래의 일을 예측하는 방법이다. 그러나 이것은 워낙 심오하고 차원이 높기에 평범한 자는 가르침을 줘도 알지 못하고, 신묘한 기운을 타고난 올바른 마음의 소유자여야만 이해할 것이다."

마의 선생은 기거하던 석실에 비장되어 전해 내려오던 옛날 신선의 비급을 분석하여 '진박(陳搏)'에게 전수하였다.

마의 선생은 중국 송나라 시대 사람으로 늘 삼베옷을 입었다고 한다. 선생은 중국 화산 석굴에서 진박을 제자로 삼아 은거하였는데, 겨울이면 화로를 끼고 앉아 화로의 재 위에 글씨를 써서 상법을 가르쳤다.

진박은 훗날 송나라 태종의 부름을 받아 벼슬 하기를 권했으나 이를 사양하고 스승인 마의 선생이 기거하던 석실에서 수련을 쌓았다. 황제는 그를 '희이(希夷)'라는 시호를 내리면서 공명을 탐하지 않는 그를 기렸다고 한다. '희이(希夷)'란 '노자(老子)'의 『도덕경(道德經)』에서 생긴 말이다.

견이불견왈희見而不見曰希

견이불문왈이見而不聞曰夷

라는 약자로써 보여도 보지 않음을 '희(希)'라 하고, 들려도 듣지 않음을 '이(夷)'라 해서 사람의 마음이 그윽이 깊고 깊어서 그 심지를 보통 사람으로서는 헤아릴 수 없음을 뜻한다.

피부는 늘어나거나 줄어들어서 변화가 크지만 골격은 바뀌지 않기 때문에 일생 전체의 귀천을 알아본다. 이에 비해 피부와 기색은 수시로 변하므로 가까운 앞날의 길흉화복을 예측한다.

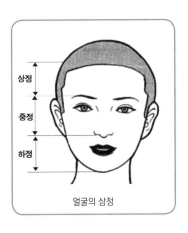
얼굴의 삼정

▶ 얼굴의 삼정(三停)은 발제(髮際 : 머리카락 난 부분)에서 인당(印堂)까지를 상정(上停)이라 하고, 중정(中停)은 인당에서 준두까지, 하정(下停)은 준두에서 턱 끝까지를 말한다. 삼정이 균형을 이루고 있으면 일생 동안 의식주가 풍족하다.

▶ 옛 관상서에 "상정이 길면 어렸을 때 복을 많이 받고, 중정이 길면 고위직 관료에 가깝고, 하정이 길면 말년에 운이 좋아진다. 그리고 삼정이 균등하게 조화를 이루면 부귀가 이어진다. 하지만 하정이 유난히 긴 사람은, 보통은 말년에 부귀를 누리게 되지만 평생 고생이 많은 사람도 간혹 있다"라고 했다.

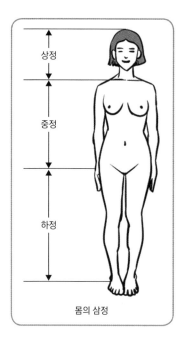

몸의 삼정

▶ 반면 몸의 삼정(三停)은 머리에서 어깨까지를 상정, 어깨에서 허리까지를 중정, 허리에서 발끝까지를 하정이라고 한다.

▶ 귀인의 상이란 어느 한곳이 잘생겼다고 좋은 것이 아니다. 사체(四體 : 머리, 팔, 다리, 몸통)가 모두 좋은 격을 갖추어야 한다.

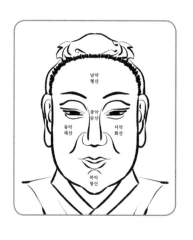

▶ 오악(五嶽)이란 얼굴에 솟아 있는 부위를 말한다. 왼편 관골(觀骨)을 동악(東嶽)이라 부르고, 오른쪽 관골은 서악(西嶽), 이마를 남악(南嶽), 턱을 북악(北嶽)이라 한다. 그 동·서·남·북 사방에서 솟아 있는 부위들이 중앙인 코를 오긋하게 감싸는 모양이 좋으면 재물운이 좋은데, 이 다섯 부위 중에 어느 한곳이라도 찌그러지거나 푹 꺼져 있으면 복이 적다.

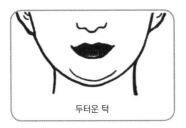

두터운 턱

▶ 턱은 일생의 초반, 중반, 후반 중에 주로 말년의 운세에 영향을 끼친다.

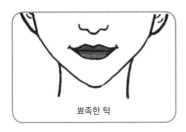

뾰족한 턱

▶ 턱이 두텁고 넉넉하면 부를 부르고, 뾰족하거나 마른자는 복이 적고 가난하다.

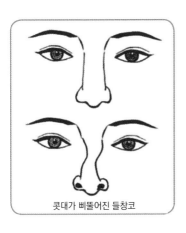

콧대가 삐뚤어진 들창코

▶ 코가 두텁고 바르면 귀하고 현명한 사람이 되고, 콧구멍이 뻔히 보이는 들창코이거나 콧대가 삐뚤어지거나 튀어나온 자는 하천한 상이다.

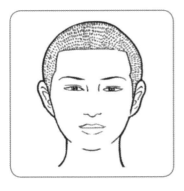

▶ 이마는 부모와의 관계, 직업운 등을 나타낸다. 또한 어머니 뱃속 태아에서부터 시작되는 초년 운을 지배한다.

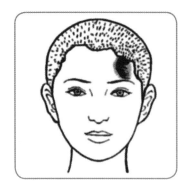

▶ 이마가 넓고 둥글면서 윤기가 흐르면 명예운과 사회성이 좋다. 하지만 이마가 삐뚤어지거나 움푹 들어가면 부모와의 인연이 좋지 않다.

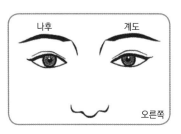

나후   계도

오른쪽

▶ 왼쪽 눈썹을 나후(羅睺)라고 하고, 오른편 눈썹을 계도(計都)라 부르는데, 윤기가 흐르고 수려해야 좋다. 그러나 숱이 엉켜 있으면서 거칠거나 눈과 붙어 있으면 좋지 않다.

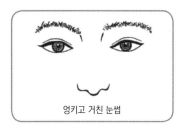

엉키고 거친 눈썹

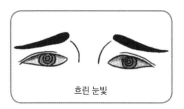

흐린 눈빛

▶ 눈은 빛이 맑아야 하고 눈빛이 흐리거나 흘겨보는 눈은 좋지 않다.

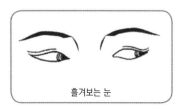

흘겨보는 눈

▶ 기(氣)가 탁하고 신(神)이 마른 자는 필시 어렵고 가난하다.

▶ 눈과 눈썹이 잘 생기면 총명하고 바른 심성을 가진 사람이다.

기(氣)는 세상 만물들이 각기 가지고 있는 고유한 기운(에너지)을 말한다. 그러나 이것은 손으로 만져지지 않고 눈으로도 확인되지 않기에 설명하기가 쉽지 않는다.

기(氣)는 우주의 근본에서 뿜어져 나와 그 쓰임에 따라 만물 속에 내재된 채 활동하다가 물질이 수명을 다 하면 원소만 남아 자연으로 돌아간다.

기(氣)는 곧 물질의 근본이다. 이것을 느끼는 방법은 마음을 비우고 심성을 바르게 하는 수련을 오랜 세월 해야만 어렴풋이 느낄 수 있을 정도이다.

『논신(論神)』에 보면 "물질(물, 공기, 햇볕)로 혈(血, 피)을 기르고 혈은 기(氣)를 기르고, 기(氣)로써 신(神)을 기른다"라고 설명한다. 다시 말해 육신이 온전하게 활동하면 기(氣)가 활성화되고 기(氣)가 온전하면 신(神)도 안정되어 임무를 완성하게 된다.

육체가 깨어서 활동할 때 신(神)은 눈에 머물고, 육신이 잠들었을 때는 심장으로 들어간다.

신이 활동하는 동안에는 두 눈을 통해 태양과 달처럼 빛으로 나타나 만물을 인지할 수 있게 되는데, 이것이 바로 신이 두 눈에 머물고 있다는 증거이다.

눈이 밝게 빛나 보인다면 현재 정신은 맑은 것이 되고, 눈이 어둡게 느껴진다면 당사자의 정신도 흐리다는 것을 짐작할 수 있다. 따라서 신(神)이 늘 맑은 자는 귀하게 되고 신이 흐린 자는 천하게 되는데, 이것이 바로 내면의 신이 활성화 여부에 따라 변하는 증거이다.

기(氣)가 흐린 자는 신(神)이 부족하게 되고 힘든 인생을 걷게 된다.

흠이 없는 이마

▶ 천정은 인당의 위로부터 발제(髮際 : 머리카락 난 경계선 부분)까지이고 얼굴 가운데 높은 곳에 있어서 그런 이름이 붙었다. 천정(天庭)이 높이 솟고 간을 엎어 놓은 것처럼 윤기가 흐르면 소년 시절을 부귀하게 보낸다.

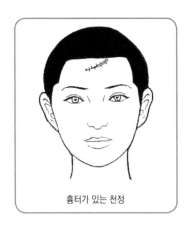

흉터가 있는 천정

▶ 천정에 흉터 난 점이 없어야 하고 움푹 들어가지 말아야 한다.

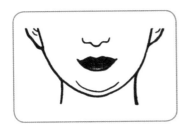

▶ 지각(地閣, 턱)이 두텁고 풍부하면 땅의
격을 얻은 자이고, 천정이 넓고 두터우
면 하늘의 격을 이룬 것이다.
▶ 지각이 두텁고 둥글면 귀하게 되고 부유
하며 턱이 마르거나 얇으면 가난하다.

▶ 시선이 바른 자는 마음이 안정적이고
의지에 흔들림이 없다.

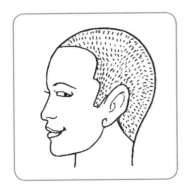

▶ 시선을 곁눈질로 보거나 흘겨보는 습관
을 가진 자는 가장 나쁜 상인데 간사스
럽고 악하다.
▶ 비웃으면서 짐짓 관심 없는 척하며 잔
꾀가 많으며 음흉하다.

▶ 준두(準頭)는 마음의 의지력과 신뢰를
가늠하는 곳이다.
▶ 준두가 크면서 살이 넉넉한 사람은 독
한 마음이 없다.
▶ 코에 살집이 넉넉하고 크면 선량하고
소탈하다.

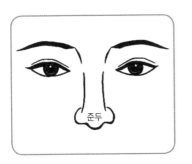

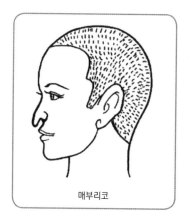

매부리코

▶ 매부리코는 성격이 악독하다.

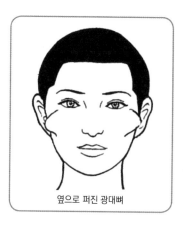

옆으로 퍼진 광대뼈

▶ 광대뼈가 옆으로 불거지거나 살집이 뭉쳐서 옆으로 퍼지면 성품이 흉포한 자다.

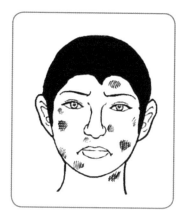

▶ 피부가 거칠고 두터우며 지저분하게 느껴지는 자가 머리카락 숱이 많고 윤기가 없으면 어리석고 천하다.
▶ 머리카락 난 부위가 뾰족하면서 피부가 마르고 거칠면 어리석고 악한 자이다.
▶ 피부가 부드럽고 맑으며 모발이 지나치게 빽빽하지 않고 윤기가 흐르며 총명하다.

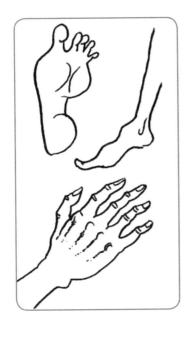

▶ 손발이 거칠면서 윤기가 없고 건조하면 살아가면서 막힘이 많다.

▶ 손이 가늘면서 윤기가 흐르는 사람이 둥글고 두툼한 발을 가지면 즐거움이 있다.

▶ 손마디가 섬세하고 부드러우면서 발등의 살집이 풍만하면 준수하고 우아한 사람이다.

▶ 골격이 깡마르고 가늘며 손가락이 거칠게 뻗어있는 자는 천하다.

▶ 손이 거칠고 발이 큰 여자는 무당이 아니면 중매쟁이다.

▶ 다리가 가늘고 길며 정강이에 살이 없고 마르면 항상 분주하게 사는 상이다.

▶ 몸에 비해 손과 발이 크면 빈천하다. 여기에 손발에 살이 없고 거칠면 부귀를 얻기 힘들다.

▶「대통부(大統附)」라는 글에 "발은 몸의 중요한 부분이고 몸을 이동시키는 기관이다. 다리에 살이 없어 깡마르면 고독하고 가난하며 풍상을 겪는 사람이다"라고 했다.

▶ 머리와 손발의 동작이 모두 제 각각으로 움직이면서 걷는 모습을 뱀의 걸음이라고 한다. 이런 자는 행동이 경솔하고 심성이 악독하며 장수하지 못한다.

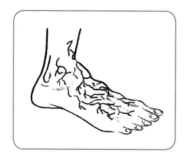

▶ 얼굴이나 팔 다리에 푸른 힘줄이 지렁이가 꿈틀거리듯 어지럽게 드러나면 편한 날이 적고 재물의 액운이 많다.

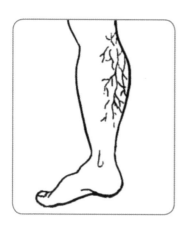

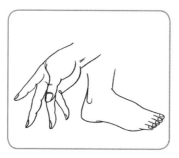

▶ 남자의 손이 솜처럼 부드러우면 구하지 않아도 자연히 부유해진다.

▶ 여자의 살결은 섬세해야 좋고, 손가락은 토실토실 살이 찌고 힘줄이 솟아나지 않아야 가정을 잘 이끈다.

▶ 손이 솜처럼 부드러우면 부자가 되고 손바닥이 피를 뿌린 듯 붉으면 관록을 누리게 된다.

▶ 손마디가 섬세하고 부드러우면서 발등의 살이 풍만하면 준수하고 우아한 사람이다.

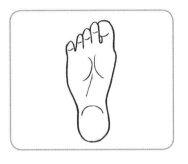

▶ 상대방의 즐거움과 괴로움을 보려면 그 사람의 손과 발을 보라. 손발이 거칠면서 윤기가 없이 건조하면 어려운 고통이 따르고, 손이 가늘고 부드럽게 윤기가 흐르면서 발이 두툼하고 둥글면 즐거움을 맞을 사람이다.

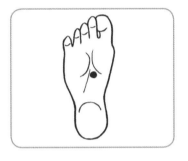

▶ 발에 검은 사마귀가 있으면 영웅이 되어 만인을 거느린다.

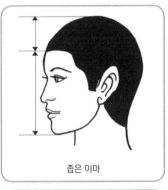

좁은 이마

▶ 머리카락 난 부위가 많아서 이마가 좁고 피부가 메마르면 반드시 어리석고 완고한 자이다.

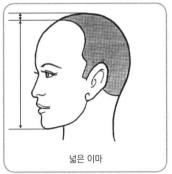

넓은 이마

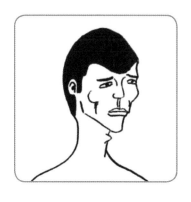

▶ 머리카락 부위가 낮게 이마를 누르고 피부가 메마르면 어리석고 완고한 사람이다.

▶ 머리카락 난 부위가 낮고 뾰족하면서 피부가 마르고 거칠면 필시 어리석고 악한 자이다.

▶ 머리통이 뾰족하거나 이마가 좁은 자는 벼슬하기가 어렵다.

▶ 머리털이 가늘고 윤기가 나면 기가 잘 어우러진 탓이다. 이런 사람은 성품이 따뜻하고 바르다.

▶ 이마는 하늘을 상징하므로 당연히 높아야 함에도 낮고, 턱은 땅을 상징하므로 넓고 두터워야 되는데 얇다면, 이는 얼굴이 일그러졌다고 본다. 이런 상이면 가난하고 고독한 사람이어서 힘들게 살아가며 끼니를 걱정하게 된다.

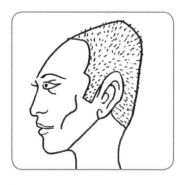

▶ 머리의 피부가 두텁지 못하고 뼈만 앙상하게 솟은 것을 노루 머리라 하고, 눈동자가 불거지고 눈이 동그랗게 생긴 것을 쥐의 눈이라고 하는데, 이런 사람은 관공서 쪽 벼슬 구할 생각을 말아야 한다.

▶ 여자의 머리숱이 지나치게 많고 콧수염이 희끄무레 나 있으며 곁눈질하는 버릇의 여자는 음탕하다.

▶ 머리는 '육양(六陽)'의 우두머리이므로 둥글고 커야 좋은 격이다. 머리통이 지나치게 작고 뾰족하면 일생 동안 성공운을 잡지 못하니 어찌 부귀를 누릴 수 있겠는가.

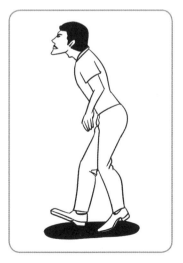

▶ 길을 걸을 때 머리를 앞으로 내밀어 다리보다 머리가 앞서가는 듯한 자는 초년에는 비록 평탄한 삶을 누렸을지라도 늙을수록 가난하다.

▶ 여자의 머리나 이마가 지나치게 크면 부부 사이를 힘들게 하고 목소리가 거칠고 탁하거나 뼈가 거칠면서 굵으면 과부가 된다.

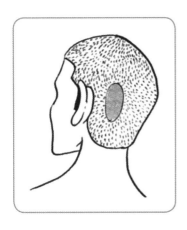

▶ '옥루골(玉樓骨)'은 귀 뒤에 솟아있고 '수당(壽堂)'이라고도 한다. 옥루골이 솟으면 장수한다.
▶ 골격이 비록 가는 것 같더라도 기색에 신이 있어 맑으면 좋은 상이다. 하지만 몸이 비대해도 탄력이 없고 윤기가 없으면 흉상이다.

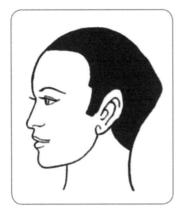

▶ 뒷머리에 가로질러 솟은 뼈를 '옥침골(玉枕骨)'이라 하는데, 이 뼈가 있으면 부와 수명을 누린다.
▶ 뒷머리가 울퉁불퉁 솟아 튀어나오고 눈이 가늘고 흑백이 분명하면서 눈에서 광채가 나면 고관대작이 된다.

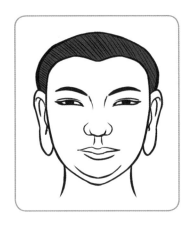

▶ 턱의 뼈와 살이 풍만하여 제비턱 같고, 이마가 넓고 둥글며 입이 크고 눈빛에 위엄이 있는 남자는 정승의 반열에 오른다.

▶ 턱이 넓고 두터워서 이중 턱과 같이 생긴 데다 양쪽 볼이 풍만하고 윤기가 흐르면, 귀하게 되고 운세 또한 강하다.

▶ 턱이 두터워서 이중턱같이 생겼고 양쪽 볼이 풍만하면서 윤기가 흐르면 귀하게 되고 운세도 강하다.

▶ 둥글고 두터운 턱이 위의 이마를 바쳐 주면 임금과 신하가 서로 만난 형상이 되어 귀하게 된다.

▶ 콧등이 바르지 않고 구불구불하면, 어려운 일이 많이 생기고 가옥과 전답을 팔아 치운다.

▶ 코에 굴곡이 많으면 가난하고 고독하며 어려움이 많다.

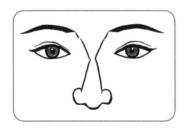

▶ 연상과 수상이 오목하게 끊어지면 재물이 깨지고 질병으로 힘든 일을 당한다.
▶ 코의 연상, 수상, 산근이 가늘거나 푹 꺼져 있으면 질병이 많고 요절한다.

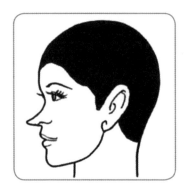

▶ 코가 뾰족하거나 머리통이 숙여진 여자는 남의 시녀가 아니면 첩이 되는 상이다.

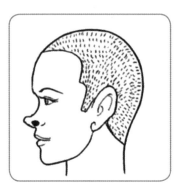

▶ 콧구멍이 아궁이처럼 넓어서 뻔히 드러나 보이는 사람은 재산을 모두 없애고 가난하게 된다.

▶ 금궤(金匱) 와 갑궤(甲匱)가 풍만하고 밝은 색이면 집안을 일으킨다.
▶ 준두는 반듯해야 하는데, 이곳이 뾰족하거나 늘어지면 좋지 않다.

▶ 코는 중년의 운을 주관하는 곳이다. 코
가 풍성하게 솟으면 부귀를 누리고, 코
가 깡마르거나 휘어져 굴곡 지면 일의
실패가 많다.

▶ 콧대가 깎은 듯 칼등처럼 뾰족하거나
눈동자가 불거져서 벌의 눈처럼 생긴
자는 성격이 흉포하고 하천하다.
▶ 콧대가 약하면서 뼈만 앙상하게 칼등
처럼 오똑하면 조상의 가업이 흩어지게
하고 이혼한다.

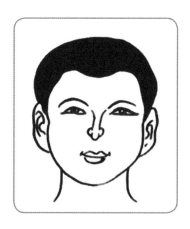

▶ 정면의 얼굴이 비록 크더라도 코만 홀
로 지나치게 작으면 평생 분주하게 살
며 어려움이 많다. 「광기」라는 글귀에
이르기를 "코가 지나치게 작으면 네 가
지 나쁜 것 중 하나이므로 힘들고 어려
운 일들이 많다"라고 했다.
▶ 코가 매우 작은 것을 박약하다고 말한
다. 그리고 수염이 많은 것을 '산림중
(山林重)'이라 하는데, 이런 얼굴에 체
기(滯氣, 청흑색 기운)가 있으면 재앙이
많다.

▶ 얼굴의 살이 두툼하고 코도 넉넉하게 솟
으면 재물이 풍족하지만, 얼굴만 살찌고
코에 살이 없어 뾰족하게 솟으면 비록
재물이 있다가도 끝내 흩어진다.

▶ 경에서 이르기를 "콧구멍이 위로 젖혀
진 들창코에 입술이 걷혀지고 결후(結
喉: 목젖)가 톡 불거진 자는 타관에서 방
황하다가 단명한다"라고 했다.
▶ 비량(鼻粱 : 연상, 수상 부위)이 낮고 휘
어져 있으면 재물이 흩어지고 가난하지
않으면 단명하다. 옛 글에 이르기를 "산
근이 끊어지고 준두가 높으며 콧구멍이
들창코 면 늙도록 풍상을 겪는다"라고
했다.
▶ 조(竈) 란 정조(井竈)를 말하고 정조란
곧 콧구멍을 말함이다. 콧구멍이 뻔히
드러난 자는 중년에 재산이 흩어지고 땅
과 집을 팔아 없애리라.

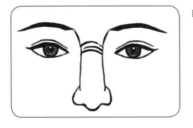

▶ 산근에 주름이 세 가닥 있으면 중년에
재산상 손해가 있다.

▶ 옛 고서에는 수명에 대해서 그리 다양하게 설명해 놓지 않았다. 기껏 인중의 생김으로 알 수 있다고 했는데, 대나무를 쪼갠 것 같아야 장수한다고 했다. 또한 눈썹을 보수관(輔壽官)이라고 하면서 마치 눈썹이 수명과 큰 연관이 있는 것처럼 설명해 놓았다. 그러나 보수관(輔壽官)의 원래 뜻은 그런 게 아니다.

눈이 가늘고 길며 눈빛이 살아 있어야 수명이 긴데, 눈썹이 이를 잘 감싸주는 역할을 하는 것이야말로 보수관(輔壽官), 즉 수명을 보호해 주는 역할을 하는 것이다.

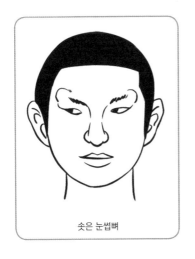

솟은 눈썹뼈

▶ 눈썹 뼈가 솟아 있고 눈썹 끝이 위로 치켜 올라간 사람이, 곁눈질하는 습관이 붙은 자는 범죄를 저지른다.

▶ 눈썹 끝의 뼈(眉丘, 미구)가 유독 솟아난 사람은 비록 수명이 길지라도 육친을 힘들게 하고 고독하게 지낼 상이다.

▶ 두 눈썹의 부위가 풍륭하면 수명이 길

다고는 하지만, 눈썹 끝부분의 뼈가 솟아올라 있으면 성질이 흉악하여 죽을 때에는 제 명에 살지 못한다.

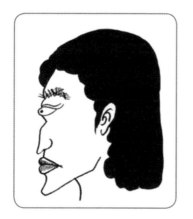

▶ 눈썹이 거칠고 지저분하며 눈이 톡 불거지면 남편을 여러 번 사별하고, 목소리가 웅대하고 기가 탁하고 거칠면 복이 없는 여자다.

뒤엉킨 눈썹술

▶ 눈썹은 형제, 자매 궁이며 성격을 주관하는 곳이다. 양쪽 눈썹 숱이 이리저리 흩어져 있고 윤기가 없으면 거짓이 많고, 혈육과의 사이도 나쁘며 재물이 흩어진다.

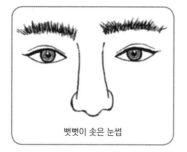

뻣뻣이 솟은 눈썹

▶ 좌우 눈썹의 털이 치솟아 있으면 용맹스럽긴 하지만, 성격이 급해서 싸움터에 나가 사망하거나 뜻밖의 사고를 당해 죽는다.

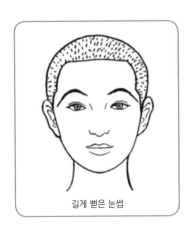

길게 뻗은 눈썹

▶ 눈썹이 초승달같이 생기고 천창 부위까지 닿으면 총명하고 귀함이 있다.

▶ 눈썹과 눈이 맑고 수려하며 눈빛이 온화한 사람은 귀하게 되지 않으면 선비의 상이다.

▶ 두 눈썹이 모두 뿔같이 도독하다는 뜻은, 눈썹의 머리와 꼬리가 맑고 수려해서 초승달처럼 생긴 모양을 일컫는다. 이런 사람은 일생 호화롭게 산다.

▶ 눈썹 숱이 엉키지 않고 윤기가 흐르면서 눈빛이 살아 있다면 총명하고 과거시험에 급제한다.

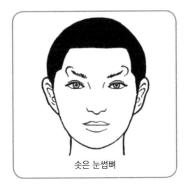

솟은 눈썹뼈

▶ 눈동자가 흘겨보지 않으면서 바르고 눈썹 뼈가 솟아서 눈썹이 이마를 향해 뻗어 있으면 병권을 만 리에 떨친다.

▶ 눈썹 뼈가 높이 솟고 음식을 쥐가 먹는 것처럼 야금야금 먹고, 눈동자가 겁먹은 듯 좌우로 굴리며 먹는 자는 인색하고 탐욕하며 성격이 천하고 흉악하다.

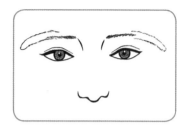

▶ 보골의 위치는 미각에 있는데, 보골이 높이 솟아 천창에 이르면 권위가 있어서 천군을 거느리는 용장의 지위에 오른다.

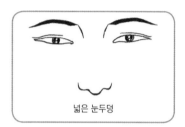

넓은 눈두덩

▶ 눈썹이 높이 붙고(넓은 눈두덩) 눈이 수려한 사람이 벼슬을 얻지 못한다면 재물이 넉넉하게 생긴다.

▶ 눈이 세모지면 마음이 선량하지 못해서 여자는 남자를 힘들게 하고, 남자는 여자를 극하게 된다.

▶ 여자의 눈은 가늘고 길며 맑고 수려해야 좋다. 만일 가로 길이가 짧고 둥그렇게 크기만 하거나 앞으로 툭 불거진 눈이면 부부 사이는 심한 형벌과 같다.

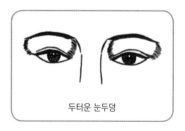

두터운 눈두덩

▶ 안당(眼堂, 눈두덩)은 마땅히 풍만해야 좋으나, 지나치게 두텁고 풍만하면 성욕이 강하고 음란하다.

▶ 눈이 성난 듯하고 흰자위가 많으며 앞으로 불거진 사람은, 육친과 사이가 나빠서 고독하게 되고 나중에 흉하게 죽는다.

▶ 눈동자가 점을 찍은 듯 맑고 깨끗하며 입이 넓고도 붉으면 문장이 뛰어난 선비의 상이다. 얼굴이 크고 둥글며 턱이 풍부하면 부잣집의 자손으로 재물이 풍부하다.

▶ 눈이 톡 불거져 있고 눈빛이 빛나며 입술이 걷혀 있는 자는 성격이 집요하고 불량한 자이다.

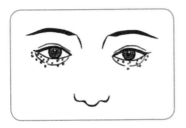

▶ 눈 아래 눈두덩은 풍만해야 좋고, 움푹 들어가거나 눈두덩에 좁쌀처럼 돋아난 피부가 있으면 자녀에게 좋지 않다.

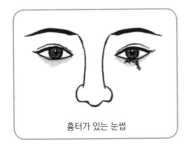

흉터가 있는 눈썹

▶ 누당(淚堂)을 자녀궁이라 하는데, 이곳에 흉터가 있거나 움푹 들어가면 자손에게 고난이 있고 자식덕을 받지 못한다.

▶ 울지 않는데도 눈이 젖어 있고 근심이 없는데도 눈썹을 찡그리면 부모와 일찍 이별하거나, 늙어서 배우자와 자녀들에게 큰 어려움이 닥친다.

옛 글에 이르기를 "울지 않아도 늘 우는 것 같고 걱정거리가 없는데도 근심하는 것 같은 사람은 명예롭고 귀하게 되더라도 중도에서 일찍 그치게 된다"고 했다.

▶ 얼굴이 항상 우는 상을 하고 있거나 찌푸려 근심을 띤 사람은 반드시 가난하고 어려운 일이 많이 따른다.

▶ 명예를 얻으면 마땅히 기쁜 기색이 있어야 하는데, 좋은 때를 만나도 얼굴에 근심이 있는 듯 처량하게 보이는 자는 부유할지라도 뒷날 가난하다.

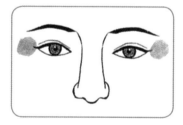

▶ 간문(奸門)의 위치는 어미의 옆이고 남녀궁 혹은 부부 궁이라고도 한다. 이곳의 피부가 흐린 색이면 부부간이나 연인 사이에 나쁜 일이 생긴다.

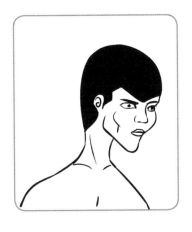

▶ 얼굴이 길고 쉰 목소리를 내는 것을 말상이라고 하고, 눈망울이 톡 불거지고 눈동자가 붉은 것을 뱀눈이라고 한다. 이런 자는 성격이 거칠면서 거짓이 많고 마음이 악독하여 혈육 간에도 의리가 없으며 명대로 살지 못하고 뜻밖의 재앙을 당한다.

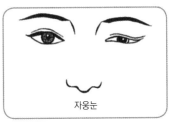

자웅눈

▶ 좌우 눈의 크기가 한쪽은 크고 한쪽은 작은 것을 자웅눈이라 한다. 이런 눈을 가진 사람은 의식이 풍족하지만 사람 됨됨이가 매정하고 간사스럽다.

간문의 어긋난 주름

▶ 어미(魚尾)에 주름이 많이 잡히면 늙도록 편할 날이 없다.
옛말에 "어미의 주름이 눈에까지 들어가면 비록 눈이 잘 생겼다고 해도 심신이 고단하다"라고 했다.

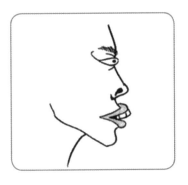

▶ 눈동자가 벌의 눈처럼 톡 불거져 나온 자는 형벌과 몸을 다치는 악운이 있다.

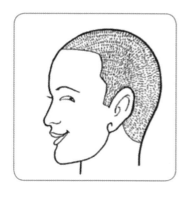

▶ 눈빛이 복숭아 빛 같고 애교가 있으면서 눈을 게슴츠레 뜨면 음란함을 좋아하고 사악하다.
옛 글에서 "도화색이 짙게 눈에 비치면 주색을 매우 좋아한다"고했다.

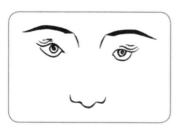

▶ 눈동자가 동그랗고 작으며 누르스름한 것을 계목(鷄目:닭의 눈)이라 하는데, 이런 눈을 가진 자는 성격이 조급하고 음욕(淫慾)이 지나치게 왕성하다.

▶ 눈동자가 노루 눈처럼 맑기만 하고 신기가 없으면 수명이 짧다.

▶ 눈동자가 동그랗게 톡 불거진 눈을 물고기 눈이라 한다. 대개 이런 상은 눈에 광채가 없는 것이 대부분인데 단명하다.

▶ 여자의 눈에 물기가 있어 빛이 나거나 눈동자가 불거져 나오거나 입이 크면 색정에 빠지고 손을 건들거리며 걷거나 머리를 흔드는 버릇이 있는 경솔한 여자는 음란하고 배우자를 힘들게 한다.

▶ 수명은 눈빛과 몸에서 풍기는 기운을 위주로 해서 판별해야 하는 것이다. 관상을 배우는 자들은 반드시 이 말을 참고해야 한다.

▶ 얼굴이 둥글고 등이 두터우면 부귀하다.

▶ 눈빛이 밝고 입술이 뒤집혀지지 않으면서 약간 큰 듯하고 바르면 귀하고 현명하며 재물운이 좋다.

▶ 신기가 맑고 깨끗하여 어둡지 않으면 명성과 재물이 함께 이른다.

▶ 얼굴에 신광이 가득하면 명성과 재물이 따른다.

▶ 부유한 자는 몸집이 두텁고 귀한자는 생김이 맑고도 범상치 않다.

▶ 이마가 삐뚤어지지 않고 두터우면서 넓으면 관록궁이 발달한 사람이므로 관운이 좋다.

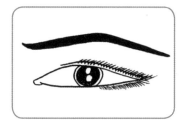

▶ 눈은 관상 중에 가장 중요한 곳인데, 그 중에 신광(神光: 눈빛)은 더욱 중요하다. 경에서 이르기를 "눈은 쏘아보지 말아야 되고 눈빛이 너무 지나치게 반짝거려 흩어지지 말아야 된다. 또한 눈빛에 물기가 있으면서 흘겨보면 성욕이 강하고 다음 하게 된다"라고 했다.

▶ 얼굴과 몸통이 둥글고 반듯하면서 눈빛이 살아 있는 자는 무게가 있고 인내력이 강한 좋은 상이다.

▶ 눈이 튀어나오지 않으며 밝고, 입술은 뒤집혀지지 않으면서 약간 큰 듯하고 바르면, 귀하고 현명한 사람이며 재물운이 좋다.

▶ 두 눈이 가늘고 길면서 흑백이 분명하고 수려하면 중년에 출세한다.

▶ 정신이란 일생을 사는 바탕이다. 몸의 형상과 신이 넉넉하면 심신이 태평하다.

▶ 골격이 탄탄하고 눈에서 빛이 나서 위엄이 서린 자는 벼슬에서 권위가 있고 충절한 신하가 된다.

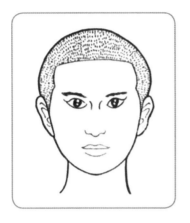

▶ 눈은 둥글고도 크며 눈빛이 살아있고 흘겨보지 않으면서도 위엄이 있어 보이는 것을 범(호랑이)의 눈동자라고 하는데, 성품이 맹렬하고도 엄숙하여 감히 범접치 못하는 사람이다.

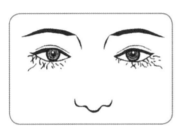

▶ 쭈글거리는 잔주름이 눈 밑에 있으면 혈육 간에 인연이 없다.

▶ 쥐 눈처럼 생겼으면 도둑의 무리이다.

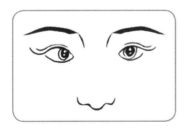

▶ 눈동자가 한쪽으로 쏠려 있고 동그라면 성격이 조급하다.

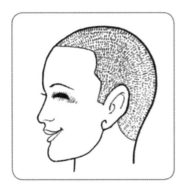

▶ 눈빛이 술에 취한 듯 몽롱한 여자는 음란하면서 여러 남자와 정을 통한다.

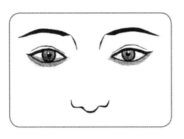

▶ 용궁(龍宮)은 아래 눈두덩에 있는데, 이곳이 우묵하게 들어가 있고 어두운색이면 자식을 두기 어렵고 비록 얻는다 해도 어리석거나 불초한 자녀를 둔다.

▶ 두 눈은 해와 달에 해당되는데, 이곳이 밝지 못하고 코가 넉넉지 못한 사람은 인생을 어둡게 산다.

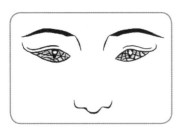

▶ 흉악한 죄를 범하는 여자는 모두 눈동자에 붉은 줄이 있고 누르스름해서 눈동자가 까맣지 않다.

▶ 남과 시비를 자주 벌이는 사람은 입술이 앞 치아를 덮지 못하고 앞니가 튀어나온 상을 가진 사람이다.

▶ 입술이 앞 치아를 가리지 못하면 괜한 일로 남과 다투기를 좋아한다.

▶ 말하거나 웃지 않을 때도 치아가 뻔히 드러나 보이는 자는 남의 말을 하기 좋아하고 주변 사람들과 불화가 잦다. 경에서 말하기를 "치아 사이가 벌어지고 다물어지지 않아, 이가 드러나거나 위아래 입술이 얇고 뾰족하게 나온 자는 시비를 자주 벌인다"고 했다.

▶ 앞 치아가 드러나고 입술이 걷혀 있으며 목뼈가 툭 불거져 솟은 자는 반드시 타지에서 객사한다.

▶ 입이 메기입처럼 튀어나오고 입술이 뒤집혀져 있으면 일생 어려운 액운이 따른다.

▶ 타향에서 객사하는 사람은 잇몸이 드러나 있고 입술이 늘 걷혀 있거나 얇은 자다.

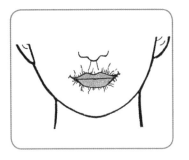

▶ 늙지도 않은 사람이 입술이 쭈글쭈글 주름진 사람은 일생을 고단하게 보낸다. 『통선록』에서 말하기를 "입가의 피부가 헝겊이 구겨진 것같이 주름지면 타향에서 방랑하게 된다"고 했다.

▶ 입술이 오그라져 쭈글거리거나 입술이 걷혀 앞니가 훤히 보이며 눈빛마저 흐리멍덩하면 단명상이고 서른을 넘기기 어렵다.

▶ 몸집이 비대하고 목이 짧으면서 아무 음식이나 잘 먹고 눈빛이 몽롱하여 흑백이 분명치 않은 것을 돼지 상이라고 한다. 이런 상을 가진 자는 뜻밖의 재난으로 죽고 시신은 여러 갈래로 나뉘게 된다.

▶ 여자가 지나치게 입이 크고 넓으면 먹는 것에 욕심이 많고 게으르며 행여 풍족하게 살더라도 나중에 가난하게 된다.

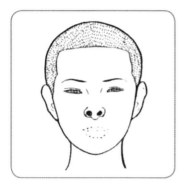

▶ '사반(四反)'이란 입술 선이 뚜렷치 않고, 눈빛도 또렷치 않고, 콧구멍이 뻔히 보이고, 귀의 윤곽이 뚜렷치 않음을 말한다. 이런 사람은 30세에 흉사한다.

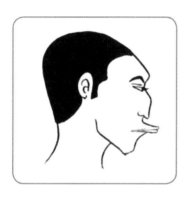

▶ 입을 뾰족하게 내밀며, 입이 들려 있거나 몹시 얇으면 말하기를 좋아하고 시시비비가 떠날 날이 없다.

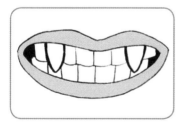

▶ '귀아(鬼牙)'란 어금니가 길고 뾰족하여 입 밖으로 튕겨 나온 것을 말한다. 이런 사람은 성격이 간사하고 속이기를 잘하며 탐욕하다.

▶ 어금니를 실룩거리며 머리를 흔드는 자는 성격이 악독하고 간교할 뿐만 아니라 색욕도 강하다.

▶ 얼굴이 보름달처럼 환하게 밝고 윤기가 흐르면 앞날이 즐겁고, 입술이 연꽃처럼 붉으면 좋으며, 입이 뾰족하거나 치아가 드러나지 않으면 재물이 풍족하다.

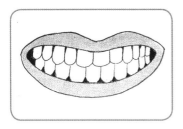

▶ 치아가 틈새 없이 빽빽하게 빛나고 깨끗해서 석류씨 처럼 생기면 먹고 입는 것이 넉넉하다.
▶ 치아가 가지런하고도 벌어지지 않으면서 코가 풍성하면 전답을 많이 가지고 안락하게 산다.

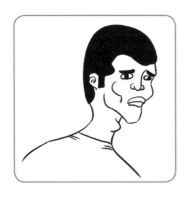

▶ 기쁜 일이 생겨도 얼굴 모습이 처량하게 보이는 자는 부유하더라도 훗날 가난하게 되고, 궁색한 처지에 있어도 목소리와 용모가 온화하게 보이는 자는 초년에 궁색할지라도 훗날 반드시 복이 일어난다.

▶ 말(언어)이란 선후의 순서가 분명해야 귀한 법인데, 말에 두서가 없고 중언부언 규칙 없이 말하는 사람은 매사에 얽힘이 많다.

▶ 목소리가 거칠고 깨진 나팔소리처럼 울림이 없는 자는 가난할 것이다.

▶ 목소리가 화창하고 맑아야 영화를 누린다.

▶ 이리의 걸음걸이란, 머리를 숙이고 좌우를 두리번거리며 걷는 모습을 말하고, 범의 입술이란, 습관적으로 입을 실룩대며 화난 것 같이 웃는 모습을 말한다. 이런 사람은 성격이 음흉해서 미리 예측하기가 쉽지 않다.

▶ 범의 걸음은 발자국을 넓게 떼고 용의 걸음걸이는 몸이 흔들리지 않는다. 경에서 "범의 걸음걸이에 용의 뜀박질이면 나라의 제후나 군왕에 이른다"고 하였다.

▶ 걸음을 걸을 때 몸을 흔들지 않으면 재물이 풍족하고 장수한다.

▶ 옛 글에서 말하기를 "여자가 남편을 힘들게 하는 것은 광대뼈가 옆으로 툭 불거지거나 이마가 삐뚤어진 까닭이다. 세 번 시집가는 것을 알고자 한다면 여자 목소리가 마치 남자의 목소리 같은지를 보라"고 했다.

▶ 여자의 목소리가 깨진 나팔소리와 같고 얼굴 살갗이 옆으로 퍼져 뒤룩거리듯 하면 과부가 되어 독수공방하게 된다.

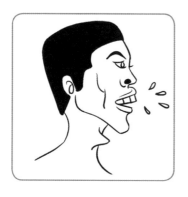

▶ 목뼈가 튀어나온 자는 자식이 드물고 객사할까 염려된다. 옛 관상서에서 이르기를 "앞 치아가 드러나고 목의 뼈가 튀어나온 자는 객사를 주의해야 한다"고 했다.

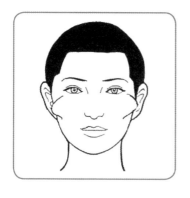

▶ 광대뼈가 지나치게 툭 불거지면 여러 번 남편과 이별한다.

▶ 귀에 털이 있으면 장수한다. 옛말에 "눈썹 털이 좋다 해도 귀에 난 털만 못하고 귀의 털은 목에 수조(壽條)가 있느니만 못하다"고 했다.

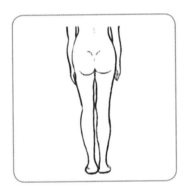

▶ 항문을 '곡도(穀道)'라고도 하는데, 이곳에 털이 어지럽게 나는 것은 방광의 기운이 매우 성한 것이 원인인데, 반드시 음욕이 많다.

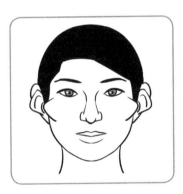

▶ 뒤집힌 귀가 얇으면 자식을 잃게 된다.

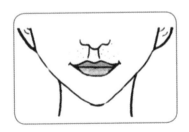

▶ 구혁(溝洫)은 인중을 말한다. 인중에 수염이 나지 않거나 매우 적으면 살아가는데 녹녹치 않고 무능력하다.

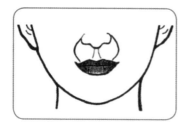

▶ 법령선을 '수태(樹苔)' 혹은 '금루(金縷)'라고도 하는데, 이곳의 주름은 부드럽고도 뚜렷한 것이 좋다. 만일 주름이 없는 듯 희미하거나 뒤얽혀 있거나 주름이 입으로 들어가면 49세를 넘기기 어렵다.

▶ 법령의 주름이 입으로 휘어져 들어가면 굶어 죽는다.

▶ '등사(螣蛇)'란 법령의 주름이다. 법령선이 입을 싸고 쭈글쭈글하면 굶어죽는다.

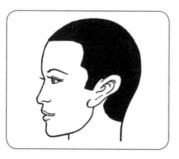

▶ 명주(明珠)란 귀볼을 말하고, '출해(出海)'는 귓볼이 늘어져 입을 향한다는 뜻이다. 강태공이 이런 귀를 가졌었다고 전해지는데 재물운과 수명이 길다.

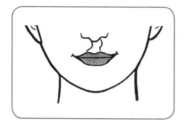

▶ 인중이 삐뚤어지면 혈육, 부부 사이를 나쁘고 해롭게 한다.

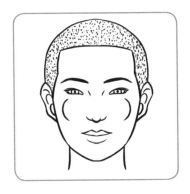

▶ 무리를 거느리고 귀하게 되려면 광대뼈에 살이 잘 감싸서 풍만하고 높이 솟아야 한다.

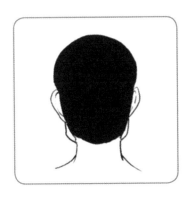

▶ 볼 아래턱 뼈를 '이골(頤骨)'이라 하는데, 이곳이 너무 커서 불거지면 좋지 않다. 옛 글에서 "귀 뒤에서 양쪽 뺨이 보이면 매우 이기적인 사람이다. 이는 심성 바탕이 교활하고 비겁하며 탐욕스러운 사람이기 때문이다"고 했다.

▶ 수염이 누르고 눈동자가 붉으면 일생 동안 재앙이 따른다.
옛 글에서도 "눈동자가 붉으면 성질이 급하고 수염이 누르스름한 색이면 화를 잘 내는 상으로 마침내 재앙을 불러온다"고 했다.

▶ 구레 나룻가 구불구불 엉키면 매우 게으른 사람이어서 비록 부를 얻을지라도 나중에 가난함을 면치 못한다.

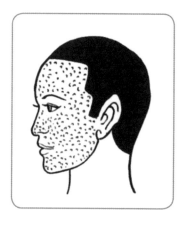

▶ 얼굴 전체에 털구멍이 많아서 때가 낀 것같아 보이는 피부를 귤껍질 살결이라고 한다. 옛 글에서 "얼굴이 귤껍질처럼 우둘투둘하면 육친을 극하고 고독하다. 그래도 아들 하나는 두게 되겠지만 또 다른 배우자를 맞게되리라"고 했다.

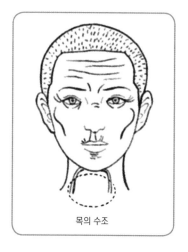

목의 수조

▶ 노인의 목줄기 아래 두 가닥 힘줄 같은 것이 생기면 이를 수조(壽條)라 하여 장수함을 의미한다. 그래서 옛 경에 이르기를 "눈썹 잘 생긴 게 귀에 난 털만 못하고 귀의 털이 수조만 못하다"고 할 정도로 수조가 있으면 건강하고 장수한다.

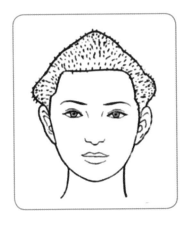

▶ 기이하게 생긴 뼈가 정수리에 있으면 비록 질병이 올지라도 위험한 지경까지는 가지 않는다. 옛말에 "얼굴엔 좋은 점이 없고 머리에는 좋지 않은 뼈가 없다"고했다.

▶ 사람이 보통 귀하게 되기 전엔 특별히 좋은 골격이 눈에 띄지 않다가 벼슬이 오른 뒤에야 홀연히 나타난다. 또한, 재물을 얻기 전에는 잘 띄지 않던 형상이 종종 눈에 띄게 되고, 피부 역시 재물을 모은 뒤에야 형상이 좋아지는 것이 눈에 띄곤 한다.

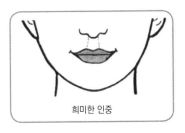

희미한 인중

▶ 인중은 깊고 길어야 좋고 오목한 곳이 없고 평평하다면 좋지 않다.

▶ 결후란 목의 뼈가 툭 불거진 것이고, 노치(露齒)란 입술이 다물어지지 않아 늘 앞 치아가 보이는 것인데, 객사할 상이며 부모나 형제와도 이별하는 상이다.

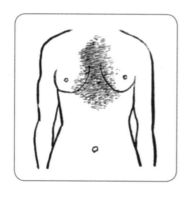

▶ 가슴에 털이 난 사람은 성질이 급하며,
마음이 좁아서 너그럽지 못하다.

▶ 목소리가 맑고 눈빛이 밝으면 반드시
남편을 영화롭게 하여 재물을 얻는다.

▶ 음식을 먹을 때 야금야금 빠르게 씹고,
겁을 먹은 듯 안정감이 없고, 좌우로 눈
을 굴리며 먹는 모양을 쥐가 먹는 듯
한 모습이라 한다. 또한 음식을 채 씹
지도 않고 삼키면서 먹어도 항상 부족
한 것 같은 모습은 원숭이가 먹는 모습
을 닮았다.
이와 같이 쥐와 원숭이의 습관이 있는
자는 성격이 고상하지 못하고 천하면서
인색하고 간교한 꾀를 잘 부리는 자다.

▶ 부유한 자는 몸집이 두터우며 귀한 자는 생김이 맑고 골격 또한 범상치 않다.

▶ 이마가 삐뚤어지지 않고 두텁고도 넓으면 관록궁이 발달한 사람이니 관운이 좋다.

▶ 질병은 배부르고 나태한 데서 생기고, 근심 걱정은 즐거움이 극진하면 나타나게 되고, 기(氣)는 피부색이 변화함에 따라 바뀌는 것이다. 관상을 배우는 자들은 이러한 이치를 섬세하게 관찰하면 미리 길흉을 예측할 수 있다.

▶ 좌우의 광대뼈, 턱의 좌우 뼈, 좌우 이마뼈를 육부(六府)라 한다. 이곳이 모두 넉넉하고 넓어서 서로 오긋하게 마주 보는 듯하면 귀하지 않으면 부유하게 된다.

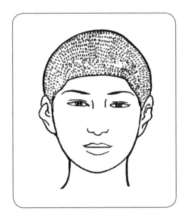

▶ 이마가 좁고 귀가 뒤로 뒤집히면 여러 번 시집간다.

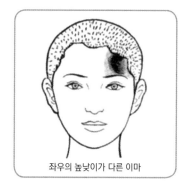
좌우의 높낮이가 다른 이마

▶ 머리와 이마는 한쪽으로 기울어지지 않아야 한다. 만일 삐뚤어져서 바르지 못하면 행동거지가 경솔해서 무게가 없고 음탕하다.

▶ 걸음걸이가 바르지 못하고 바람에 흔들리는 버드나무 가지와 같으면, 이는 뱀이 지나가는데 참새가 달아나는 형상으로, 겉으로는 좋은 듯이 꾸미지만 실제 속마음은 음흉하고 악독하다.

▶ 걸음걸이와 행동거지가 조심스럽고 무거우면 재물이 풍족하다. 하지만 걷는 모습이 방정맞게 참새처럼 깡총거리면 재물 없어지는 것이 빠른 물결 같으리라.

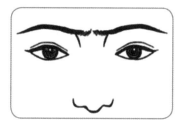

▶ 인당은 넓고 흠이 없어야 좋다. 만일 인당이 매우 좁으면 배우자 운도 늦고 관운도 없다.

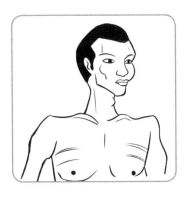

▶ 뼈마디가 크고 거칠면서 툭 불거지고 피부가 얇으면서 억세면 단명한다.

▶ 골격을 보면 귀함과 천함의 구별과 빈부의 구분은 알기 쉽지만 기색의 살아남과 어두움에 의한 시기는 자세히 살피기 어렵다.

▶ 얼굴의 살갗이 얇으면 비록 인중이 깊고 길다 하더라도 수명이 길지 못하다.

▶ 빈약한 어깨가 위로 높이 솟고, 목소리는 흩어져서 우는소리 같으면 빈천하고 고독하며 형벌을 받게 된다.

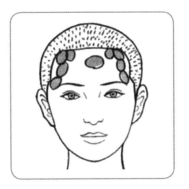

▶ 이마의 변지, 보골, 천정, 산림, 교외 부위가 모두 높이 솟으면 말년에 영달하고 식록이 풍부하다.

▶ 모습이 우뚝하고 수려하게 뻗은 나무와 같은 형상이고, 옥같이 맑은 기운이 도는 사람은 고상한 선비의 상이다.

▶ 정신이 맑고 생긴 모습이 수려하면서도 보통의 평범한 사람과 다른 부분이 있으면 귀하게 된다.

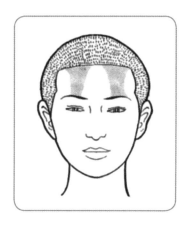

▶ 이마의 뼈가 솟아올라 다섯 손가락처럼 나뉘어져 발제까지 닿은것을 금성골(錦成骨)이라 한다. 금성골이 이렇게 솟으면 대귀할 상으로 지위가 나라의 장상에 이른다.

경에서 말하기를 "금성골이 다섯 손가락처럼 나뉘면 조정의 극품 관직을 얻는다"고 하였다.

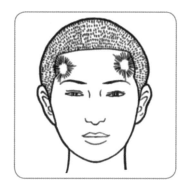

▶ '산림(山林)'의 뼈가 높이 솟으면 신선이 된다. 그 이유는 귀한 뼈가 눈과 천정의 밖에 위치하고 있기 때문이다.

▶ '오단(五短)'이란 머리, 얼굴, 몸, 팔, 다리 모두가 짧은 것인데, 이런 형상을 가지고 있어도 몸 전체가 유기적으로 융화되게 생기면 일생 동안 재물이 풍족하고 일이 잘 풀린다.

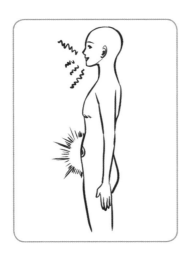

▶ '단전(丹田)'은 배꼽 아래를 말한다. 목소리가 배꼽 아래로부터 나오는 사람은 억양, 장단, 고저가 깊은 까닭에 수명과 재복을 겸해서 누린다.

진희이가 말하기를 "보통 사람의 숨소리는 목구멍에서 나오고 귀한 사람의 숨결은 배꼽으로부터 나온다"라고 하였다.

▶ 형체는 비록 작더라도 목소리가 크면서 우렁차고 맑으면 본 바탕이 큰 그릇이니 마침내 이루어지리라.

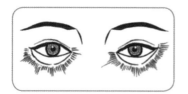

▶ '음즐(陰騭)'은 누당을 말한다. 누당이 풍만하고 색깔이 좋으면 재복이 많고 영특하며 장수한다.

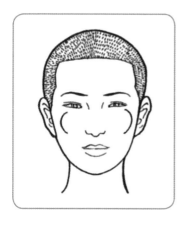

▶ '정면(正面)'이란 양쪽 광대뼈(관골)를 말한다. 양쪽 관골이 넓으며 살이 올라 있고 기울거나 꺼지지 않으면 재물이 계속 쌓인다.

▶ 하늘(이마)과 땅(턱)이 서로 마주 보듯이 오긋하며 좌우의 관골이 우뚝하면 집안과 사업을 일으킨다.

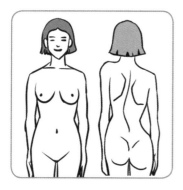

▶ 몸의 형상이 비록 좋은 격을 이루었으나, 등의 형상이 굳세지 못하고 기울어져서 좋은 격이 아니면 이름만 번지르르하고 실속이 없으며 수명도 길지 못하다.

▶ 형상이 고괴하면 귀한 상이라고는 하지만 고괴함이 지나쳐 괴이하게 생기면 먹고사는 일이 넉넉지 못하다.
옛날 당나라에 '노기'라는 사람이 있었는데, 형용이 고괴하고도 귀신과 비슷했는데 매우 간사하였다고 한다.

▶ 몸의 생김이 맑고 수려하면서도 기이하게 생겨서 신성처럼 고상해 보이면 일생을 한가롭고 즐겁게 산다.

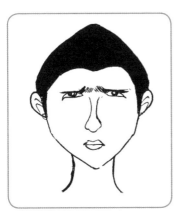

▶ '삼첨(三尖)'이란 머리, 콧마루, 턱. 이 세 곳이 뾰족한 것을 말하고, '육삭(六削)'이란 좌우 눈썹, 양쪽 귀, 두 눈, 입인데, 이곳들이 얇고 약하다는 뜻이다. 이를 '육악(六惡)'이라고도 한다. 이 삼첨, 육삭의 상을 가진 자는 빈천하면서도 간사스럽다.

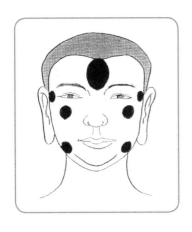

▶ 천창, 지고의 좌우가 둥글거나 오악(이마, 좌우 관골, 턱, 코)이 모두 단정하면 늙도록 부귀를 누린다.

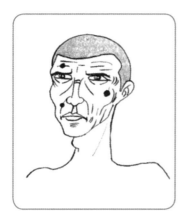

▶ 얼굴 각 부위가 얼룩이 진 것처럼 복잡하지 않으면 자연히 재앙이 사라진다. 반대로. 주름이 이리저 리 얽혀 있거나 검은 사마귀가 있으면 흉액이 따른다.

▶ 남자의 허리가 가늘면 복이 없고, 여자 어깨가 오그라진 사람은 고독하고 남편을 힘들게 한 후에 재혼한다.

▶ 골격이 섬세하고 매끄러우면 부귀를 얻어 한가롭게 지내고, 수염이 거칠고 짙으면 일생 힘든 일이 많으며 하천하다.

▶ 피부가 맑고 향기로우며 섬세하고 윤기가 흐르면 귀한 집안의 여자이고, 얼굴이 단정하면서 엄숙하고 윤기가 흐르면 덕 있는 문중의 부인이 될 상이다.

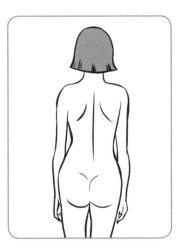

▶ 여자의 등이 둥글고 두터우면서 수려하면 현명한 남자에게 시집가서 귀하게 된다.

▶ 여자가 살이 많고 뼈가 가늘면 일찍 요절한다.

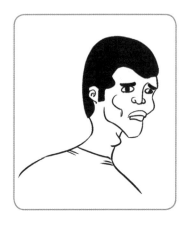

▶ 체형이 휘어지거나 오그라진 듯한 사람은 그릇의 품이 넓지 못하다.
▶ 얼굴의 살갗이 뜨고 얇으면서 피부가 거칠고 딱딱하면 오래 살지 못하고, 골격이 탄탄하고 오악이 분명하면 부귀를 기약할 수 있다.

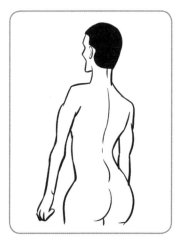

▶ 등이 두툼해야 하는데 만일 등이 얇거나 움푹 들어가면, 비록 이름을 얻더라도 열매가 적을 것이다. 아니면 수명을 지키지 못한다.

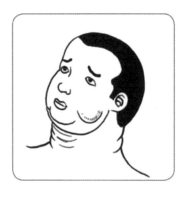

▶ 젊어서 살집이 비대하고, 호흡이 짧으면서 급하면 중년을 넘기기 어렵다.

▶ 뼈가 거칠어서 살이 감싸지 못하고, 머리카락은 쑥대밭처럼 빽빽하고 굵으면 빈한한 상으로 한 푼의 이익도 얻기 어렵다.

▶ 신체는 두텁고 무게가 있어야 귀한 상인데, 골격이 매우 가늘어 중후함이 없고, 길을 걸을 때에는 바람에 나부끼는 버들잎처럼 휘청거리면 가난하다.

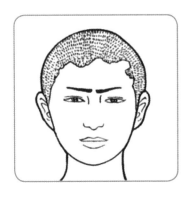

▶ 발제와 인당 생김의 좋고 나쁨으로 귀하고 천함을 가늠할 수 있다.

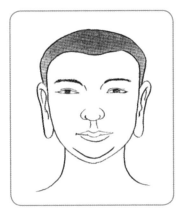

▶ 스님의 머리통이 둥글면 귀하게 되어 명성이 높고, 도를 닦는자는 생김이 맑고 수려해야 참다운 진리를 깨닫는다.

▶ 머리통이 둥근 가운데 정수리가 솟은 듯하면서 이마가 넓고, 얼굴의 위아래가 둥근 사람이 스님이 되면 이름 있는 사찰의 큰스님이 된다.

▶ 스님의 눈빛이 맑게 빛나고 골격이 수려하면 많은 제자를 거느리고 스승의 칭호를 얻는다.

▶ 턱이 이중으로 생긴 승려는 재물을 부르고, 눈빛이 맑은 승려는 성품이 자애로워서 고귀한 명성을 얻는다.

▶ 이마가 넓고 눈썹이 수려한 승려는 문장이 탁월해서 명성이 있고 도사의 칭호를 얻는다.

▶ 승려의 귀가 얼굴보다 희면, 임금을 도와서 세상을 잘 다스리는 국사가 되고, 관골이 높고 인당이 넓은 이는 천자를 가르치는 스승의 직책을 맡는다.

▶ 승려의 형체가 작고 납작해서 오종종하게 보이면 평범하고 속되고, 키가 작더라도 골격이 수려하고 목소리가 맑으면 부귀를 누린다.

▶ 골격이 거칠어 툭툭 불거져 있거나 형상이 속되게 생긴 이는 늙도록 산중에 묻혀 액운을 만난다.

▶ 형상이 기이하고 눈빛이 특별한 승려는 천하를 두루 돌아다니게 된다.

▶ 눈썹이 높이 붙고 눈이 수려한 자가 벼슬을 얻지 못한다면 재물이 넉넉한데 이는 승려 역시 마찬가지다.

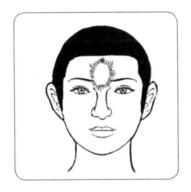

▶ 인당의 뼈가 두툼하고 중정까지 뻗치면서 빛나고 윤기가 있으면 종신토록 관직에 머무르며 영달한다.

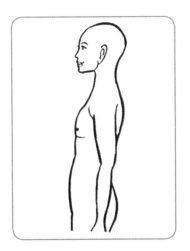

▶ 허리와 배가 둥그렇게 살찌고 등이 두터우면 관록운이 있다.

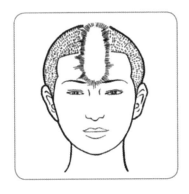

▶ 인당 뼈가 정수리까지 솟은 것을 복서골(伏犀骨)이라 하는데, 이런상을 가지면 대귀하여 고관대작이 되고 왕후에 오르게 된다.

▶ 거오골(巨鰲骨)이 정수리까지 솟으면 판서의 지위에 오르고, 용골(龍骨: 일각과 월각)이 천정까지 닿으면 재상의 벼슬에 오른다.

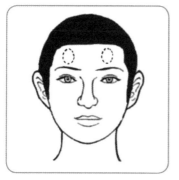

▶ 일각, 월각이 천정까지 뻗으면 귀하게 되어 임금을 섬기게 되고, 좌우 관골뼈가 변지에 가깝게 접근하면 고위직에 오른다.

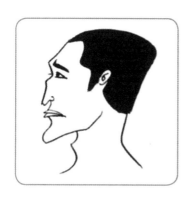

▶ 살이 풍성하지 못하고 힘줄이 불거져 있거나 뼈가 앙상하게 솟아 있으면 성격이 나약하고 어리석으며 우둔하다.

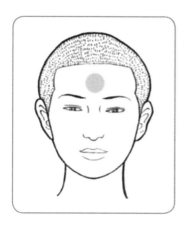

▶ 천정이 높이 솟으면 소년에 부귀를 기약한다.

▶ 요염(사람을 홀릴 정도로 아리따움)한 태도가 풍기는 여자는 어진 지어미가 아니라 달빛 아래서 여러 남자와 정을 통한다.

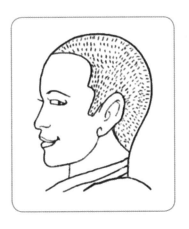

▶ 바라보는 눈매가 곁눈질을 일삼거나 흘겨보는 습관이 있는 자는 성격이 삐뚤어져 있고 음란한 자이며, 행동거지가 경망스러우면 빈천한 자이다.

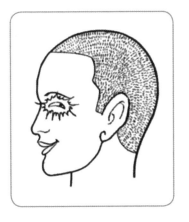

▶ 눈빛이 불꽃처럼 빛나서 도화색을 띠면 항상 주색과 환락만을 꿈꾸는 자이다.

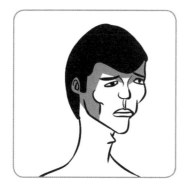

▶ 얼굴이 잿빛처럼 거무스름하면서 윤기가 없으면 재산을 탕진하고 가난하게 지내는 상이다.

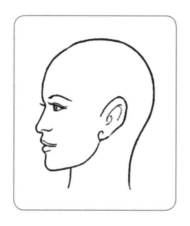

▶ 눈썹이 수려하며 눈이 바르고 맑아서 이미 승려의 형상을 이루었다고 해도 골격이 수려하고 독특하게 생겨야 귀하게 된다.

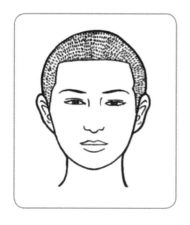

▶ 관상을 보는 데 있어서 가장 중요한 점은
첫째, 찰색을 살펴보고
둘째, 목소리를 들어보고
셋째, 눈빛을 보고
넷째, 뼈를 감싸고 있는 살의 생김 형태를 본 다음 길흉을 판단해야 하는 것이다. 이 네 가지 중에 어느 하나라도 소홀함이 없어야 그 사람의 운명을 올바로 볼 수 있는 것이다.

▶ 골격을 보면 귀함과 천함의 구별과 빈부의 구분은 알기 쉽지만 기색의 살아남과 어두움에 의한 시기는 자세히 살피기 어렵다.

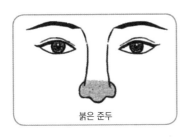
붉은 준두

▶ 술에 취한 것처럼 준두 전체가 붉으면 간사스럽고 악한 꾀가 많은 자이다.

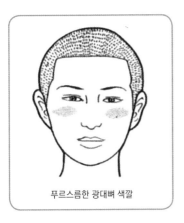
푸르스름한 광대뼈 색깔

▶ 관골에 푸르스름한 색이 가로질러 나타나면 재앙과 질병을 달고 다니는 까닭에 죽은 시체가 걸어 다닌다고 한다.

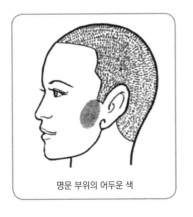
명문 부위의 어두운 색

▶ '명문(命門)'은 귀 앞에 있다. 명문에 검고 어두운 빛이 나타나면 병들어 고치기 어렵다. 이런 상태를 탈명(奪命: 수명을 뒤흔듦)이라고 한다.

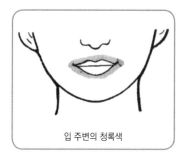

입 주변의 청록색

▶ 입가에 청흑색이 드리우면 화타 같은 명의가 와도 고치기 어렵다.

▶ '유혼(幽魂)', '유백(流魄)'이란 흑색 기운을 말하고 '대해(大海)'란 입을 가리키는 말인데, 흑색이 입 주변에 번지면 물 조심해야 하고, 눈두덩에 나타나면 본인이나 가까운 사람이 사망한다.

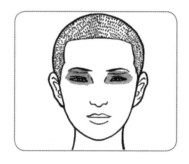

▶ 흑색이 두 눈가에 나타나면 병을 고치기 어렵다.

▶ 병든 사람의 기색이 마른 뼈처럼 윤기가 없이 희기만 하면 이는 몸에 생기가 없음이니 정녕 죽음을 면키 어렵다. 또한 잿빛과 같이 거무스름한 빛이 있으면 살아날 가망성이 없다.

▶ 경에서 말하기를 "술에 취하지 않았는데도 취한 듯하고, 걱정이 없는데도 근심스런 얼굴을 하고 있거나, 웃을 때도 겁먹은 표정을 짓거나, 어리석게 보이는 상은 행여 즐거움과 영화로움이 있다 해도 반이나 감소된다"고 했다.

▶ 얼굴의 피부색은 빛나고 밝아야 좋고, 어둡고 흐릿하면 좋지 않다. 그러므로 연기나 먼지같이 몽롱하거나 어두우면 반드시 흉액과 재앙이 줄을 잇는다.

▶ 형상이 활기가 없어 마치 흙으로 만든 인형처럼 느껴지면 머지않아 병들어 죽는다.

▶ '천주(天柱)'란 목 줄기다. 목이 기울어져 있거나 삐뚤어져 있으면 허깨비 같은 몸이니 머지않아 사망한다.

▶ 몸의 피부가 엉성하고 얇으면 운이 자주 막힌다.

▶ 청색 기운이 적고 홍황색이 많이 나타나면 재물과 관운을 얻는다.

▶ 얼굴 가득히 홍황색으로 밝은 사람은 재물이 많고 집안이 태평하다.

▶ 기색이 밝고 불그스름한 빛이 돌면 현재 하는 일이 쉽게 풀리려는 징조다.

▶ 얼굴이 돼지비계를 바른 것처럼 끈적거리고 얼굴이 '아년(砑碾: 맷돌)'과 같이 창백한 색깔이면 '모욕천라(沐浴天羅)'라 해서 자식이 실패를 거듭하게 되며 늙어서 자식덕을 보지 못한다.

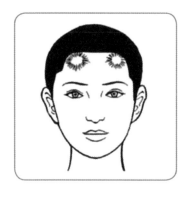

▶ 척양, 변지 부근에 밝은 피부색이 나타 나면 관리는 영전하게 되고 서민은 기쁜 일이 생긴다.

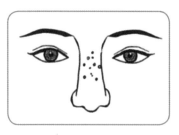

▶ 코의 연상과 수상 부위를 질액궁이라 부른다. 이곳에 빨간색 반점이 나타나 면 질병이 있다.

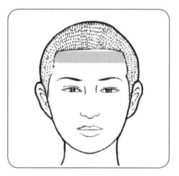

▶ 이마가 창백하고 거친 느낌이면 부모상 을 당한다.

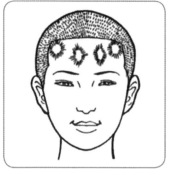

▶ '삼태궁(三台宮)'은 좌우의 보각과 액각 을 말한다. 이곳에 붉고 밝은 기운이 돌 면 이름을 얻고 하는 일이 잘 풀린다.

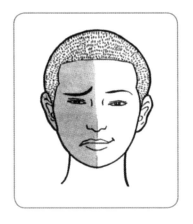

▶ 기색에서 홍황색은 좋은 기운이고, 청흑색이면 운이 막혀 있는 때이다. 만일 홍황색 기운이 적고 청흑색 기가 많이 나타나면 공명을 얻지 못하리라.

▶ 기색이 청흑색을 띠었다가 홀연히 홍황색으로 바뀌어 밝고 윤기가 흐르면 근심 가운데 기쁜 일이 생기고, 밝은 색이 먼저 나타나고 나중에 청흑색이 나타나면 기쁜 일 가운데 나쁜 일이 생길 징조이다.

▶ 얼굴 각 부위의 피부색이 밝고 윤기가 흐르면 하는 일들이 순조롭고, 어둡고 지저분하게 느껴지면 현재 하는 일이 막혀있다.

▶ 광대뼈 부근에 밝은 홍황색이 나타나면 뜻을 이루지 못함이 없다.

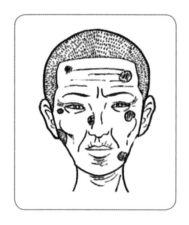

▶ 검버섯이 얼굴에 생기면, 이는 신기가 차츰 사라지는 표시이니 어찌 수명이 길 것인가.

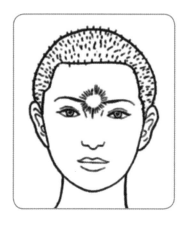

▶ 인당에 홍황색이 나타나면 계획대로 일이 풀린다.

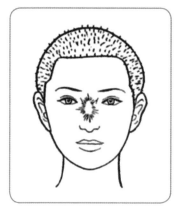

▶ 연상과 수상 부위를 월패성(月孛星)이라고 한다. 평생에 질병이 없고 건강한 까닭은 이곳이 빛나고 풍성한 까닭이고, 늙도록 재앙이 없는 것은 연상이 윤택한 까닭이다.

▶ 연상과 수상은 질액궁의 부위이다. 이곳이 밝고 윤기가 흐르면서 청흑색이 없으면 일신이 평안하다.

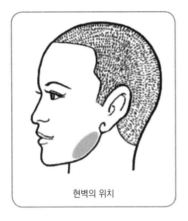

현벽의 위치

▶ 현벽 부위가 밝지 못하면 재물이 점점 사라진다.

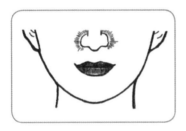

▶ 금궤(金匱)는 준두의 양쪽 곁이고 난대 (蘭臺)와 정위(廷尉)를 말한다. 이곳이 밝고 윤기가 흐르면서 어두운 빛이 없으면 좋은 일들이 연이어 일어난다.

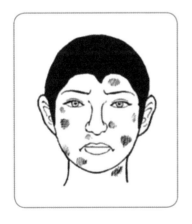

▶ 피부가 거칠고 껄끄러우며 윤기가 없으면 일생을 힘들게 살 것이다.

▶ 모든 부위가 흠집이 없고 삐뚤어져 있지 않으면서 반듯하면 흉한 일을 만나지 않고 일생을 평온하게 지낸다. 하지만 골격이 바르고 살집이 제대로 잡혀 있다 해도 피부가 거칠고 색이 어두우면 하는 일들에 막힘이 많다.

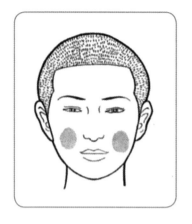

▶ 뺨에 청흑색이 나타나면 고독하고 가난해진다.

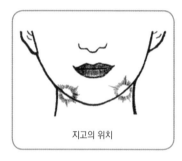

지고의 위치

▶ 지고는 턱의 좌우를 말하는데, 이곳이 빛나고 윤택하면서 풍만하면 만년에 쾌락을 누린다.

▶ 상을 볼 때는 일신의 신기(神氣)를 위주로 먼저 보고 생긴 형상은 그다음으로 본다.

상을 보는 요령은 정신과 기색을 중요시해야 한다는 말이다. 왜냐하면, 정신엔 쇠약과 왕성이 있고 기색엔 살아남과 사그라짐이 있기 때문이다. 그러므로 이 같은 방법으로 자세히 살펴보면 길흉을 단정할 수 있고 생사를 판단할 수 있다.

▶ 혈(血)로 기(氣)를 기르고, 기로 신(神)을 기르는 것이니 혈색에 밝은 색이 돌지 않으면 매사에 막힘이 많다.

▶ 생긴 형상이 보통 사람과 다르다고 해서 모두 천하다고 볼 수는 없다. 이런 사람일지라도 거동이 심상치 않으면서 맑고 수려하다면, 탁한 가운데 맑음이 있는 사람이니 이른바 돌 속에 묻힌 보석과 같다. 상법을 배우는 자는 이점에 유의해야 한다.

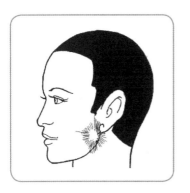

▶ 현벽(縣璧)은 귓볼의 옆을 말한다. 이곳이 밝고 윤택하면 집안에 근심이 없고 즐거운 일이 있다.

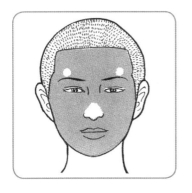

▶ 좌우 복당과 준두를 삼광(三光)이라 부르는데, 이곳이 밝고 맑아서 어둡지 않으면 하늘이 내린 재물운이 있어 길하다.

▶ 복당이 항상 밝고 윤택하여 홍황색 빛을 띠면 복이 들어오는 조짐이 있고 흉함은 없다.

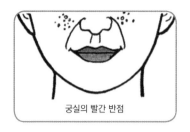
궁실의 빨간 반점

▶ 궁실(宮室)에 빨간 반점이 나타나면 불에 데거나 약물 중독을 조심해야 한다.

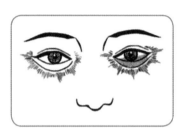

▶ '삼양(三陽)'의 위치는 눈 아래인데, 이곳에 밝은 색이 나타나면 아들을 낳고 푸르스름한 기운이 나타나면 딸을 낳는다.

▶ 와잠(臥蠶)이 밝고 윤기가 흐르면서 밝은 색을 띠면 귀한 자녀를 둔다.

▶ 음양삼음(陰陽三陰)은 자녀궁을 말한다. 이곳이 맑으면서 윤기가 흐르면 운이 좋고, 피부 빛깔이 어둡거나 움푹 들어가지 않으면 자식 기르기가 수월하고 자녀가 총명하다.

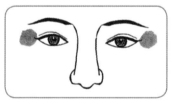

▶ 간문에 청백색이 나타나거나 거무스름하면 배우자에게 재앙이 미친다.

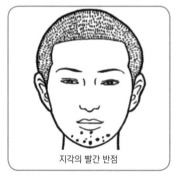
지각의 빨간 반점

▶ 지각을 노복궁 혹은 우마궁(牛馬宮)이라고도 한다. 이곳에 빨간 반점이 나타나면 가축이나 차량에 손실이 있다.

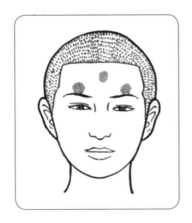

▶ 화개에 검은색이 나타나면 갑자기 질병을 얻게 되고, 천정이 푸르스름하면 전염병에 걸릴 징조이니 예방해야 한다.

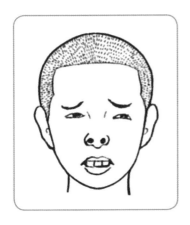

▶ 오악(五嶽 : 이마, 좌우 관골, 코, 턱)이 반듯하고 삐뚤어지지 않으면 장수하지만, 이목구비의 일곱 구멍(두 눈, 양쪽 귀, 양쪽 콧구멍, 입)이 훤히 노출되고 기색이 밝지 못한 자는 오래 살지 못한다.

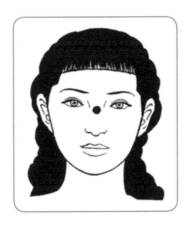

▶ 검은 사마귀가 산근에 있는 여자에게 오랜 질병이 없다면 남편과 이별한다.

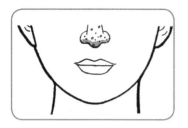

▶ 준두에 적색의 반점이 나타난 자는 바쁘게 움직여 살며 생활에 변화가 심한 일이 일어난다.

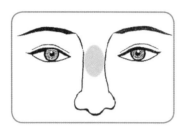

▶ 산근에 청흑색이 나타나면 49세 전후에 재앙과 질병이 있다.

▶ 피부색이 어둡고 눈빛이 흐려 있으면 현재 하는 일의 뜻을 이루기 어렵다.
▶ 얼굴에 청흑색이 가득하면 가난과 근심의 세월을 보낸다.
▶ 병이 오래되어서 눈이 감겨져 있더라도 신이 있고 나쁜 색이 없는 자는 살고, 눈에 신광이 없고 입이 벌려지고 목을 가누지 못하면 살지 못한다.

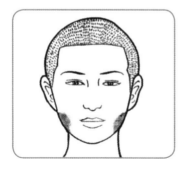

▶ 현벽(縣壁)은 노복궁을 말한다. 이곳이 빛나고 윤택해야 좋은데, 기색이 어두워서 흐린 색이 나타나면 재산이 흩어지거나 사망한다.

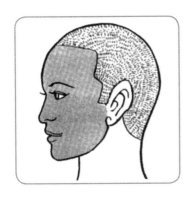

▶ 귀 색깔이 얼굴색 보다 희면 이름을 떨친다.

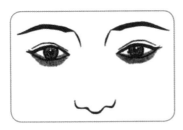

▶ 태양·중양·소양은 눈 밑에 있는데, 이곳에 흐린 색이 나타나면 질병이 많고 심하면 생명이 위험하다.

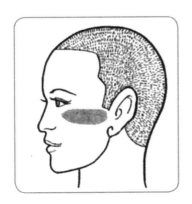

▶ 광대뼈에 푸르스름한 색이 나타나면 형제간에 사이가 나빠서 시끄럽다.

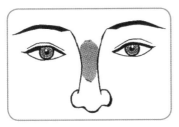

▶ 산근은 연상, 수상과 더불어 질액궁이라 부르는데, 이곳의 신색이 밝고 빛나야 한다. 이곳이 어둡고 밝지 못하면 질병이 있는 사람이다.

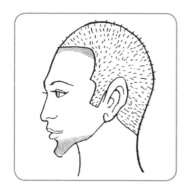

▶ 턱의 승장과 지각이 뾰족하거나 짧으면서 피부색이 어두우면 안정을 찾지 못하고 꼬이는 일이 많다.

인생에서 부귀하거나 빈천하게 살 운은 형상과 기색에 의하여 결정되는 것이다. 그러나 상이 비록 좋지 않더라도 뼈 속까지 선행을 하며 살다 보면 좋은 일들이 일어난다. 또한 악행을 일삼으면 당연히 재앙이 닥칠 것이니, 겉껍데기 생김에 좋고 나쁨을 판단하기에 앞서 마음 바탕을 먼저 살핀 다음에 형상의 생김으로 길흉을 논해야 하느니라.

당나라의 '배도'라는 사람이 자신의 얼굴을 보고 스스로 말하기를 "내 몸은 수려하지도 않고 내 모습이 준수하게 생기지도 않았는데 어떻게 장수가 되었으며 정승은 되었던고. 한 올의 정신 이외에는 몸의 형상만으로는 운명의 전부를 나타내지는 못하도다"라고 했다. 이는 심상을 아는 것이 상법에서 제일 큰 비중을 차지한다는 뜻이다.

사람의 상으로 전 인생을 미리 알고자 한다면 먼저 몸에서 풍기는 기의 흐름을 보아야 할 것이다. 기의 흐름으로 그 사람의 윤곽을 알고 난 다음에 용모로 분별해야 하는데, 오악으로 우선 상의 근본을 삼은 뒤에 기색으로 재앙과 복록을 판단해야 하느니라.

비록 전생에서 좋은 음덕을 쌓지 못했을지라도 현재의 선악은 후손 혹은 다음 생에 끼치는 영향이 크니라.

관상을 보는 자는 평범하고 속된 마음과 행동을 탈피해야만 하늘과 자연의 섭리를 깨달을 수 있느니라. 마의선생 께서는 이렇게 말씀하셨다.

"상법에 입문하기 전에 먼저 세상과의 인연(부모, 형제, 처자, 의식주에 대한 욕망)을 끊어야만 천기[하늘의 기밀. 조화(造化)의 신비]의 묘한 이치를 깨칠 수 있느니라. 상법에 확연히 눈을 뜨게 되면 이 법이야말로 신선의 술법이로다."

인간이 태어나서 죽음에 이르기까지의 과정이 이 상법 안에서 벗어나지 못하는 것은, 인간의 부귀 빈천상 모두가 이 책 속에 담겨져 있기 때문이다. 지혜가 있는 자가 이 책을 바르게 익힌 스승을 얻으면 자연히 스스로 신선의 식견이 되어 볼 수 있으리라.

훗날, 상법을 깨친 자는 이 책을 평범하고 속된 자에게는 절대 전하지 말고, 마음이 맑고 바른 자에게 전할지어다. 왜냐하면, 이 술법 속에 천변만화하는 오묘한 이치가 담겨져 있기 때문이니라. 이토록 심오한 자연과 인간의 생로병사에 대한 해답을, 심성이 삐뚤어지고 음흉한 자에게 넘겨주면 그 수많은 해악을 어찌 감당할 수 있으리오.

이 책은 '고산유수(高山流水)'의 거문고 곡조와 같아서 뜻을 알아듣는 사람이 드물기에 화산석실 깊은 곳에 숨겨두었다.

마음이 바른 자가 정성을 다하여 묘리를 연구해서 이 현묘한 이치를 마음으로 깨닫게 되면 눈이 저절로 뜨일 것이리라.

머리가 아닌 가슴으로 깨우친 자는 한번 배우면 잊지 않을 것이고, 신이부의 신묘함을 후세에 물려줌에 있어서 신중할 것이다.

뒤에 깨치는 자는 이 글을 경솔하게 여기지 않고 공경하는 마음으로 두 손에 떠받들 것이리라.

2. 상형 기색부(氣色賦)

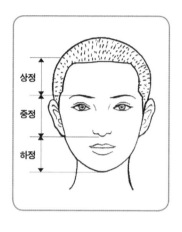

1) 총론

관상을 보는 데는 먼저 상정, 중정, 하정으로 구분해서 그 부위의 길흉을 따져야 한다. 그다음으로 전체 골격을 살펴서 일생의 희로애락을 본다.

그리고 기색은 먼 미래가 아니라 가까운 장래의 흥망성쇠를 가려낸다. 골격은 세월이 흘러도 바뀌지 않지만 기색은 수시로 변화하기 때문에 최근의 중요한 일을 판단한다.

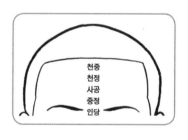

▶ 상정은 하늘을 상징한다. 위치는 천정 아래에서 인당의 위이고, 귀함과 천함을 주로 보는 곳이다. 상정은 이마 전체인데 주요 명칭은 천중, 천정, 사공, 중정, 인당이 여기에 해당된다. 부모와의 관계, 임금이나 직장 상사 등 윗사람과의 운 그리고 초년의 좋고 나쁨을 살핀다.

▶ 중정은 천·인·지(天·人·地)중 인에 해당되는 부위이고 산근으로부터 준두까지이다. 수명의 길고 짧음을 주로 본다.

▶ 중정에는 산근, 연상, 수상, 준두뿐 아니라 좌우 관골, 귀, 눈 주변 등이 있다. 수명의 길고 짧음, 재물의 많고 적음, 배우자 및 자녀와의 관계, 형제 관계 그리고 중년의 운을 주관한다.

▶ 하정은 땅에 해당되고 인중에서 턱 끝까지이며 가난과 부를 나타낸다.

▶ 하정에는 인중, 입 주변, 승장, 지각, 좌우 볼, 좌우 이골이 하정에 해당된다. 복록의 유무, 부동산문제, 아랫사람, 가축, 차량 등의 성패와 주로 인생 후반기의 좋고 나쁨을 가늠한다.

▶ 삼정을 한 눈에 나누어 본 뒤, 좀 더 세부적으로 관찰하기 위해 십이궁의 부위로 들어간다.

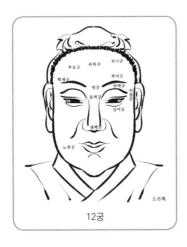

12궁

오른쪽

명궁은 인당이고 재백궁은 준두, 천창, 지고가 해당된다. 형제궁은 눈썹, 전택궁은 지각, 남녀궁은 눈의 아래와 위 그리고 인중이다. 노복궁은 턱과 입술, 부부궁은 눈 꼬리의 간문과 어미, 질액궁은 연상과 수상, 천이궁은 양쪽 눈썹 끝, 관록궁은 이마, 복덕궁은 귀 주변과 관골, 부모궁은 일각과 월각에 있다.

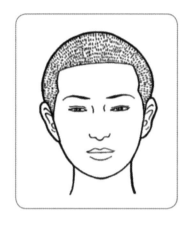

▶ 상을 보는 데 있어서 늙은이와 젊은 이에 따라 기색을 달리 봐야 한다.
즉, 노인은 눈빛이 또렷하지 않고 희끄무레한 지를 유의해 봐야 하고, 젊은이의 눈빛은 윤기가 없는 것을 좋지 않게 본다.

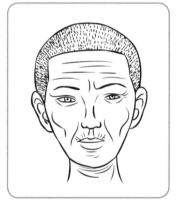

▶ 전체 기색이 밝은 가운데 다른 어느 부위에서는 체기(滯氣:어두운 색깔)가 있으면 잔잔하던 호수 물이 바람을 만나 출렁이는 격이고, 다른 부위는 대체로 어두운데 어느 한 부위가 밝게 빛나면 구름을 벗어나 햇빛을 보는 것과 같이 운이 점차 좋아진다.

觀相이四柱八字다

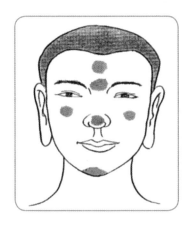

▶ 얼굴 대부분이 밝은 색의 빛이더라도 인당과 준두 혹은 이마와 턱, 좌우 관골에 어두운 기가 나타나 있으면 이는 좋은 일 가운데 근심이 생길 징조다. 이곳에 푸르스름한 기운이 비치면 질병이 생길 징후이고, 빨간색 반점이 나타나 있으면 구설수에 휘말리고, 거무스름한 색이 깔리면 재물이 흩어지거나 사망의 액운이 있다.

행여, 위의 부위에 어두운 기색이 뜨더라도 인당과 준두에 밝은 황색이 비치고 윤기가 흐르면 근심거리가 물러가고 기쁜 일이 생긴다.

▶ 한 줄기의 정신이 집중되면 한 조각의 복이 들어오고, 하루 동안의 기색이 유지되면 하루의 길함이나 흉함이 유지되는 것이다. 옛날 상법으로 유명한 '관로'라는 사람같이 신통한 사람이 아니면 어찌 이와 같은 묘리를 깨칠 수 있겠는가. 이는 하늘이 내린 귀신같은 안목을 가진 자라야 전수받을 수 있으리라.

2) 길기(吉氣)

① 상정 길기

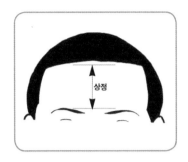

▶ 상정은 위로는 천중에서 아래로 인당까 지이고, 옆으로는 일각과 월각, 용각과 호각, 그리고 척양과 무고, 화개와 복당 등 양쪽 눈썹 위를 말하는데, 이 부위들 모두를 관록궁이라고 하기도 하며 귀 함과 천함을 보는 곳이다.

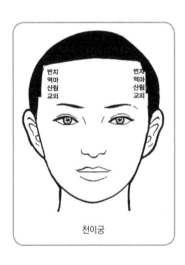

천이궁

▶ 변지, 역마, 산림, 교외가 있는 곳을 천 이궁이라 하고, 출입 관계를 보는 곳이 다. 윤기가 흐르고 밝은 홍황색(紅黃色: 복숭아색)을 띠어야 좋으며 두툼하고 맑으면 관운과 재물이 따르고 이동하 는 일에서 기쁜 일을 만난다.

반대로, 이곳이 흐릿한 색을 띠거나 빨간 반점이 돋아나면 구설수와 다툼이 있고 이곳이 창백해지면 몸을 다치거나 사망 의 액운이 있다.

또한, 푸르스름한 색이 나타나면 우환과 뜻 하지 않은 변고가 생긴다. 검은색을 띠면, 감옥에 갇히거나 사망하는 액운이 있다.

밝은 황색 바탕에 보라빛 색이 팥알처럼 점점이 비치는 것을 '경운(慶雲: 경사스러울 조짐이 있는 구름)'이라 하는데, 이런 색이 이마 중앙의 위 발제 바로 아래, 준두, 양쪽 눈, 좌우 관골, 입 주변 모두가 밝은 황색이면 크게 귀하게 되어 공후장상의 지위에 이른다. 이런 기색이 나타난 뒤 빠르면 석 달 이내, 늦어도 여섯 달에서 일 년 안에 현실로 나타난다.

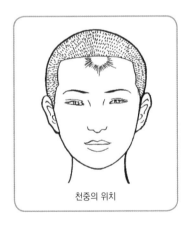

천중의 위치

▶ 천중에 황백색의 밝은 기운이 동전처럼 둥그렇게 광채가 나는 사람이 이마가 높고 넓으며 턱과 코에 밝은 색이 나타난다면 70일 안에 영전하게 되고, 선비는 과거에 급제하게 된다. 만일 황백색 바탕에 자색이 듬성듬성 찍혀 있으면 임금의 칙명을 받는 영광이 있다.

▶ 자색(紫色 : 자주빛)이 엽전같이 둥글게 나타나면 일주일 안에 부귀함이 다가오고 임금을 배알하고 온다. 행여, 자색이 아닌 홍황색이 나타나면 재물이 생기는 일에 그친다.

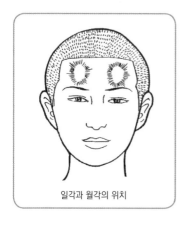

일각과 월각의 위치

▶ 일각, 월각, 용각, 호각에 홍황색이 나타나 흩어지지 않으면, 삼 년 안에 장군이 되거나 재상이 되고, 여기에 밝은 보라색이 점점이 찍힌다면 임금의 부름을 받는다.

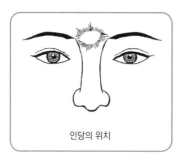

인당의 위치

▶ 계수나무 꽃 같은 색이 '물고기 비늘'처럼 깔리고 그곳에 자홍색이 실낱같이 은은하게 나타나거나 콩알처럼 찍힌 것을 '상운(祥雲: 상서로운 구름)'이라 하는데, 인당에 이런 기색이 뜨면 벼슬이 제후나 정승에 이르고 작게는 과거에 급제한다. 또한 근심이 있을지라도 해롭지 않다. 만일 인당에 홍황색만 비치고 자색이 없으면 재물이 늘어난다.

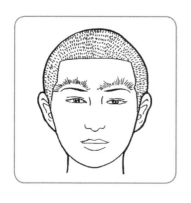

▶ 왼쪽 눈썹을 '나후(羅睺)', 오른편 눈썹을 '계도(計都)'라 하는데 이곳에 윤기가 흐르면서 홍황색이 나타나면 선물이 들어오고 재산이 늘어나며, 미혼이라면 배우자를 얻는다.

▶ 두 눈썹 위에 빨간 반점이 나타나면 시
비와 법적인 소송이 따르고, 창백한 색
이 나타나면 부모의 상복을 입으며, 푸
르스름한 색이 뜨면 우환과 질병에 걸
리고, 거무스름한 색이 나타나면 감옥
에 가거나 형제간에 해로운 일이 일어
나거나 사망한다.

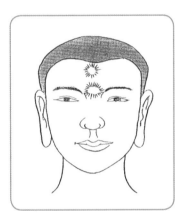

▶ 선비가 과거시험에서 얼굴 전체에 밝
은 색을 띠고 인당이 홍황색이면서 이
마 중앙에 광채가 나면 반드시 수석 합
격한다.

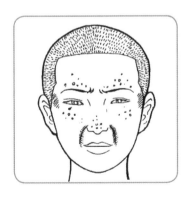

▶ 얼굴에 밝은 기운이 없으면서 눈썹머
리와 이마 위에 여드름같은 빨간 반점
이 나타나고, 관골과 준두에도 반점이
보이며, 법령선과 현무 등에 푸르스름
한 기색이 보이면, 직장에서 파직당하
거나 소송이 걸리고 재물이 흩어진다.

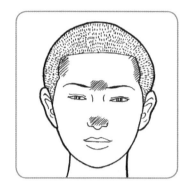

▶ 얼굴에 밝은 황색이 있더라도 인당, 준두, 변지, 역마 부위의 기색이 어두우면 명중유체(明中有滯:밝은 가운데 막힘)라 해서 매사에 발전이 없고 궁핍하며 건강이 좋지 못한 것은 운이 막힌 시기여서 그렇다.

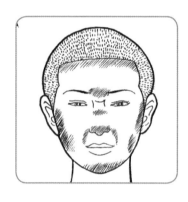

▶ 조는 듯 아니면 수심이 있는 것처럼 보이는 현상을 '신체(身滯:몸의 기운이 막힘)'라 하고, 언어에 박력이 없고 거동이 병든 사람 같으면 '기체(氣滯: 기운의 막힘)'라 하며, 피부색이 밝은 것 같으나 밝지 않고 어두운 것 같으나 어둡지 않은 현상을 '색체(色滯:마음의 기운이 막힘)'라 한다. 몸의 막힘[身滯:신체]은 10년이 가고, 눈빛[神]이 막힘은 8년을 가며, 기(피부색)의 막힘은 5년이 간다. '체기(滯氣:막힌 기운)'가 열리면 막혔던 운기도 통하게 되고 좋은 일이 다가온다.

▶ 겉보기엔 잘 생긴 것 같지만 체기가 걷히지 않으면 일생 동안 되는 일도 없고 힘만 드니, 상을 볼 때는 반드시 겉모습과 기색을 함께 봐야 하는 것도 이 때문이다.

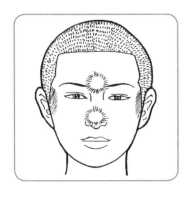

▶ '현무(玄武:관자놀이에 생긴 예각)'와 '구진(句鎭)'에 비록 푸르스름한 기색이 있더라도 준두와 인당이 밝고 윤기가 흐르면 이는 막힘 가운데 좋은 운이 돌아온 것이고 재앙이 변하여 길상에 이른 것이다.

② 중정 길기

▶ 인당은 명궁(命宮)이라 부르는데, 평평하고 넓어야 한다.

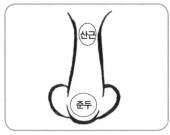

▶ 산근 부근을 질액궁이라 하는데, 살이 풍부하게 솟아야 좋다.

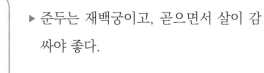

▶ 준두는 재백궁이고, 곧으면서 살이 감싸야 좋다.

▶ 양 눈썹은 형제궁인데, 길고 엉키지 않아야 된다.

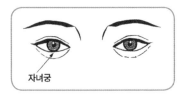

▶ 자녀궁은 용궁(龍宮)이며 눈두덩이 평평하면서도 둥글어야 좋다.

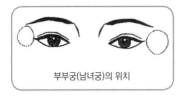

부부궁(남녀궁)의 위치

▶ 부부궁 혹은 남녀궁은 어미에 속해 있고, 마르고 움푹 들어가지 말아야 한다.

▶ 이상 중정 부위를 나열했지만 생김이 비록 좋더라도 기색이 윤택하고 밝아야 한다. 만일, 형상은 잘생겼지만 기색에 체기(滯氣: 어두운 색)가 있어 거무스름하다면 좋은 격이 아니다.

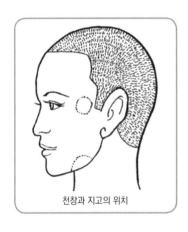

천창과 지고의 위치

▶ '천창(天倉)'은 일각과 월각의 뒤에 있고, 지고는 지각 옆에 있다. 이곳이 풍만하고 탄력이 있으면 토지와 재물이 많이 생긴다.

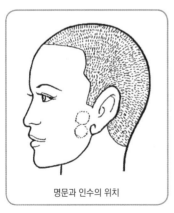

명문과 인수의 위치

▶ 명문은 이주(耳珠 : 귓볼)의 앞이고 인수는 명문의 아래이다. 이곳이 도톰하게 살이 올라 있고 밝고 윤기가 흐르면 수명이 길다.

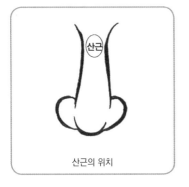

산근의 위치

▶ '월패(月孛)'는 산근을 말하며 질액궁이다. 연상과 함께 밝은 색에 윤기가 흐르면서 솟아 있으면 건강하고 질병의 재앙이 없다.

밝은 인당색

▶ 인당에 늘 밝은 황색이 뜨면 재물이 들어오고 질병에 걸린 자는 죽지 않는다. 또한 법적인 송사가 걸린 자도 해결되는 좋은 운이다.

▶ 밝은 황색이 뜬 가운데 자기(紫氣: 자주빛)색이나 반점이 은은하게 겹치면 벼슬아치는 일품의 직위에 오르고, 시험이 있으면 급제하며, 보통 서림이라면 귀한 자녀를 낳거나 큰 재물이 들어온다.

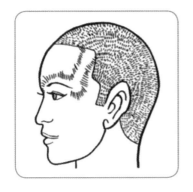

▶ 양쪽 눈썹에서 발한 밝은 황색 기운이 옆으로 변지와 역마까지 퍼지면 90일 안에 지위가 높아지거나 먼 곳으로부터 재물이 들어온다.

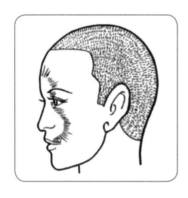

▶ 준두, 법령, 정위에 밝은 황색이 나타 나 콧대와 인당까지 뻗치면 벼슬을 얻 는다.

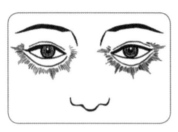

▶ 눈썹 아래를 태양, 중양, 소양, 외양이 라 하는데, 이곳에 밝은 황색을 띠면 재 물운도 좋고 신혼의 기쁨도 있다.

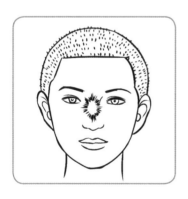

▶ 산근, 연상, 수상 등이 있는 콧대가 빛 나면서 윤기가 흐르면 재앙과 질병이 없으며, 병든 자는 쾌유된다.

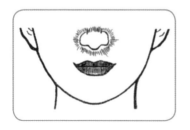

▶ 준두에 반달 같은 자색(밝은 자주색) 이 나타나면 재물과 우마차, 땅이 늘 어난다.

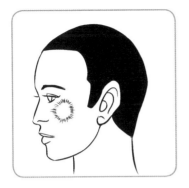

▶ '화창'은 관골의 아래이다. 이곳에 밝은 황색이 나타나면 기쁜 소식을 듣거나 좋은 자리로 옮길 징조다.

난대와 정위의 밝은색

▶ 난대와 정위에 자색이 나타나면 높은 지위의 사람이 와서 도움을 준다.
▶ 갑궤(甲匱)의 위치는 코의 양쪽 볼인데, 이곳에 밝은 황색이 나타나면서 윤기가 흐르면 좋은 운이 온것이고 10일 안에 재물이 생긴다.

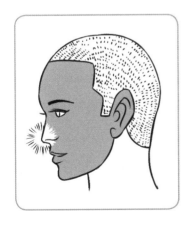

▶ 얼굴 사방에 체기(거무스름한 색깔, 막힌 기운)가 있어서 걷히지 않더라도 준두에 한 점 빛이 밝게 나타나면 점차 운이 좋아진다.

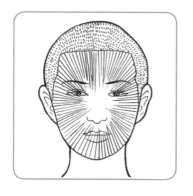

▶ 코를 명당이라 부르기도 해서 얼굴의 우두머리 되는 곳이다. 코의 상·하·좌·우는 몸의 오장 육부로부터 발생한 병의 근원을 살피는 곳이므로 가장 중요한 부위이다.

▶ 『영추경』이란 상서에서 말하기를 "열 발자국을 떨어져서도 얼굴이 선명하게 보이면 수명이 길다"고했다.

▶ 얼굴 각 부위의 골격이 푹 들어가면 반드시 질병을 만나는데, 피부에 밝은 기색이 나타나면 병이 위중하더라도 죽지는 않는다.

▶ 얼굴에 빨간색이 뜨면 풍병(風病:중추신경 계통에서 일어나는 현기증, 졸도, 경련 따위의 병증을 통틀어 이르는 말)이고, 청흑색이 뜨면 병이 위중하고, 창백한 색이 나타나면 기가 허한 것이다. 이렇게 기색의 변화를 보고 병의 깊음과 얕음을 알 수 있는데, 이런 현상을 관상가 눈으로 살핀다면 기색으로 인간의 성공과 실패, 재산 유무, 신분의 높고 낮음, 병의 근원까지도 예측할 수 있다.

▶ 기색이 몸 외부에서 내부로 들어가면 질병 역시 바깥에서 안으로 침입한 것이고, 기색이 안에서 생겨 밖으로 드러나면 질병 역시 내부로부터 비롯된 것이다.

▶ 병색이 번질 때 얼굴 부위 중 관상적으로 하자가 있는 방향으로 향하게 되는데, 위쪽 얼굴이 허술한 부위가 있다면 병이 위로 향하고 얼굴의 하관(턱 부위)이 뾰족하고 얇다면 병색 역시 아래로 몰려든다.

▶ '어미'와 '도적' 부분에 밝은 홍색이 은은하게 비치면 도둑을 잡는데 공을 세운다.

▶ 부녀자가 천중에 밝은 자색(紫色 :자주색)이 아롱지면 재상의 부인이 되어 복을 누린다.

▶ 부인이 이마의 중앙에 밝은 자색점이 꽃잎처럼 아롱져 나타나면 반드시 귀한 남편을 만나게 되고, 자색이 늘 머물러 있으면 수명이 매우 길다.

어미의 위치

▶ 여자의 어미 부분에 밝은 홍색이 동전같이 둥글게 나타나서 윤기가 흐르면, 궁합 좋은 남편과 혼인한다.

▶ 와잠에 금황색(金黃色) 한 점이 선명하게 나타나면 임신부는 귀한 자녀를 낳는다.

▶ 왼쪽 눈을 용혈(龍穴)이라 하고 오른쪽 눈을 봉지(鳳池)라 하는데, 이 부위에 홍황색이 뜨고 윤기가 흐르면서 자색이 위아래 눈꺼풀과 인당과 준두에도 비치면 반드시 귀한 자녀를 낳는다.

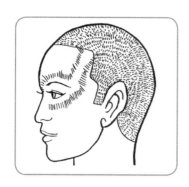

▶ 눈 밑에 홍황색(紅黃色)이 돋아난 것을 음즐문이라 한다. 이런 색이 복당, 변지, 역마. 삼양에 나타나면 귀한 자녀를 낳는다.

③ 하정 길기

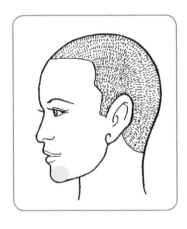

▶ 지각은 전택(땅과 집)을 맡는 부위이고 코와 서로 오긋하게 마주 어울려야 좋다.

▶ 입술과 턱은 부하 등 아랫사람과 우마차를 담당하는 곳으로 천창(이마)과 마주 보듯 어울려야 좋다.

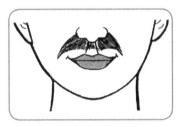

▶ 입이 뿔로 만든 활[角弓(각궁)] 같고, 윗수염이 두 갈래로 갈라진 창처럼 생기면서, 인중이 대를 쪼갠 것같이 또렷하면 의식주가 풍부하다.

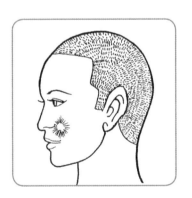

▶ '식창(食倉)'은 법령의 범위 안(인중 부근)에 있고 난대의 밖에 위치해 있다. 이곳에 밝은 자주색이 뜨면 임금의 칙령(임금이 내리는 명)을 받는다. 이때 준두와 이마의 색을 같이 살펴봐야 한다.

구각의 위치

▶ 밝은 황색 빛이 구각에 비치면 선비는 과거에 급제하는데, 이때 이마, 인당, 준두, 눈썹을 같이 살펴봐야 한다.

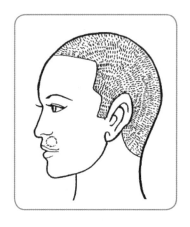

▶ '장하(帳下)'는 난대 아래와 인중의 곁이다. 여기에 자색 기운이 동전만 하게 나타나면 20일 안에 숨은 덕행으로 명성을 떨친다. 여기에 준두가 마치 거울처럼 밝고 깨끗하면 35년에 반드시 신선을 만난다.

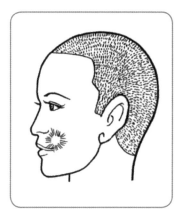

▶ '내주(內廚)'는 법령선 아래를 말한다. 이것에 밝은 황색 기운이 뜨면 귀인에게 진수성찬의 접대를 받는다.

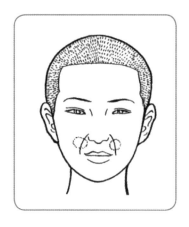

▶ 법령에 동전 반 정도 크기의 자색 기운이 나타나면 3개월 이내에 혼인의 경사가 있거나, 임금의 칙명(임금이 내리는 명)을 받는다. 만일 자색이 아닌 밝은 황색이면 자녀를 낳는다.

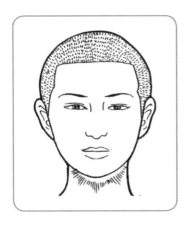

▶ 지각(턱)에 홍황색이 뜨고 윤기가 흐르면 땅과 집, 부하직원, 우마차가 늘어난다.

▶ 지각이 붉게 빛나면 늦은 나이에 태평하고 평안할 것이다.

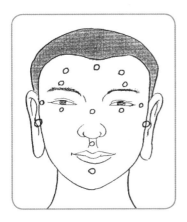

▶ 사학당(四學堂)과 팔학당(八學堂)이 맑고 밝으면 귀인의 도움을 받아 출세 길이 열린다.

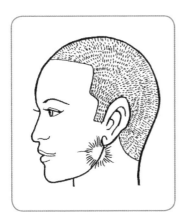

▶ '현벽'은 귓볼 밑인데, 이곳이 밝은 색이면 집안이 편안하고 좋은 재운이 있다.

3) 흉기(凶氣)

① 상정 흉기

빛살이 청명하니 세상을 밝게 비치게 되고, 안개구름이 몽롱하고 어두우면 사방이 아득하고 침침해진다.

신이 맑으면 가을의 밝은 달이 물결에 비치는 것 같고, 기(氣)가 막히면 짙은 구름과 안개가 천지를 덮은 것 같다.

취해도 취하지 않은 것 같고, 졸려도 졸리지 않은 것 같으면 발전해서 앞으로 나아가는 상이고, 어두워도 어둡지 않은 것 같고 밝아도 밝지 않은 것은 어찌 하나가 되어 앞으로 나아갈 수 있으랴.

톡 불거진 눈

▶ 눈이란 숨겨져 있어야 하는데, 톡 불거져 노출되어 있으면 수명을 재촉하게 된다.

▶ 신은 은은한 광채가 있어야 좋은 법인데, 급하고 짧으면 단명한다.

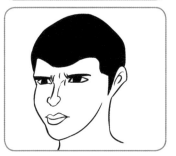

▶ 눈을 위로 치켜떠서 보는 버릇이 있는 자는 거만하고, 아래로 내려다보는 자는 어리석다.

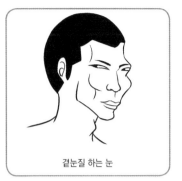

곁눈질 하는 눈

▶ 눈을 빠르게 곁눈질하는 습관이 있는 자는 간사스럽고 믿을 수 없는 자이며, 성난 눈초리로 쳐다보는 자는 흉악한 심보를 가졌다.

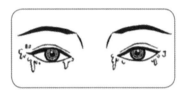

▶ 눈에 물기가 젖은 듯하면 남녀를 막론하고 음란하다.

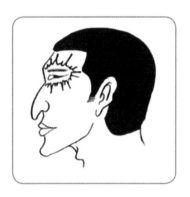

▶ 눈빛이 횃불처럼 활활 타는 자는 간사스러운 용맹이 있고 살생을 즐긴다.

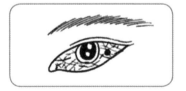

▶ 눈동자에 붉은 점이 있거나 붉은 실금이 보이면 명대로 살지도 못하고 뜻하지 않는 사고로 죽는다.
▶ 눈자위가 붉고 눈동자가 누른 자는 성격이 포악하고 죽을 때 흉하게 죽는다.

▶ 눈동자가 매의 눈이나 뱀의 눈처럼 생긴 자는 성질이 악독하다.

▶ 눈동자가 맑지 못하거나 흰자위가 많으면 성품이 간사하고 죽을 때는 악하게 죽는다.

▶ 눈썹과 눈 꼬리가 아래로 쳐지면 부부간에 생이별한다.

▶ 눈이 세로로 찢어지면 혈육을 헤치고 심보가 악독하다.

▶ 걸을 때 머리를 흔들거나 앉아 있을 때 머리가 한쪽으로 치우쳐 기울어지면 가난하다.

▶ 잠잘 때 눈을 뜨고 자는 사람은 천박
하다.

▶ 음식을 먹을 때 앞니가 드러나는 자는
천하다.

▶ 흙으로 빚은 인형 같은 자는 단명하다.

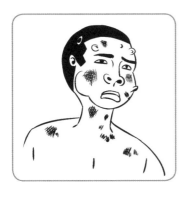

▶ 맑고 수려하지 못하고 지저분하며 더럽
게 보이는 자는 매사에 되는 일이 없다.

▶ 얼굴빛이 늘 우울하게 보이면 모질게 추운 인생이다.

▶ 혈색이 화창하지 못하면 가난하다.

▶ 화를 낼 때 얼굴색이 푸르스름하게 변하면 간사스럽고 음침하며 악독하다.

▶ 웃을 때 얼굴이 빨개지고 요염하면 수명이 짧다.

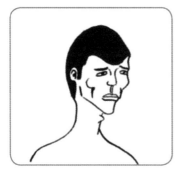

▶ 혈색이 창백하여 백골처럼 희면 남은 수명이 얼마 안 되고, 젖은 잿빛 같으면 황천객이 된다.

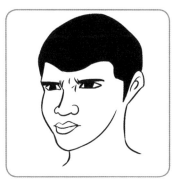

▶ 이마에 푸르스름한 색이 나타나면서 윤기가 없이 거친 듯 한 피부면, 걱정스러운 일이나 놀랄 일이있다(얼굴에 푸르스름한 색이 나타나면 근심과 놀랄 혹은 질병이 나타난다).

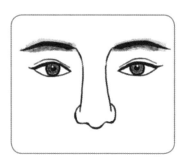

▶ 눈썹 아래에 푸르스름한 기운이 있으면 열흘 안에 재물을 잃거나 놀랄 일이 있다.

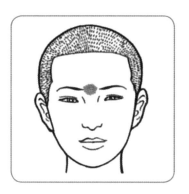

▶ 인당에 푸르스름한 기운이 있으면 재앙이 있고 재물을 잃는다.

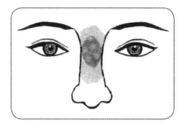

▶ 산근, 연상, 수상이 푸르스름하면 질병이 있다.
▶ 산근, 연상, 수상이 검으면 큰 병에 걸린다.

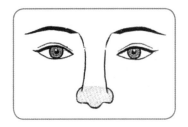

▶ 준두가 푸르스름하면 모든 일이 막혀 있다.
▶ 준두가 검으면 실직, 질병, 감옥에 가거나 사망하는 일이 7일 안에 일어난다.

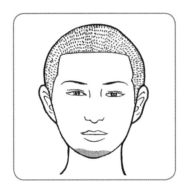

▶ 지각(턱)이 푸르스름하면 물에 의한 액운이 있다.

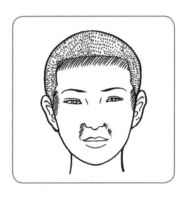

▶ 구진, 등사, 현무가 푸르스름하면 도둑을 맞는다.

▶ 얼굴에 거무스름한 기색이 나타나면 사망 혹은 감옥을 가거나 재산상 손실이 있다.

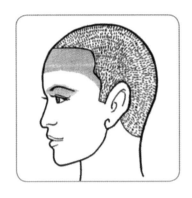

▶ 이마가 거무스름한 기운이 안개같이 나타나면 백일 안에 무거운병에 걸려 사망한다.

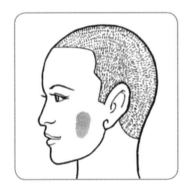

▶ 뺨 위에 거무스름한 색이 뜨면 칠일 안에 사망한다.

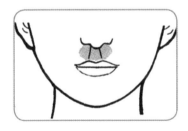

▶ 인중이 검으면 급작스러운 병에 걸린다.
▶ 인중과 입술 전체가 검으면 일주일 안에 사망한다.

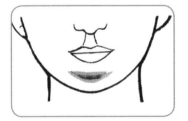

▶ 승장이 검으면 술에 취하여 익사한다.
▶ 지각이 검으면 물에 의한 액운이나 감옥에 갇히거나 직원과 가축을 잃고 하는 일이 불리해 진다.

▶ 창백한 색이 얼굴에 뜨면 가까운 친인
척 상을 당한다.

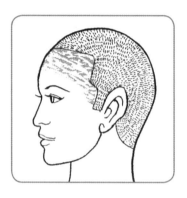

▶ 이마에 창백한 흰색이 뜨면 두 달안에
부모에 의한 걱정이 생긴다.

▶ 인당에 창백한 흰색이 나타나면서 코와
입, 귀에도 그런 색이면 부모를 잃게 되
거나 자신이 사망한다.

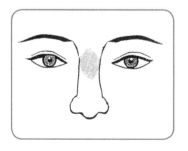

▶ 산근에 창백한 흰색이 나타나면 백일
안에 상복을 입게 된다.

▶ 눈 밑에 창백한 흰색이 나타나면 자녀를 잃는다.

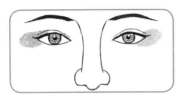

▶ 눈꼬리에 창백한 흰색이 나타나면 배우자를 잃는다.

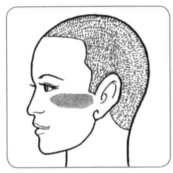

▶ 관골에 창백한 흰색이 나타나면 형제 가운데 맏이나 셋째에게 액운이 있다.

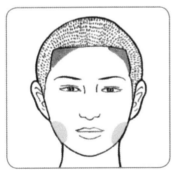

▶ 귀 아래와 변지에 창백한 흰색이 나타나면 시어머니나 이모에게 액운이 있다.

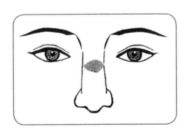

▶ 연상에 창백한 흰색이 나타나면 3년 안에 부모상을 거듭 당하거나 조부모 상을 당한다.

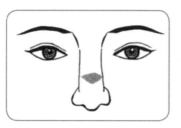

▶ 수상에 창백한 흰색이 나타나면 1년 안에 상복을 입는다.

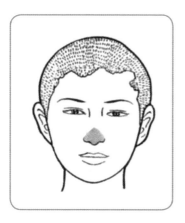

▶ 준두에 창백한 흰색이 나타나면 부모상을 당하거나 심하면 자신이 죽고, 가볍다면 재산을 탕진한다.

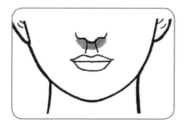

▶ 인중에 창백한 흰색이 나타나면 약물에 중독되거나 출산할 때 액운이 있다.

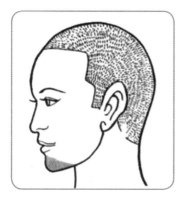

▶ 지각에 창백한 흰색이 나타나면 부하 등 아랫사람이나 가축의 손실이 있다.

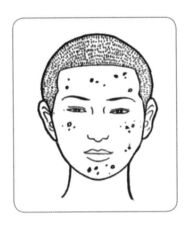

▶ 얼굴에 빨간 반점이나 붉은 실금이 나타나면 관공서, 화재, 중병, 살상의 액운이 있다.

▶ 얼굴 전체가 빨간 빛이고 털구멍마다 청색이나 빨간 실금이 바늘로 찍은 것처럼 나타나면, 이를 '염이점연(焰裏點烟)'이라 하여 형벌과 불에 의한 액운이 일어날 징조이다.

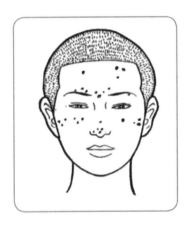

▶ 이마, 준두, 관골에 붉은색이 뜨고 푸른색 점이 찍히는 것을 '박사염조(薄紗染皂)'라 하는데, 거기에다 인당, 눈썹, 현벽이 모두 붉은기가 돌아나면 살찐 사람에게는 나쁜 종기와 고약한 부스럼이 발생하고, 여윈 사람은 피에 의한 질병이 생긴다.

▶ 인당, 준두, 눈썹 위에 붉은 기운이 생겨 옆으로 퍼지면 90일 안에 흉하게 사망한다.

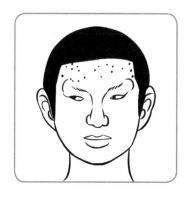

▶ 이마 전체에 빨간 노을 같은 반점이 짙게 나타나면 법적인 송사 사건이 일어난다.

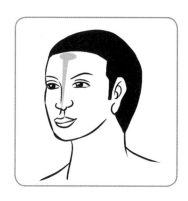

▶ 푸르딩딩한 색이 천정에 나타나면 석달 안에 많은 우환이 따른다. 또한 옛글에서 "푸르스름한 색이 발제로부터 인당까지 이어지면 질병에 관계없이 두 달 안에 사망한다. 그 색이 코에까지 닿으면 한 달 안에 죽고, 인중까지 번지면 일주일 안에 액운이 있으며, 얼굴 전체에 가득하면 당일에 죽는다"고 했다.

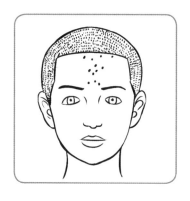

▶ 천중과 천정에 빨간 반점이 나타나면 화재가 나거나 군인 신분의 난이 있다.

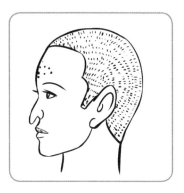

▶ 사공, 중정의 빨간 반점은 갑작스러운 나쁜 일과 재산 손실이 있다.

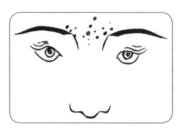

▶ 인당과 눈썹 머리의 빨간 반점은 다툼과 힘든 액운이 있다.

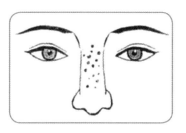

▶ 산근, 연상, 수상의 빨간 반점은 형벌수와 법적인 소송 운이 있다.

▶ 준두의 빨간 반점은 피를 보게 되거나 재산이 흩어진다.

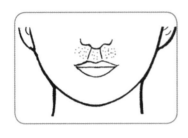

▶ 인중의 빨간 반점은 물건을 잃게 된다.

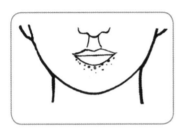

▶ 입술 아래에 빨간 반점은 구설수가 있
  다.

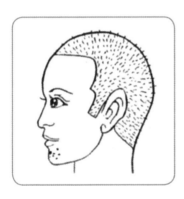

▶ 승장의 빨간 반점은 술에 의한 화를 당
  한다.

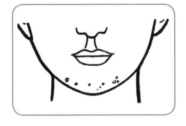

▶ 지각의 빨간 반점은 토지에 관련된 소
  송이 있다.

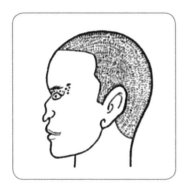

▶ 눈 위의 빨간 반점은 감옥에 갇힌다.

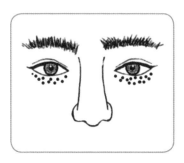

▶ 눈 아래의 빨간 반점은 고환이나 음낭에 질환이 있거나 출산할 때 어려움이 있다.

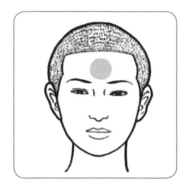

▶ 천정에 푸르스름한 점이 번지면 온질(溫疾: 전염병. 열이 몹시 오르고 심하게 앓는 병으로 두통, 식욕부진 등의 증상이 있음)이 걱정된다.

▶ 화개에 검은 기운이 뜨면서 눈빛이 몽롱하면 죽을 병이 생긴다.

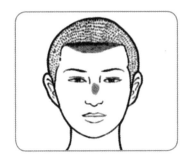

▶ 연상에 검은빛이 번져 천악까지 퍼지면 감옥에 가거나 말라죽는다.

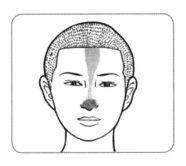

▶ '비량(鼻梁)'은 준두를 말하는데, 비량에 거무스름한 안개 같은 것이 나타나 천정까지 이어지면 반드시 염라대왕을 만나지만, 준두에 윤기가 흐른다면 구제를 받는다.

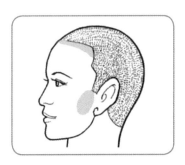

▶ 검푸른 색이 명문에 뜨고 이마가 어두침침하면 매사 하는 일에 막힘이 많다.

▶ 변지와 천정이 거무스름하고 귓가에 어두운 빛이 있으면 발전이 느리다.

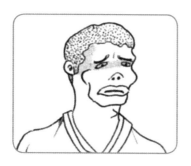

▶ 좌우의 태양(太陽 : 눈), 변지, 역마의 아래, 귀 앞, 현벽 부근 등에 기색이 밝지 못하면 매사에 되는 일이 없고, 검은 빛이 나타나면 재산이 흩어지고 감옥 갈 일이 있다.

▶ 이마에 검은 반점이 나타나면 병이 들어 고치기 어렵다.

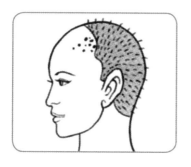

▶ 빨간색이 변지에 뜨면 타지에 나가 사망한다.

▶ 눈썹 위 한 치를 '사살'이라 하는데, 이곳에 황색이 나타나고 윤기가 흐르면 전쟁에 나가 승전하고, 검은 기색이 나타나면 흉한 일이 생긴다.

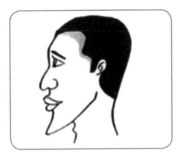

▶ 역마 부위에 청흑색이 나타나면 차량 사고가 있고, 적색 반점이 생기면 구설수가 있다. 창백한 흰색이 천정을 가로질러 나타나면 여행 중에 집안의 누군가가 사망한다.

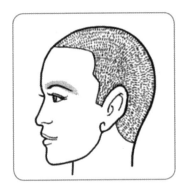

▶ 눈썹 위에 창백한 흰색이 나타나면 부모를 잃는다.

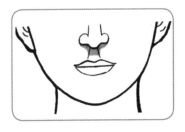

▶ 인중에 창백한 흰색이 서려 있으면 부모를 잃지 않으면 자신이 액운을 맞는다.

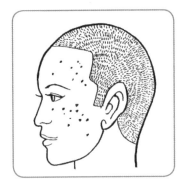

▶ 얼굴에 주근깨나 창백한 흰색이 갑자기 나타나면 부모의 상복을 입게 된다.

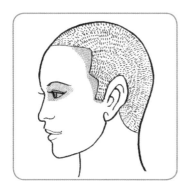

▶ 천창에 창백한 흰색이 나타나서 변지까지 퍼지면 생명이 위태롭다.

▶ 천장에 창백한 흰색이 나타나 좌우의 눈과 역마와 변지까지 연결되면 사망한다.

▶ 누당의 기색이 창백한 흰색이 나타나는 것을 '상문(喪門)'이라고 하는데, 자녀에게 슬픈 일이 생긴다.

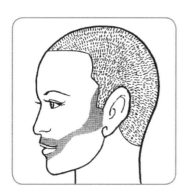

▶ 귀 앞에 창백한 흰색이 나타나 입언저리까지 번지는 것을 '백호기(白虎氣)'라 하는데, 이 색이 입술을 두르면 사망한다.

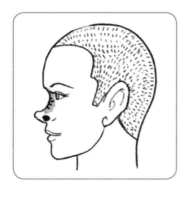

② 중·하이정 흉기(凶氣)

▶ 인당이 움푹 들어가고 질액궁(疾厄宮: 연상, 산근, 수상)에 주름이 어지럽게 나 있으면 형벌을 당한다.

▶ 눈썹이 서로 맞닿은 듯해서 인당이 몹시 좁거나, 흉터가 있든가, 검은 점이 있으면 객지에서 사망한다.

뒤엉킨 눈썹

▶ 눈썹이 거슬러 났으면 형제 사이가 화목치 못하다.

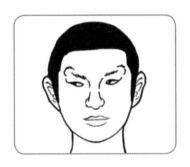

▶ 눈썹 부위의 살이 솟아 있으면 성격이 몹시 급하고 강하다.

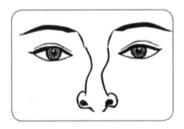

▶ 코가 삐뚤어지고 굽거나 움푹 들어간 자는 육친과의 관계가 매우 나쁘다.
▶ 산근이 끊어지거나 삐뚤어져 있으면 가난하고 고독하며 질병이 따라다닌다.
▶ 콧대가 삐뚤어지거나 굽어 있으면 간사스럽고 교활하면서 탐욕스럽다.

▶ 귀에 주름이 어지럽게 잡혀 있으면 가산이 흩어진다.

튀어나온 코뼈

▶ 코 잔등에 뼈마디가 솟으면 배우자와 이별한다.

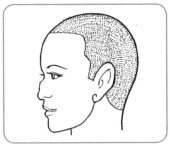

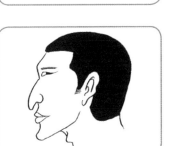

▶ 코끝이 매부리 같이 굽어진 자는 가슴 속에 독기를 감춘 사람이다.
▶ 코가 까마귀 부리를 닮은 자는 육친과 정이 없고 인연도 없다.

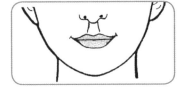

▶ 콧구멍이 침통처럼 좁은 자는 몹시 인색하다.

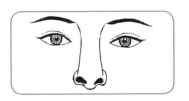

▶ 콧구멍이 뻔히 보이는 자는 재물을 모으기 어렵다.

▶ 메기입처럼 생긴 자는 무덤을 찾아다
  녀서 얻어먹으며 연명하는 거지 신세
  운이다.

▶ 목에 맺힌 뼈(목의 울대)가 있거나 앞
  치아가 입술 밖으로 튕겨 나온 자는 타
  향에서 객사한다.

▶ 혀를 날름거리며 입술에 침을 바르는
  습관이 있는 자는 가슴속에 음탕한 욕
  심과 독기를 감추고 있는 자이다.

▶ 머리털이 마치 풀처럼 우거진 자는 천
  성이 어리석다.

▶ 목소리가 깨진 나팔소리와 같은 자를 '대살(大殺)'이라고 하는데, 가족과 원수가 된다.

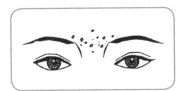

▶ 인당에 빨간 반점이 생기면 관공서를 상대로 시비가 따른다.

▶ 빨간색이 동전처럼 생겨 인당에 나타나는 것을 '주작임인(朱雀臨印)'이라고 하는데, 소송, 시비, 불에 의한 피해, 실직, 구금 등이나 혈육을 잃는다.

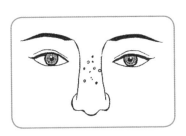

▶ 연상, 수상에 빨간색이 나타나면 피고름이 나오는 병이 생긴다.

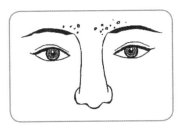

▶ 눈썹 머리에 붉은 기색이 나타나면 뜻하지 않게 갑작스런 액운이 있다.
▶ 명문에 빨간색 기운이 떠서 산근에까지 번지면 중죄를 범해서 구금된다.

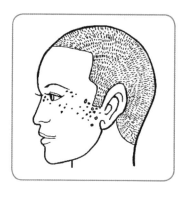

▶ 명문에 적색이 눈썹 아래까지 나타나면서 산근에 이르면 형장에서 죽는다.

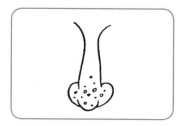

▶ 준두에 적색이 뜨면 폐병에 걸리거나 바쁘게 돌아다니며 살아갈 운이다.

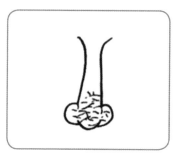

▶ 준두에 빨간 반점이나 빨간색 실주름이 나타나면 관청에 의한 다툼이나 화재를 당한다.

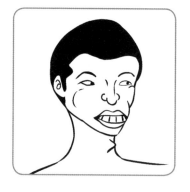

▶ 코를 자주 훌쩍거리는 자는 술이나 먹고 싸움질이나 일삼는 자이다.

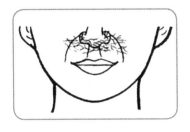

▶ 빨간 실금이 준두 아래로부터 법령까지 얽히면 부하직원이 떠나거나 해를 입는다.

▶ 난대 옆에 빨간 실금이 서리면 질병이 있을 징조이고, 이런 기색이 법령까지 닿으면 부하직원에 대한 덕이 없고, 몽정을 자주하거나 자위를 해서 기가 허해진다.

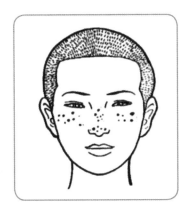

▶ 좌우 관골을 '안당(眼堂)'이라고도 하는데, 연상, 수상, 관골에 빨간 반점이 생기면 이를 '비렴살(飛廉殺)'이라고 한다. 비렴살이 관골과 코에 나타나면 남자는 치질이나 매독이 발생하고, 여자는 출산할 때 액운이 있다.

▶ 빨간 기색이 준두와 관골에 나타나면 파면당하고 소송이 발생하거나 시험에서 떨어진다. 또한 가정에서는 배우자나 형제간에 다툼이 있다.

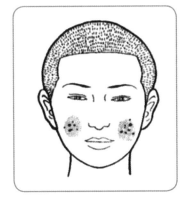

▶ 뺨이 붉은 것을 '도화(桃花)'라 하는데, 살아남기 어려운 중병에 걸린다. 만일 어린 아이가 볼에 붉은 색이 뜨면 폐결핵이나 기관지 병에 걸린다.

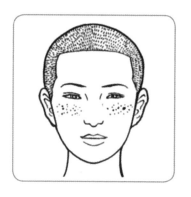

▶ 좌우 관골에 적색이 가루를 뿌린 듯 짙 게 나타나면 허리가 아프다.

▶ 태양의 위치는 두 눈 위를 말하는데 이 곳에 붉고도 연기 같은 거무스름한 색 이 나타나면 독한 이질에 걸린다.

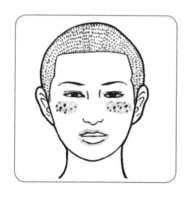

▶ 관골에 붉은빛을 띤 가운데 푸르스름 한 점이 군데군데 나타나 있고, 입술이 희며 눈동자가 누르스름하면 중풍으로 생명이 위험하다.

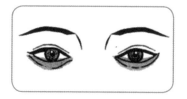

▶ 두 눈 아래에 벌레 모양의 적색이 나타 나면 부인의 경우 출산과 관공서 액운 이 있다.

▶ 여자의 얼굴 전체에 붉은 화색이 돌면 이를 '도화살(桃花煞)'이라고 하는데, 눈두덩 아래에 이와 같은 색이 나타나면 반드시 음욕이 많고 질투가 강하다.

▶ 임신한 부인이 준두와 관골에 적색을 띠면 출산액이 닥친다.

▶ 임신한 여자가 눈두덩 아래에 푸르스름한 색이 있고, 인중에도 청색과 황색이 나타나면 쌍둥이를 임신할 징조다.

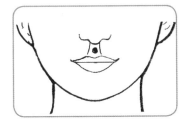

▶ 인중에 검은 사마귀가 있는 여자도 쌍둥이를 낳는다는 설이 있다.

▶ 여자 얼굴에 윤기가 없고 누리끼리하면 월경불순이 있다.

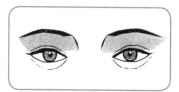

▶ 여자 눈두덩이 젖은 잿빛 같으면 대하증이 있다.

▶ 얼굴에 푸른 기운이 화장한 것처럼 골고루 퍼져 있는 여자는 외간 남자와 놀아난다.

▶ 콧대에 푸른 힘줄이 한 가닥 곧게 뻗쳐 이마까지 연결되어 있으면, 반드시 간통하는 사람을 얻어 본 배우자를 헤친다.

▶ 어미에 누른 색이 미미하게 비치면 간
음으로 인하여 이익을 얻는다.

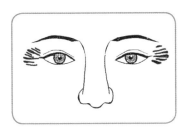

▶ 어미에 청색이 희미하면 배우자에게 재
앙이 있다.

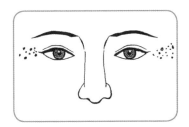

▶ 간문에 빨간색 기운이 나타나면 색정으
로 인한 말썽이 생긴다.

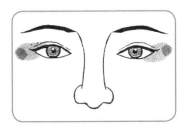

▶ 간문에 거무스름한 색이 나타나면 60
일 안에 배우자를 잃는다.

▶ 태양에 청색을 띠면서, 소남 부위에 빨
간 반점이 있으면 부부가 늘 싸운다.

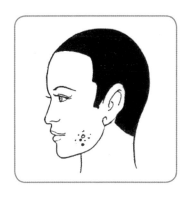

▶ 뺨 아래가 구슬처럼 빨간 반점이 생기
면 부부 사이가 좋지 않다.

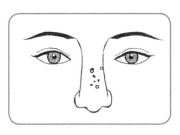

▶ 연상과 수상에 콩알 같은 빨간 반점이
있으면 부부가 늘 싸운다.

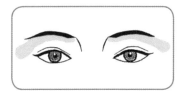

▶ 간문에 청백색이 외양(外陽:눈두덩 끝)
까지 비치면 배우자나 부하 여직원이
도망간다.

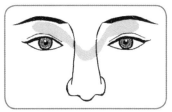

▶ 눈두덩 중앙이 푸르스름하면서 연상까
지 이어지면 물에 의한 사고가 있다.

▶ 인당에 푸른 점이 찍힌 듯 선명하면 직
업을 잃거나 재산상 손실이 있다.

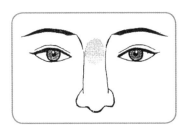

▶ 산근에 청색이 나타난 것을 '구진살(勾陳殺)'이라고 하는데, 작은 근심은 있으나 큰 피해는 없다.

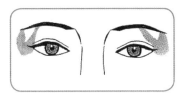

▶ 청색이 어미에 나타나 두 갈래로 갈라져서 빈문을 향하면 배우자에게 질병이 있다.

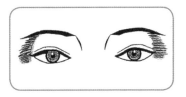

▶ 어미에 흑색 또는 백색 기운을 띠고 빈문을 향하면 배우자를 힘들게 한다.

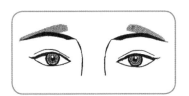

▶ 검은색이 눈썹꼬리에서 나타나 곧게 우각으로 올라가면 우마차에 손실이 있다.

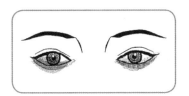

▶ 눈 아래에 푸르스름한 청색이 나타나면 이를 '등사살(螣蛇煞)'이라고 하는데, 의혹과 우환과 경악스러운 일이 생긴다. 혹은 색욕을 탐한 다음에도 이런 색이 나타난다.

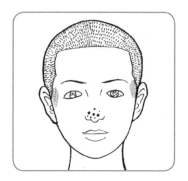

▶ 구진(句陳:눈의 큰 자위)과 현무(玄武: 눈의 작은 자위)가 양쪽 눈에 나타나고 준두가 붉으면 벌금이나 경고장을 받게 되고 재물에 손실이 있다.

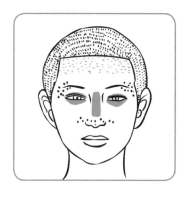

▶ 눈 밑에 푸르스름한 색이 서리고 붉거나 푸른 점이 준두에 나타나 눈썹까지 번지면서 인당과 연상, 수상에 푸르뎅뎅한 기운이 있으면 반드시 감옥에 갇힌다.

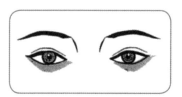

▶ 눈 밑 부근에 늘 푸르뎅뎅한 색이 있으면 35세에 재물을 탕진한다.

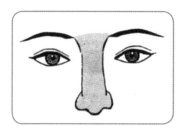

▶ 코가 푸르스름한 색을 띠는 것을 '천라(天羅)'라고 하는데, 이 색이 오랫동안 없어지지 않으면 10년 동안 재물을 낭비하게 되고 매사에 되는 일도 없다.
▶ 코의 푸르스름한 색이 검고 흐린 색과 섞이면 생명이 위태롭다.

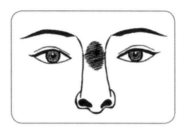

▶ 산근은 곧 '월패(月孛)'이다. 이곳이 어둡고 청흑색이 끼어 흩어지지 않으면 질병이 많을 뿐만 아니라 49세 전후를 넘기기 어렵다.

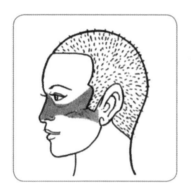

▶ 청색 기운이 코를 중심으로 좌우 관골에까지 번져 있는 것을 '행시(行尸: 살아 있는 송장)'라고 하고, 이곳이 검고 어두우면서 귀 앞까지 번지면 사망한다.

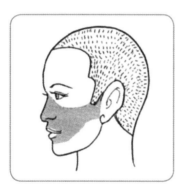

▶ 명문은 신장에 속하는 부위이다. 이곳에 거무스름한 기색이 있으면 신장에 병이 진행 중이고, 흑색 기운이 명문에서 시작해서 코와 입까지 번지면 반드시 죽는다.

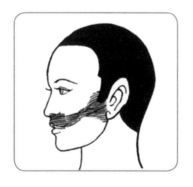

▶ 명문에서 발한 검은 주름을 '귀서(鬼書)'라 하는데, 인중까지 번지면 반드시 죽는다.

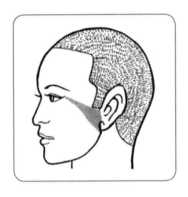

▶ 흑색이 귓가에 발생하여 어미까지 들어
가면 물에 의한 사고를 조심해야 한다.

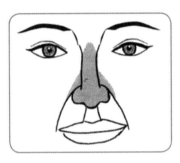

▶ 연상, 수상, 준두를 거친 검은색 기운이
귀래까지 이르면 술과 음식 그리고 색
욕으로 인한 화를 당한다.

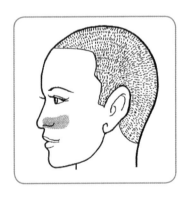

▶ 검은색 기운이 난대에서 발생하여 귀래
에 닿으면 벼슬과 재물을 잃는다.

▶ 검은 연기 같은 기색이 산근에 어리면
30일 안에 직장과 재산을 잃는다.

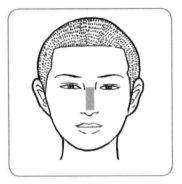

▶ 연상, 수상에 검은색이 손가락만큼 크게 나타나는 것을 '귀인(鬼印)'이라 하는데, 이것이 뜨면 사망하고 이때 콧구멍에서 찬 기운이 나오면 즉사한다.

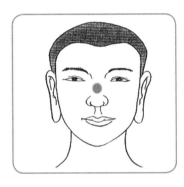

▶ 연상에 검은색이 비치면 살아나지 못한다.
▶ 연상에 검은색 기운이 처음 나타날 때 돼지비계 같은 기름기가 보이면 처음엔 죽지 않으나, 반 년이 되도록 흩어지지 않으면 반드시 죽는다.

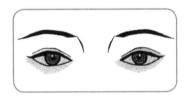

▶ 삼양(태양, 중양, 소양)을 가(家)라 하고, 삼음(태음, 중음, 소음)을 택(宅)이라 하며, 눈썹 아래를 청룡이라 한다. 삼양, 삼음, 청룡에 어두침침한 색이 나타나면, 집안이 불안하고 아랫사람에게 재앙이 일어난다.

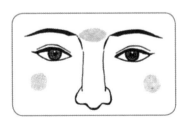

▶ 인당, 준두, 관골의 색이 밝지 못하면 직장과 재물을 잃고 갑작스런 사고를 당한다.

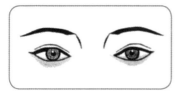

▶ 눈 아래 자녀궁에 연기 같은 검푸른 색을 띠면 자녀에게 액운이 있다.

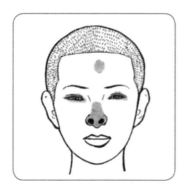

▶ 눈꺼풀에 희끄무레한 그을음 같은 색이나 숯처럼 검은빛이 나타나면 가래가 끓고 숨찬 병이 생기고, 천중, 연상, 준두에까지 검은 기색이 나타나면 사망한다.

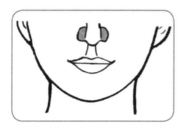

▶ 금궤에 검은색이 나타나면 90일 안에 재물이 흩어진다.

▶ 관골 위를 '역사(力士)'라 하는데, 이곳이 검푸르고 인당에 검은 기운이 서리면 귀양살이를 가게 되고, 여자는 출산할 때 힘든 일이 닥친다.

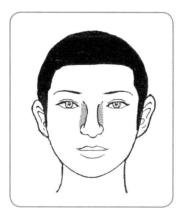

▶ 콧대 좌우를 '황번(黃旛)'이라 하는데, 이곳에 거무스름하면 화재 등의 재난을 만난다.

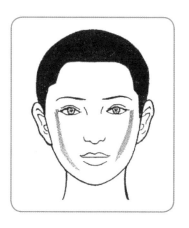

▶ 눈꼬리에 푸르스름한 힘줄이 솟아 입과 턱을 감는 듯 내려오면 이것을 '등사(騰蛇)'라 하는데, 주름이 입술에 바짝 닿으면 객사하거나 굶어 죽는다.

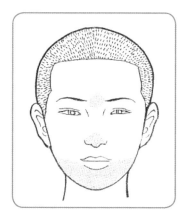

▶ 하정의 피부가 거칠고 적색과 흑색이 교차되는 것을 '대모살(大耗殺)'이라 한다. 인당과 준두까지 어두운색이면 반드시 도둑을 맞고 아랫사람과 우마차도 손실을 본다.

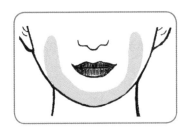

▶ 지각으로부터 뺨에 이르기까지 검은색
기운이 생기면 '오귀(五鬼)'라 하는데,
물에 의한 재앙과 질병으로 인한 힘든
액운을 만난다.

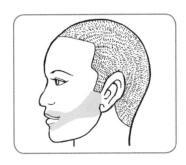

▶ 귀밑 명문에서 검은색이 나타나 입으
로 들어가는 것을 '유혼(流魂)'이라 하
는데, 물에 의한 사고 조짐이 일주일 안
에 닥친다.

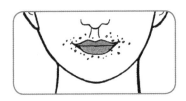

▶ 입술 상·하·좌·우에 붉은 반점이 생기면
시비와 구설이 발생한다.

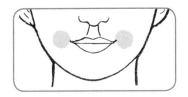

▶ 구각이 창백하고 윤기가 없으면 현재
아픈 부위가 있다.

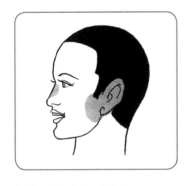

▶ 귀는 신장을 나타내는데, 이곳이 약하
거나 이상이 있으면 피부에 윤기가 없
고 메마르면서 검은색이 뜨게 되는데,
명문, 연상, 수상도 따라서 검으면 사
망한다.

▶ 어린이가 질병에 걸려 얼굴색이 푸르렀다가, 창백했다, 붉었다, 검었다 하면서 수시로 변하는 것을 '농색(濃色)'이라 하는데, 생명이 위험하다.

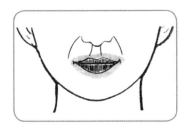

▶ 오래된 병자가 입술이 검붉으면 고치기 어렵다.

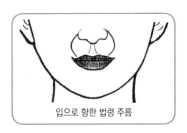

입으로 향한 법령 주름

▶ 법령 주름이 입안으로 들어가면 목이 막혀 음식을 먹지 못하거나 굶어 죽는다.

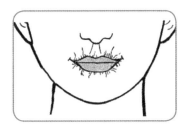

▶ 어지러운 주름이 입술 주변에 얽혀 쭈글쭈글하면 자식이 없거나 후손이 끊어진다.

어미의 주름

▶ 어미에 짧은 주름 한 가닥이 그어지면 재혼하고 두 번 그어지면 삼혼 한다.

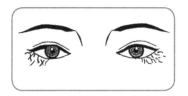

▶ 눈 꼬리 아래에 여러 가닥 주름이 어지
럽게 새겨지면 불효자를 둔다.

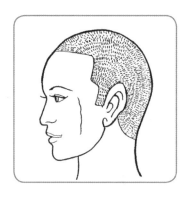

▶ 간문에 긴 주름이 구레나룻까지 새겨지
면 타향에서 객사한다.

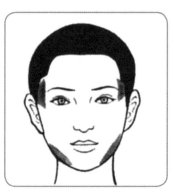

▶ 천창과 지고에 검은색의 어두운 기색이
있고 살이 움푹 들어가 있으면 토지와
재물을 지키기 어렵다.

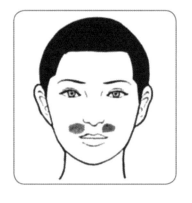

▶ 조주(조상과 세주)에 붉은 화염같은 색
이 뜨면 가축의 손실이 있다.
▶ 콧구멍과 그 부근이 거무스름하고 피부
가 거칠면 일을 성취하기 어렵다.

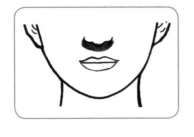

골격을 보고 귀함과 천함을 알아내고, 목소리를 듣고도 길흉을 분별할 수 있다. 신묘한 사람은 학술적인 데만 치우치지 않는다. 통변하는 자는 옛 선인의 비전에 의존해서 터득하는 습관을 들여야 한다.

유장선생의 사실적인 문답기록을 본받고, 마의선생의 신묘한 법을 전수받으며, 허부의 저서를 익히고, 당거의 묘법을 배워야 한다.

◑ 유장선생 : 명나라시대. 본명은 원충철. 유장상법을 저술했음.

◑ 허부 : 진나라 시대 관상가. 한신의 상을 봐준 뒤 이름을 날렸다.

◑ 당거 : 초나라 시대 관상가.

금쇄부(金鎖賦)

사학당四學堂

3장 금쇄부(金鎖賦)

모든 관상 법은 하나로 통하지만 문자만으로 그 오묘한 이치를 깨우치기는 어렵도다. 여기 모든 상법의 깊은 이치를 노래로 지어 후세 사람들이 알기 쉽게 기록해 두노라.

▶ 여섯 가지의 해로운 눈썹[육해미(六害眉)]을 가지면 친인척들과의 사이가 끊어진다.

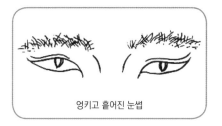

엉키고 흩어진 눈썹

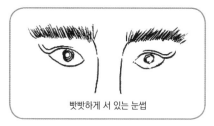

빳빳하게 서 있는 눈썹

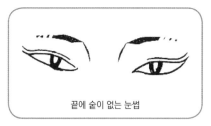

끝에 숱이 없는 눈썹

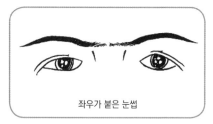

좌우가 붙은 눈썹

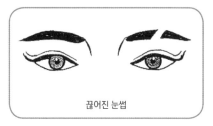

끊어진 눈썹

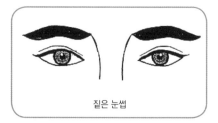

짙은 눈썹

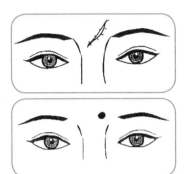

▶ 인당이 가을 물빛처럼 맑고 둥글지라도 결함이 있으면 배우자와 자녀를 힘들게 하며, 늙어서 편안히 살지 못하고 일을 벌이기는 하지만 성공하기 힘들다.

움푹 들어간 산근

▶ 산근이 끊어지면 운이 일찍 사라지고 조상의 유산을 지키지 못해서 탕진하고 만다. 또한 형제간에 인연마저 끊어지며 고향을 떠나게 되니 늙어서도 하는 일마다 어렵게 된다.

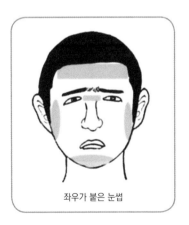

좌우가 붙은 눈썹

▶ 좌우의 눈썹이 서로 맞붙어 있고 얼굴색이 거무스름하면서 눈빛마저 힘이 없으면, 남의 간섭을 받으며 살게 되고 늘 걱정을 달고 살면서 악한 상대로 인해 마음의 상처를 받게 된다.

▶ 현재 맑은 눈빛을 가졌을지라도 본 바탕 얼굴이 어둡다면 끝내 단명하리라. 행여, 수명이 길다면 고독과 가난을 면하기 어렵다.

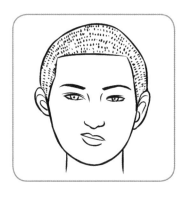

▶ 좌우의 귀 크기가 같지 않거나 입이 삐뚤어져 있다면, 말년에 어려움이 닥친다.
▶ 얼굴의 오성(五星:이마, 코, 좌우 귀, 턱)과 육요(六耀:좌우 눈썹, 양쪽 눈, 코, 입) 중 뒤틀리거나 기울어진 것은 좋지 않다.

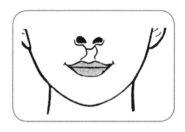

▶ 콧대가 휘어지고 콧구멍이 드러난 들창코라면 40세에 고통이 따른다. 이런 사람은 비록 학문이 깊고 문장이 높아도 벼슬을 얻지 못하며, 의욕은 충천하지만 알에서 갓 깨어난 꾀꼬리가 날지 못하듯 뜻을 이루지 못하리라.
▶ 얼굴이 크면서 눈썹 숱이 드문 자는 재주만 있을 뿐 큰 빛을 못 본다.

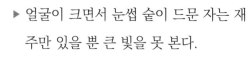

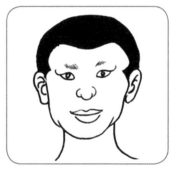

▶ 아래위의 입술이 들려져 치아가 튀어나온 자는 재앙이 따르며 늘 바쁘기만 하고 부귀하지 못한다.

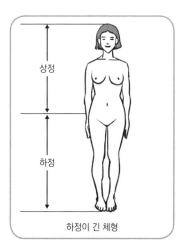

상정

하정

하정이 긴 체형

▶ 상체가 짧고 하체가 긴 사람은 성공과 실패가 자주 바뀌어서 제대로 이루어지는 일이 없다. 혹, 성공하여 재물을 얻게 되더라도 그것은 마치 더운 햇볕에 녹는 얼음이나 서리와 같이 되리라.

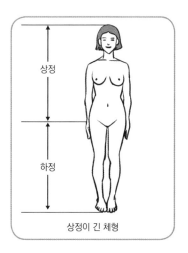

상정

하정

상정이 긴 체형

▶ 하체가 짧고 상체가 긴 사람은 벼슬길이 열리게 되고, 서민이 이와 같은 체형이면 금은보화가 창고에 쌓이리라.

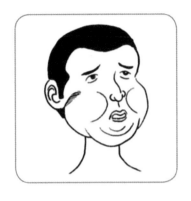

▶ 몸의 체형이 큰 것은 좋지만 골격에 비해 살이 지나치게 비대하면 좋지 않다. 뼈를 잘 감싼 형상이면 영화롭고, 뼈는 가는데 살만 뒤룩거리면 단명한다.

▶ 소년에 눈빛이 뚜렷치 않으면 성공키 어렵다.

▶ 20대에 살이 너무 찌면 죽을 날을 받아 놓은 것이오, 40대에 몸이 불어나면 운이 좋아진다.

▶ 살이 마른 사람과 뼈가 가는 사람의 운은 각각 다르다. 살이 여윈 사람은 정신만 살아 있다면 발전이 가능하지만, 뼈가 약한 사람은 얼굴색이 비록 좋을지라도 고단함을 면치 못한다.

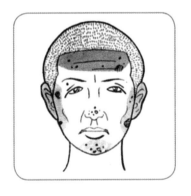

▶ 늙어서 얼굴의 피부색이 좋지 못하고 활기 없는 눈빛이라면 궁핍하게 되고, 얼굴에 여러 가지 색이 겹치면 어려운 고난이 따른다.

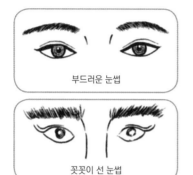

부드러운 눈썹

꼿꼿이 선 눈썹

▶ 눈썹 숱은 부드럽게 나 있는 게 좋고, 빳빳하게 서 있는 눈썹은 좋지 않다. 어리석은 자는 부드럽게 휘어진 눈썹과 직선으로 꼿꼿하게 선 눈썹의 구분을 잘 알지 못한다. 눈썹 숱이 부드러운 자는 배움이 많고 총명 준수하며, 눈썹 숱이 곧게 서 있으면 부부 사이가 나쁘고 자식을 잃게 된다.

짙은 눈썹

눈두덩이 넓은 눈썹

눈두덩이 좁은 눈썹

▶ 눈썹 숱이 짙고 탁하면서 누르스름한 빛을 띠면 부모와 자식이 동서로 떨어져 흩어진다.

▶ 눈썹이 눈에서 멀리 떨어져 나 있으면 재주가 많고 융통성이 있으니 훗날 임금을 모시게 되리라.

▶ 수염은 지나치게 짙어서 빽빽하지 말아야 하며 살결이 비치게 난 수염이 좋다.

Part
04

은시가(銀匙歌)

오성五星

4장 은시가(銀匙歌)

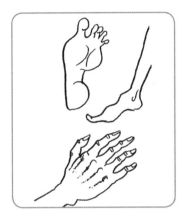

▶ 팔과 다리에 살이 없어 뼈가 드러나면 흉하고, 머리통이 막대기처럼 마른 사람 역시 마찬가지다. 이런 사람은 조상에게 물려받은 유산과 부모 덕이 있다 하더라도 끝내 흩어지고 궁핍하게 된다.

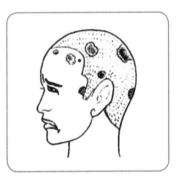

▶ 머리에 부스럼이나 피부병이 생기면 흉한 일들이 그물에 주렁주렁 걸린 모양이니, 배우자와 자녀에게 해롭지 않으면 집안에 우환이 많고 고독하며 가난하다.

▶ 관상 중에 좋지 않은 것은 골격이 가는 사람이 얼굴살이 뒤룩뒤룩 쪄서 두터운 것인데, 남자는 수명이 길지 못하고 여자는 음욕을 좋아한다.

끊어진 눈썹

엉키고 흩어진 눈썹

▶ 눈썹이 끊어지거나 숱이 뒤엉킨 자는 법적인 소송 시비가 따르고, 집과 땅을 팔아 없애며, 배우자와 자식을 여러 번 이별한 뒤에야 근심과 재앙이 떠난다.

붉은 눈자위

▶ 정욕에 눈먼 자는 눈자위가 붉다.

▶ 곁눈질로 사물을 보는 버릇이 있는 자는 교활하고 음흉하다.

▶ 악독함과 선함을 구분하려면 오직 눈을 보면 알게 되나니, 뱀눈을 가진 자는 부모를 때리는 자이고, 염소의 눈을 가진 자는 머무를 집이 없어 남에게 애원하며 빌어먹고 산다.

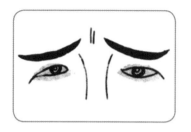

▶ 눈 밑이 움푹 들어가 있으면 고독하고, 눈빛이 죽어 있는 자 역시 마찬가지다.

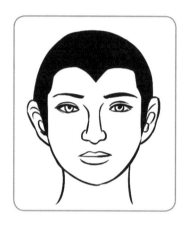

▶ 발제(髮際 : 이마와 머리카락 난 경계 부분)가 뾰족하면 흉한 일이 있나니 '장량(장자방 : 고대 중국의 정치가이자 전략가. 유방을 도와 한나라의 건국 공신)'처럼 계책을 잘 쓰는 자일지라도 생긴 대로 살게 되리라.

▶ 발제가 이마로 많이 내려오고 뾰족하게 생겼으면 아버지와의 인연이 멀다.

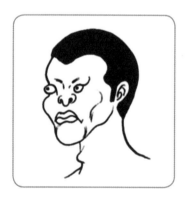

▶ 눈망울이 톡 튀어나온 자는 악한 심보를 가진 자이고 논밭을 팔아 치우게 된다.

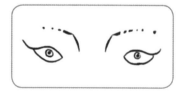

▶ 눈의 흰자위가 검은 동자보다 많으면 타관에서 죽으리라.

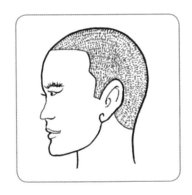

▶ 아래턱이 두툼하여 이마를 받쳐주는 형상이면 평생운이 왕성하지만, 눈썹의 생김이 좋지 못하면 재물운이 없다.

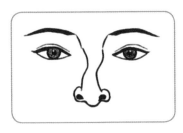

▶ 코에 살이 없고 뼈만 앙상하게 솟은 것을 '반음살(返吟煞)'이라 하고, 콧대가 굴곡 지거나 콧구멍이 훤히 드러난 것을 '복음살(伏吟煞)'이라 한다. '반음살'이면 자손이 끊기고 '복음살'이면 눈물 흘리는 일들이 많으리라.

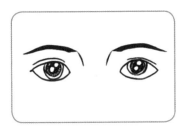

▶ 어린아이같이 수려한 눈을 가지면 글 공부를 못 했어도 손재주가 좋아서 하잘것없는 재료를 가지고도 훌륭한 물건을 만든다.

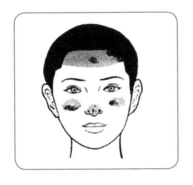

▶ 이마와 준두와 관골에 빨간색이 뜨고 그곳에 푸르스름한 색이 점점이 찍히면 이를 '박사염조(薄紗染皂)'라 하는데, 배우자를 자주 바꾸게 되고 자녀를 잃는다.

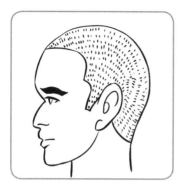

▶ 산근이 높이 솟았다가 푹 꺼진 모양이면 길가에서 여러 차례 우는 일이 생긴다.

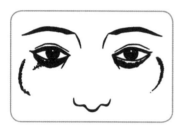

▶ 누당에 상처가 있거나 푹 들어가 있으면서 검은 점이 있고, 관골의 뼈가 솟아오르면 자녀가 없든지 자녀에게 해로운 일이 일어난다.

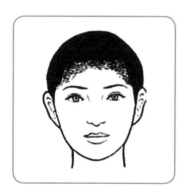

▶ 이마에 솜털 같은 잔털이 나 있으면 일찍 결혼하기 어렵다.

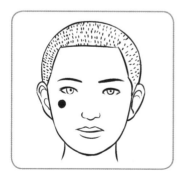

▶ 관골에 결함이 있으면 한쪽 부모를 일찍 잃지 않으면 자신이 몸을 다치게 된다.

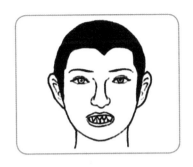

▶ 표범의 치아같이 뾰족한 데다 발제까지 뾰족하면 이름을 얻기 어렵다.

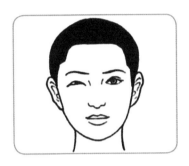

▶ 선비가 애꾸눈이던가 한쪽 눈이 찌그러져 있으면 비록 문장이 뛰어날지라도 젖은 나막신에 못이 박힌 듯 불안하리라.

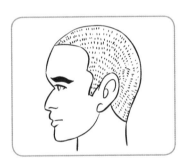

▶ 눈썹 숱이 짙고 산근이 움푹 들어가 있으면 재산이 흩어지고 32세에 재앙을 만나 근심이 생긴다.

▶ 코가 바르게 뻗어 있으면 끝내 성공하게고, 코가 좋지 않게 생겼으면 실패에서 회복하기 어렵다.
▶ 목보다 어깨가 치켜 올라간 사람은 구차스럽고 변변치 못하게 산다.

▶ 육친의 덕이 없고 복이 적은 사람의 모습은 비맞은 닭처럼 옴츠려든 사람이다.

▶ 그릇이 큰 사람은 눈썹이 눈 위로 높이 솟은 사람인데, 여기에 눈과 눈썹의 생김이 바르다면 걱정거리 없이 살게 된다.

▶ 눈썹 숱이 거칠게 나 있는데다 눈이 작다면 매년 먹을 식량을 걱정하며 살게 되리라.

▶ 인당에 세 가닥의 흉터자국이나 가로 주름이 나있으면 장차 범법을 저지르리라.

▶ 입술에 밝은 기색이 나타나면 굶주림이 없다.

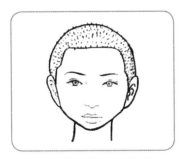

▶ 머리부위가 좋은 골격을 가졌을 지라도 턱이 균형을 이루지 못하면 소용이 없다.

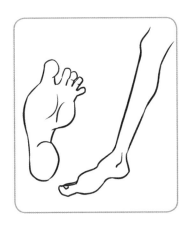

▶ 다리가 학의 다리처럼 가늘고 불안정하게 생겼으면 소인배이고, 발이 부드럽지 못하고 크기만 한 여자는 무당이나 중매쟁이가 된다.

▶ 좌우의 눈을 '식각(識覺)'이라고도 하는데, 상법에 밝은 자는 두눈만을 보고서도 선하고 착실한 품성인지를 알 수 있다. 눈이 수려하지 못하다면 아무리 말솜씨가 좋고 재주가 있더라도 바른 심성의 소유자가 아니다.

▶ 가정을 잘 이끄는 사람은 눈썹 숱이 바르게 생기고 맑은 사람이다.

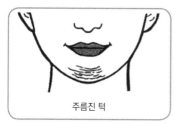

주름진 턱

▶ 성격이 급한 자는 턱에 주름이 있기 때문이다.

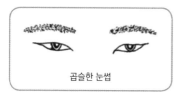

곱슬한 눈썹

▶ 학문에 게으른 사람의 눈썹 숱은 불에 그슬린 것처럼 생겼다.

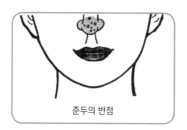

준두의 반점

▶ 준두의 끝에 빨간 반점이 나타나면 늘 바쁘고 분주하게 살아가리라.

▶ 양쪽 눈썹의 피부색이 어둡지 않고 윤기가 흐르면, 비록 눈썹에 흠이 있다 하더라도 크게 나쁜 일은 비켜갈 수 있다.

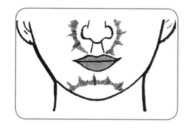

▶ 턱과 정부(井府:인중 근처)에 밝은 기색이 있고 준두의 양쪽에도 밝은 색이 나타나면 가난하게 살지 않는다.

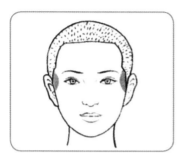

▶ 천창이 낮게 기우러진 자는 재산이 많다 해도 헛말이 되리라.

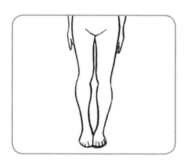

▶ 다리가 지나치게 길면 단명하고 재난이 있다.

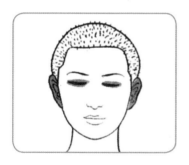

▶ 귀가 먹고 눈이 어두운 것을 '양인살(陽刃殺)'이라 하는데, 요절하지 않으면 재앙이 많다.

좁은 양미간(인당)

▶ 양쪽 눈썹이 서로 맞붙어 있고 이마 가운데가 쑥 들어가 있으면서 좌우의 액각이 마주 보고 있으면 '용호상쟁(龍虎相爭)'격이라 하며 지극히 어리석은 자이다.

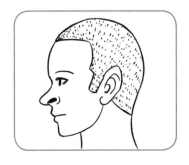

▶ 코끝이 높고 콧구멍이 드러나 있으면 주거가 불안하다.

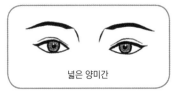

넓은 양미간

▶ 두 개의 손가락 폭 이상으로 양미간(兩眉間)이 넓은 사람은 사고방식이 열려 있고 이해력이 뛰어나다.

▶ 눈 밑에 흠이 없고 피부 빛깔이 어둡지 않다면 중년에 벼슬을 얻거나 풍족하게 산다.

▶ 사람을 보고 쓸데없이 웃는 자는 마음이 진실 되지 못한 자이다.

▶ 앞 치아가 늘 드러나 보이고 콧구멍이 들창코로 생겼으면, 벼슬운이 없고 궁핍하게 살며 늙도록 안정을 찾지 못한다.

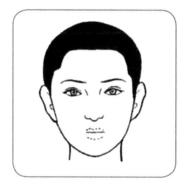

▶ 귀가 크더라도 윤곽이 뚜렷치 못하면 서 구각이 없는 사람은, 안정된 삶을 살 지 못하고 이리저리 다니며 사는 사람 이다.

Part
05

흉터 · 주름 · 점

육부六府

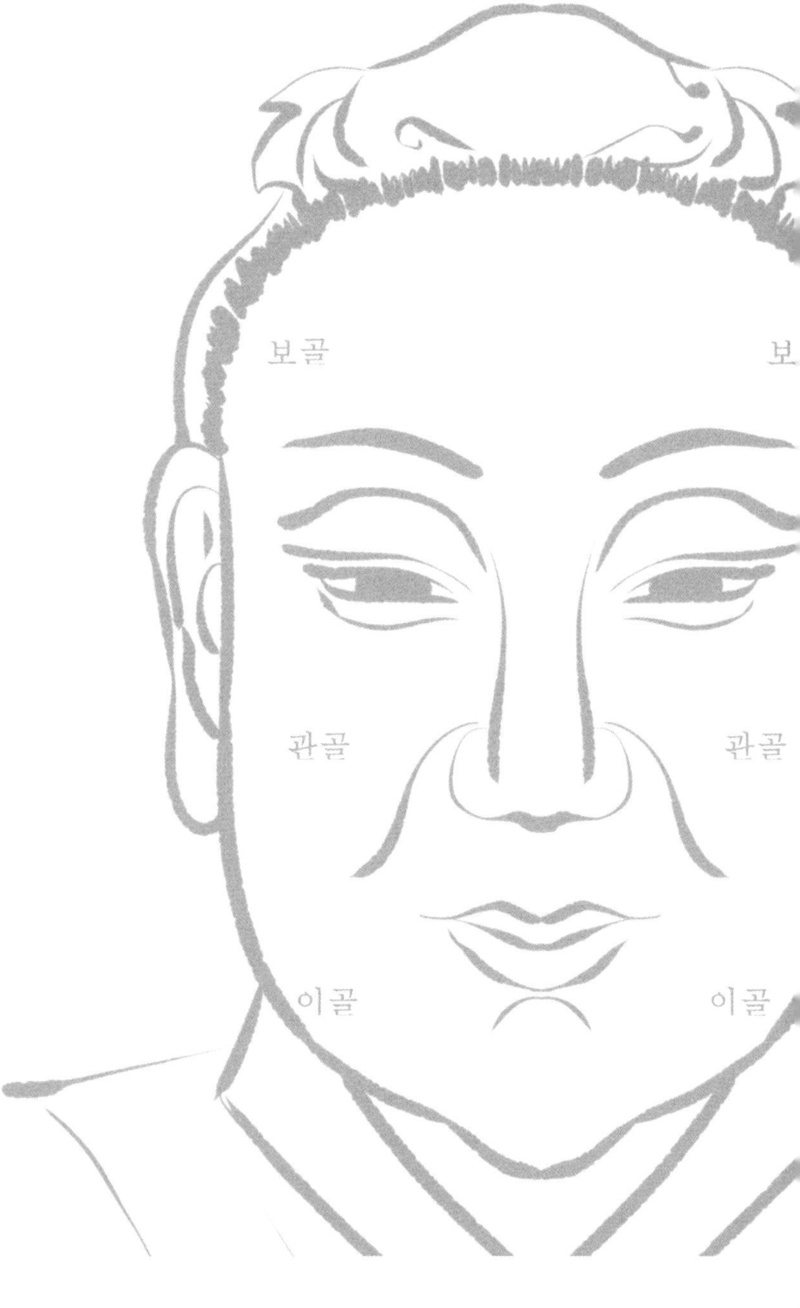

보골

보

관골

관골

이골

이골

1 흉터

일각이나 월각에 찍힌 점이나 흉터

　점도 평평한 점이 있고 피부에서 볼록 솟은 점이 있다. 평평한 점은 돌출된 점에 비해서 영향이 그리 크지 않다. 다시 말해, 아주 작은 점 하나가 조금이라도 돌출되었다면 영향이 훨씬 크다는 말이다.

　따라서 여기에 소개하는 점들은 확률이 그리 높지 않은 평평한 점보다는 약간이라도 피부에서 솟아 오른 점만을 취급하겠다.

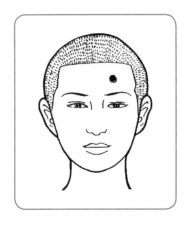

▶ 이곳에 점이 찍혀 있다면 부모 중 어느 한쪽과 인연이 멀었던 상이다. 인연이 멀다는 뜻은, 사춘기 이전에 일찍 돌아가셨든가, 부모가 심각한 갈등이나 이혼 혹은 직업으로 인해 떨어져 사는 바람에 한쪽 부모의 정을 못 받고 자랐다는 의미다.

이곳에 점뿐 아니라 흉터가 있어도 마찬가지의 해석을 한다.

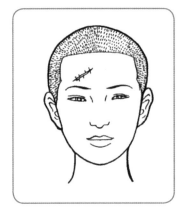

흉터는 어렸을 때 넘어져서 생겼든, 옆집 아이와 장난치다가 긁힌 흉터든 간에 그것이 성인이 되도록 없어지지 않고 뚜렷이 남아 있으면 해당이 된다.

점과는 달리 흉터의 경우는 당사자의 에너지 파장에 따라 영향이 없는 사람도 간혹 있지만, 이것은 오랜 수련을 거친 뒤에야 깨칠 수 있기에 여기서는 설명을 생략한다.

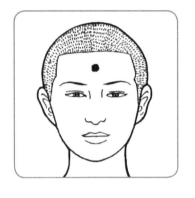

▶ 이마의 중앙 부근에 찍힌 점은 부모 중 한쪽과 인연이 멀고 중년에 사업이나 경제적으로 타격을 입을 일이 생긴다. 흉터 역시 마찬가지다.

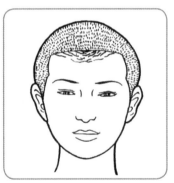

▶ 중앙 발제 부위의 잔주름은 학업을 일찍 중단한 상이다.

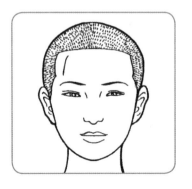

▶ 옆 이마의 세로 주름이 있으면 부부가 이별한다.

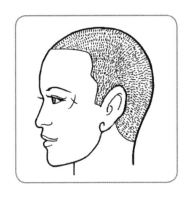

▶ 눈가의 흉터가 있으면 배우자를 잃는다.

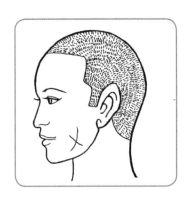

▶ 볼 아래 흉터가 있으면 아랫사람으로부
터 배신을 당한다.

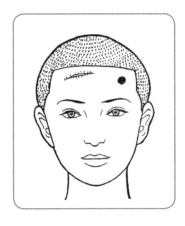

▶ 이마에 솟아 오른 점이나 깊은 흉터가
있으면 초년 운이 나쁘고 부모나 혈육
의 일부와 인연이 먼 상이다.

2 주름

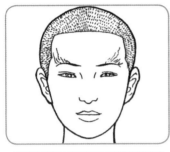

눈썹 위에서 이마의 가장자리로 비스듬히 나있는 여러 가닥 주름
▶ 혈육과의 불화가 잦다.
▶ 부모덕이 없다.

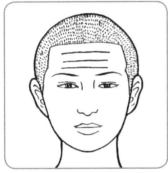

주름살 세 개가 끊어지지 않고 일자로 쭉 그어져 있는 주름
▶ 진지하고 성실한 노력가며 진취적이다.
▶ 윗 조상과 아랫사람들의 음덕을 많이 받아 명예나 재산을 모으는데 큰 힘을 받는다.

갈매기가 나르는 듯이 올라간 주름
▶ 물질보다는 정신적인 면을 중시하고 철학적이며 사색가다.
▶ 인간들의 아귀다툼이 적나라하게 벌어지는 도회지 같은 곳보다는, 조용하고 정적인 장소에서 사는 게 더 잘 어울린다. 이런 탈속적 성향이 중년 이후에 강하게 나타난다.
▶ 장사꾼보다는 종교가, 예술, 사회사업 방면의 직업이 잘 어울린다.

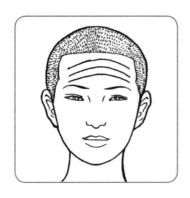

아래로 처진 주름

▶ 관찰력과 분석력이 뛰어나다.

▶ 진취적이고 희망적이다.

▶ 매사에 신중하고 진지하며 성실하다.

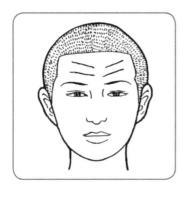

두세 가닥이 가운데를 중심으로 둘로 나누어진 주름

▶ 정신적인 면과 직감력이 뛰어나고 천재
적인 행동을 한다.

▶ 남의 밑에 있기보다 예능 방면이나 창조
적인 직업, 혹은 종교 지도자 타입이다.

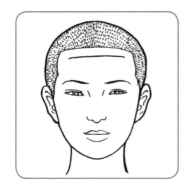

천문만 있는 주름

▶ 윗 조상이나 부모 혹은 손윗사람의 덕
을 많이 받아 운명을 개척할 주름이다.

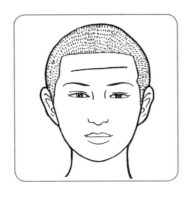

인문만 있는 주름

▶ 누구의 도움 없이도 자신의 힘으로 자수성가할 수 있는 힘이 있는주름이다.

▶ 주변 사람들의 인덕도 많이 받을 상이다.

▶ 주름이 끊어져 있으면 다툼이 잦겠고 형제간의 의도 나쁘다.

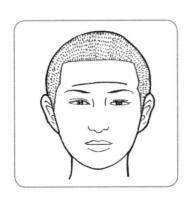

지문만 있는 주름

▶ 스스로도 성실히 노력하는 상이지만 아랫사람이나 부인의 덕도 많이 받을 상이다.

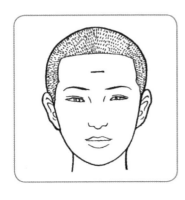

한 가닥의 주름이 극단적으로 짧으면

▶ 성욕이 강하고 잔정이 많아서 그 때문에 곤란을 겪는다.

▶ 부부 사이가 나빠질 주름이다.

▶ 만일 부부 사이가 좋다면 부인은 병약해질 가능성이 있다.

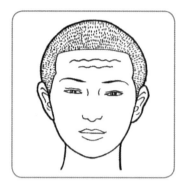

▶ 곧지 못한 물결 모양의 주름이 있으면 그만큼 삶에 굴곡이 많다.

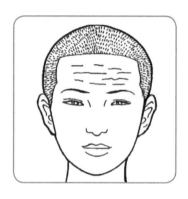

▶ 여러 가닥으로 어지럽게 끊어진 주름은 여러 가지 여건으로 인해 자신이 가진 능력을 마음껏 발휘 못해 불만스런 세월이 쌓인 상이다.

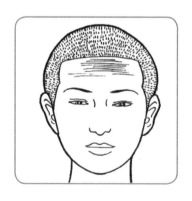

▶ 깊지 않은 잔주름이 여러 가닥 그어진 이마가 있으면 남을 도와주든가, 자질구레한 일까지 신경 써줘야 할 사람들이 주변에 많이 생기는 주름이다.

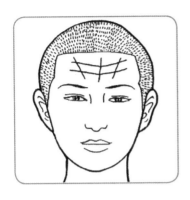

가로지르는 열십 자의 세로 주름

▶ 거주하는 곳이나 직업에서 한 곳에 정착을 못하고 여기저기를 돌아다닐 상이다.

▶ 갑작스런 사고를 조심해야 한다.

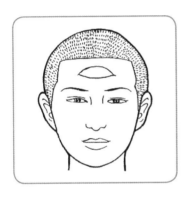

▶ 이마 부위에 기다란 눈 형상의 주름이 있으면 세상에 명성이 자자하게 된다.

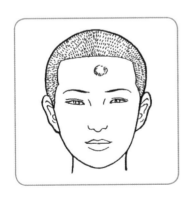

▶ 이마에 혹 같은 것이 생겨 없어지지 않으면, 부모에게 해롭고 자신의 하는 일 역시 막히며 갑작스런 사고를 조심해야 한다.

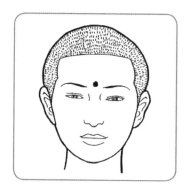

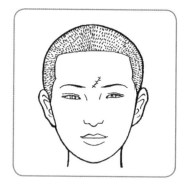

인당 부위에 찍힌 점이나 흉터

▶ 부모 중 한쪽이나 양쪽과 인연이 멀었다는 걸 나타낸다.

▶ 고집이 세고 반항심리가 강하다.

▶ 아랫사람과의 관계는 괜찮은 편인데 윗사람에 대한 반발 심리가 강해서 잦은 갈등을 일으킨다. 윗사람이란, 부모도 될 수 있고 형제 중엔 윗 형제, 직장 같으면 윗 상사를 말한다.

▶ 자주 접촉하는 친척과의 관계도 썩 좋지 못하다.

▶ 추진력이 좋고 경쟁심, 투쟁심, 승부사 기질이 발달해 있다.

▶ 직업으로는, 윗사람의 지시를 일일이 받는 직종은 피하는 게 좋다. 개인 일이나 사업을 하면 성공할 것이다. 다만 인당이 좁으면서 눈썹 숱이 짙은 사람은 혼자서 추진하는 개인 사업은 피해야 한다.

불교를 신앙으로 가지고 있는 분들은 어떻게 해석하는지 모르지만, 석가모니 역시 이 부위에 돌출된 점이 있었다.

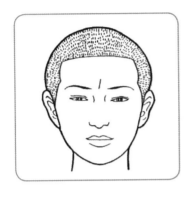

인당에 생긴 세로 주름

▶ 부부 사이에 이혼이나 사별을 했을 때 현침문이 생긴다. 그래서 이것을 두고 생·사별 주름이라고 해석한다.

▶ 부부간에 심각한 갈등이 오랜 세월에 걸쳐 진행되고 있을 때 나타나는 주름이다. 결혼 생활하면서 정신적으로 상처를 많이 받고 충격이 큰 쪽에서만 현침문이 나타나는 경우도 있다.

▶ 결혼 전에 오랫동안 사귄 애인이나 동거 등을 하다가 가슴 아픈이별을 했을 때도 이런 주름이 생긴다. 결혼 후에 사귄 애인과의 아픈 이별도 해당된다. 현침문은 한번 생기면 수십 년의 세월이 흘러도 없어지지 않는다.

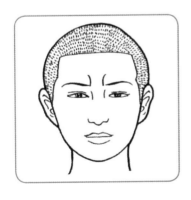

인당에 생기는 주름 중 현침문과는 달리 깊고 뚜렷하게 보이는 주름이 있다.

이 세로 주름이 생기는 원인은,

▶ 자신의 배짱과는 다르게 일이 오랜 세월에 걸쳐 진행될 때 생긴다.

▶ 사고방식이 지나치게 고지식하고 완고한 사람한테 나타나기도 한다.

▶ 반성심도 있고 사려가 깊은 면도 있다.

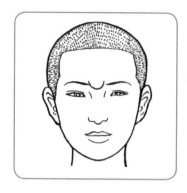

인당에 생긴 한 가닥 혹은 두 가닥의 가로 주름

▶ 큰 병치레를 한 과거가 있거나 가난으로 인해 매우 힘든 세월을 보낸 경험이 있다.

▶ 경험으로 인한 세상 이치에 밝다.

▶ 남의 부탁을 잘 거절하지 못하고 남의 일을 잘 돌보며 떠맡아 고생하기도 한다.

누당의 세로주름

▶ 자녀에 의한 고민이 있다.

▶ 불효하는 자녀가 있다.

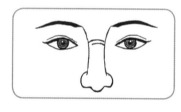

산근에 생긴 주름

▶ 가로로 뚜렷하게 생긴 주름이 있으면, 남의 위에 서서 아랫사람이나 주변 사람들을 돌봐주거나 도와줘야 하는 일이 자주 발생한다.

▶ 장남 혹은 자녀가 직업이나 결혼 때문에 부모와 떨어져 생활할 주름이다.

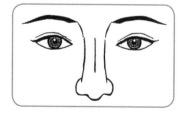

콧대 중앙의 세로주름

▶ 부부가 이별한다.

▶ 노년이 고독하다.

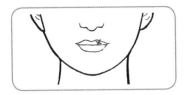

윗입술에 X주름
▶ 구설수가 따른다.

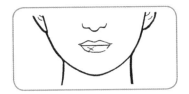

아랫입술의 X주름
▶ 관재구설수가 있다.

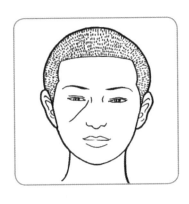

눈머리에서 아래로 비껴 내려온 주름
▶ 재산상의 손실이 있다.
▶ 구설수와 관재가 따른다.

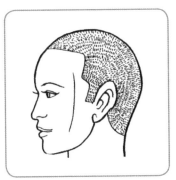

옆얼굴에 난 긴 세로주름
▶ 숨겨둔 자녀가 있다.
▶ 부부 사이에 불화가 잦다.
▶ 배우자와의 생·사별한 주름.
▶ 두 번 결혼한다.

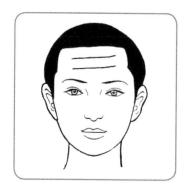

1) 끊어지지 않은 두세 줄의 주름

▶ 혈육이나 주변 사람들의 덕을 많이 받는다.

▶ 성실한 노력가다.

▶ 자수성가 능력이 있다.

▶ 인내심이 강하고 끈기가 있다.

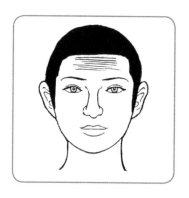

▶ 가느다란 주름이 여러 가닥인 이마는 친인척 등 주변에 늘 챙겨주고 도와줘야 할 사람들이 꼬인다.

▶ 깊지 않은 잔주름이 여러 가닥 그어진 이마가 있으면 남을 도와주든가, 자질구레한 일까지 신경 써줘야 할 사람들이 주변에 많이 생기는 주름이다.

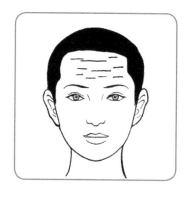

▶ 여러 가닥으로 어지럽게 끊어진 주름은 육체적으로나 심적으로 갈등을 많이 겪은 세월을 살았다.

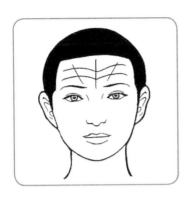

2)열십자 주름

▶ 한 곳에 정착치 못하는 방랑 기질이 있다.

▶ 교통사고 등 돌발 사고에 주의해야 한다.

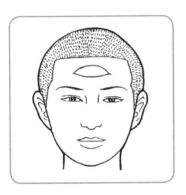

▶ 이마 부위에 기다란 눈 형상의 주름이 있으면 세상에 명성이 자자하게 된다.

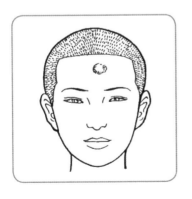

▶ 이마에 혹 같은 것이 생겨 없어지지 않으면, 부모에게 해롭고 자신의 하는 일 역시 막히며 갑작스런 사고를 조심해야 한다.

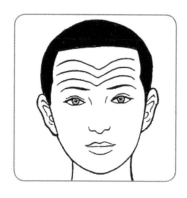

3) 갈매기가 나르듯 끝이 위로 향한 주름

▶ 사색이 깊고 철학적이다.

▶ 탈속 성향이 강하다.

▶ 종교가나 예술가 상이다.

▶ 당사자도 노력가지만 주변 사람들의 인
  덕을 많이 받을 주름이다.

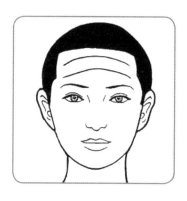

4) 끝이 아래로 내려간 주름

▶ 관찰력과 분석력이 뛰어나다.

▶ 진취성이 있고 발전적이다.

▶ 매사에 신중하고 진지하며 성실하다.

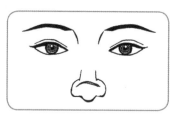

준두에 생긴 가로 주름

▶ 자식과의 인연이 멀다.

▶ 이성 때문에 재산상 손해를 본다.

▶ 하는 일에 어려움이 생기는 등 운수가
  나쁘다.

▶ 남자는 법적인 문제가 발생해 큰 타격
  을 받을 가능성도 있다.

3 점

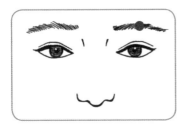

▶ 눈썹의 큰 점은, 자존심이 강하고 부모 혹은 형제 등 혈육과의 정이 그리 깊지 못하다. 흉터 역시 마찬가지다.

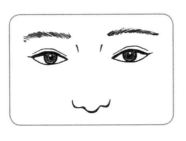

눈썹의 작은 점

▶ 자존심이 강하다.

▶ 머리가 총명하다.

▶ 예능방면의 감각이 발달해 있다.

▶ 사람들로부터 인기를 많이 받는다.

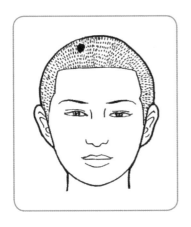

▶ 머리카락 속에 있는 점은 좋은 점이다. 그것이 정수리에 가까울수록 귀하다.

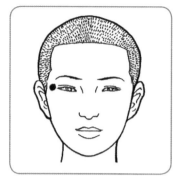

▶ 눈 꼬리부근의 점이나 흉터 혹은 세로주름이 있으면, 부부가 이혼하는 상이다.

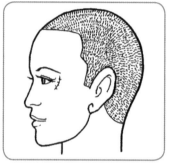

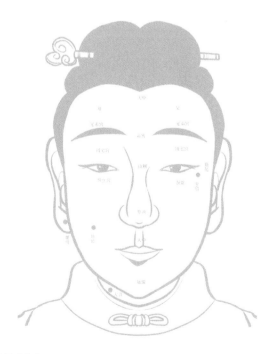

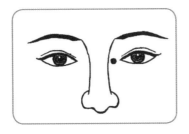

눈과 눈 사이의 점이나 흉터

▶ 부부를 포함한 남녀 애정문제에 커다란
문제가 발생한다.

여성이 이 부위에 점이 있으면,

▶ 성욕이 강한 편이고 정조를 지키지 못
하고 간통할 가능성도 있다.

▶ 결혼하지 않은 여성이라면 유부남과의
사랑에 빠질 수 있고 결혼한 상태라면
외간 남자와 불륜에 빠진다.

▶ 이 점이 눈머리에 가까울수록 연하의
남자를 사랑한다.

남성이 이 부위에 점이 있을 경우,

▶ 결혼하지 않은 남성이면 유부녀와의 사
랑에 빠질 것이고 결혼한 남성이라면
외간 여자와 깊은 사랑을 한다.

▶ 남녀 공히 이곳에 생긴 흉터는, 점보다
는 그 강도가 크지 않지만 그래도 역시
영향이 있다.

▶ 이 부위에 점이나 흉터가 있으므로 해
서 위나 장 등 소화기 계통에 만성질환
이 있는 등 기능이 약간 약할 수 있다.

▶아래 속눈썹의 점이 있으면 불륜에 빠질 점이다.

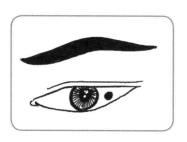

▶눈의 흰자위에 검은 점이 있으면 남자는 총명하고, 여성은 부정한 사랑을 한다.

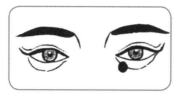

누당의 점
▶시기심과 질투심이 많다.
▶이성과의 갈등을 일으키는 점이다.

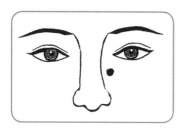

산근 옆의 점
▶남에게 지기 싫어하는 오기가 강하다.

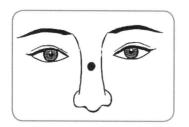

연수에 찍힌 점
▶소화기 계통이 약하다.

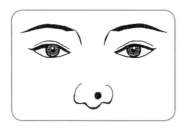

▶ 준두의 점이 있으면 배우자 혹은 이성 관계에서 색난의 징조가 있다.

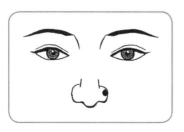

난대(콧방울)의 점

▶ 부모 중 한쪽과 인연이 멀다.
▶ 중년 무렵에 사귄 이성과의 불륜으로 법적인 문제가 발생하거나 재산상 큰 손해를 볼 가능성이 있다.

▶ 중년엔 방랑 기질이 나타날 가능성이 있다.
▶ 남성에겐 치질이, 여성도 생리불순이나 치질이 있겠다.

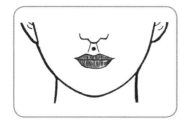

인중의 점

▶ 이성 혹은 배우자 때문에 마음고생을 많이 하거나 부부 이별 운이다.
▶ 성 기능 등 자궁에 장애가 생긴다.
▶ 다른 사람 아이를 입양하거나 양자를 둘 가능성이 있다.

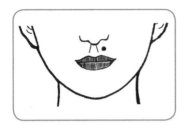

식궁의 점

▶ 이성 때문에 어려움을 많이 겪고 결혼
　운도 그다지 좋지 못하다.
▶ 여성은 초혼이 썩 좋지 못하고 난산을
　할 가능성이 있다.
▶ 남을 돌보다 손해를 본다.
▶ 본인이나 배우자의 교통사고를 조심해
　야 한다.

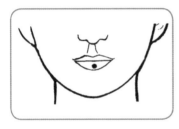

입술의 점

▶ 말에 의한 구설수를 조심해야 한다.
▶ 지나친 음주 조심.
▶ 여성의 아랫입술 점은 남자에 의한 고
　통이 있겠고, 냉증과 냉감증을 조심해
　야 한다.
▶ 남성은 물에 의한 사고 조심. 소화기 계
　통 약간 약함.

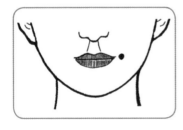

구각의 점

▶ 초혼이 썩 좋지 못하다.
▶ 남자는 물에 의한 사고나 교통사고를
　조심해야 한다.
▶ 자녀 중 유난히 속을 썩이는 아이가 있
　을 수 있다.

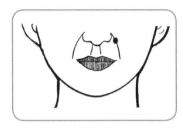

법령의 점

▶ 한쪽 부모와의 인연이 먼 상이다.

▶ 중년 이전까지는 고난이 있을 상이다.

▶ 급격한 직업의 변화가 있을 상이다.

▶ 치질 조심.

▶ 다리나 무릎 관절이 약간 약하다.

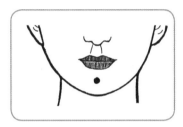

▶ 승장에 점이 있으면 술 등 음식에 의한 중독 조심.

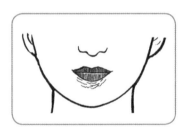

▶ 아랫입술 밑의 주름은 물에 의한 피해를 주의해야 한다.

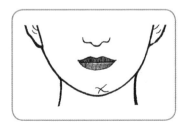

▶ 턱에 생긴 X 주름이 있으면 주거가 불안하다.

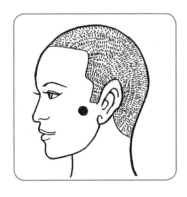

명문과 그 부근의 점

▶ 배우자의 갑작스런 사고 조심.

▶ 혈액순환 계통의 건강 조심할 것.

▶ 소매치기나 도둑에 의한 재산상의 손실을 조심할 것.

▶ 남의 물건을 탐하지 말 것.

▶ 자녀 중 유난히 속을 썩이는 아이가 있을 가능성이 있다.

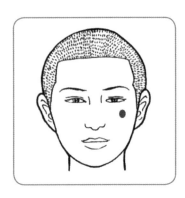

광대뼈의 점

▶ 반항심이 강하고 반골 기질이 있다.

▶ 주변이나 사회적으로 파란을 일으키는 점이다.

▶ 본인이나 배우자의 혈액순환 계통이 약하다.

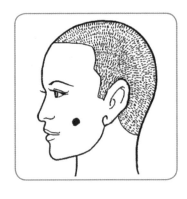

볼의 점과 보조개

▶ 여성은 자유 분망한 나머지 가정 내에서 살림만 하기보다는 바깥으로 나돌아다니는 기질이 강하다.

▶ 남성은 중년 이후에 방랑 기질이 나타날 가능성이 있다.

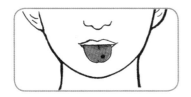

▶ 혀에 검은 점이 있으면 거짓말을 많이 하는 실없는 사람이다.

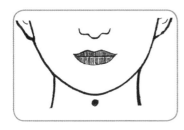

목의 정면에서 보이는 점

▶ 부부 사이가 나빠서 헤어지는 점이다.

▶ 남편에게 점이 있으면 부인을 힘들게 하고 부인에게 점이 있으면 남편을 괴롭힌다.

▶ 갑작스런 사고 주의해야 한다.

▶ 대인관계는 원만하지만 부부 사이는 나쁘다.

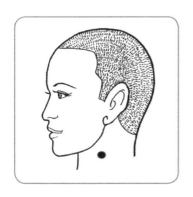

▶ 목 옆의 점이 있으면 정력적이고 색정이 깊다.

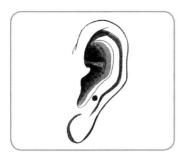

▶ 귀의 점이 있으면 총명, 부귀, 효도의 뜻이 있는 좋은 의미의 점이다.

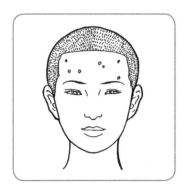

나이가 먹어서 생기는 얼굴의 여드름 (반점)

▶ 이마의 붉은 반점
▶ 법적인 다툼 조심.
▶ 소화기 계통의 일시적 질병 조심.

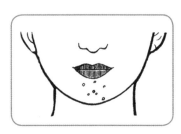

턱 부위의 붉은 반점

▶ 간 기능이나 소화기 계통의 일시적 약화.
▶ 거주하는 집이나 방에 정신적으로 불안
　하게 만드는 일이 생겨 방의 위치를 바
　꾸든지 이사를 고려할 일이 생김.

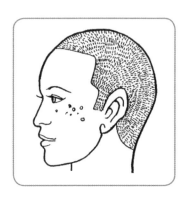

광대뼈의 붉은 반점

▶ 본인으로인해 주변에 시끄러운 일이 발
　생하던가 다툼 조심.
▶ 직업에 변화가 생김.

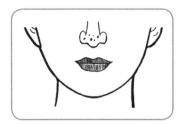

준두의 붉은 반점

▶ 이성 때문에 고민스런 일이 생김.
▶ 금전적 손실이 있음.
▶ 하는 일의 운기가 막히는 시기.

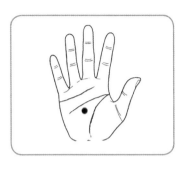

손바닥 점

▶ 손바닥의 점은 건강이나 남녀 애정 문제에 나쁜 영향을 끼친다.

▶ 여자는 남자에 의해 정신적 고통을 당하던가 이성관계가 매끄럽지 않다.

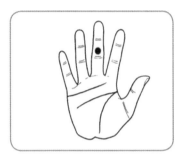

▶ 손가락에 점이 있으면 지혜롭고 손재주가 있다

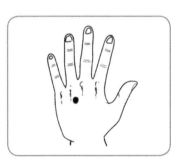

▶ 손등에 점이 있으면 부지런하고 손재주가 있다.

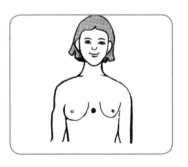

▶ 가슴에 점이 있으면 귀한 자녀를 둔다.

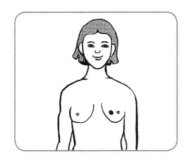

▶ 유방에 점이 있으면 난산할 가능성이 있고 모유가 잘 안 나온다.

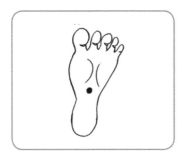

▶ 발바닥 점에 점이 있으면 사람들 위에 서는 좋은 점이다.

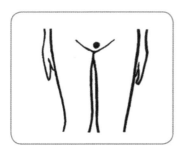

성기의 점

▶ 귀한 자식을 둔다.

▶ 장수할 상이다.

남자 얼굴 주요명칭

Part
06

남녀의 여러가지 품격

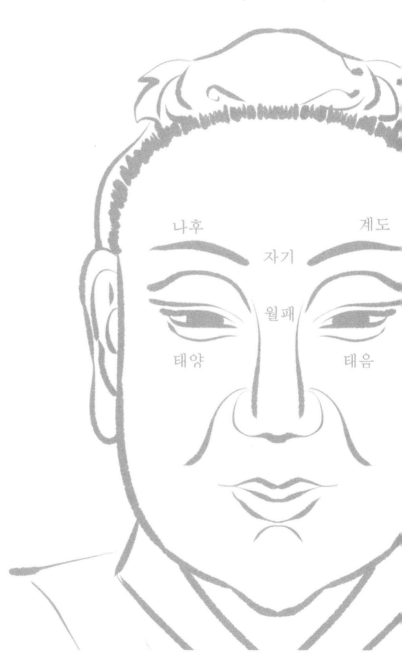

육요六曜

1. 귀하고 착실한 품격의 상

▶ 얼굴이 둥글둥글하고 넉넉하게 생겼으면 따르는 사람들이 많고 말 한마디에 백 사람이 동의한다.

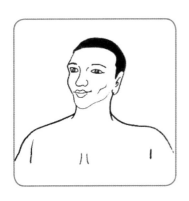

▶ 몸은 뚱뚱한데 얼굴이 마른 사람은 성격이 느긋하고 수명이 길다.

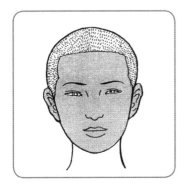

▶ 얼굴색은 거무스레한데 몸통이 흰 사람은 성격은 까다롭지만 귀하다.

▶ 얼굴은 울퉁불퉁 거친 듯 보이지만 몸집은 섬세하고 고우면 복이 따른다.

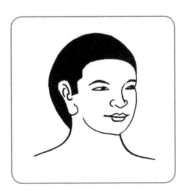

▶ 머리가 둥글고 목이 짧으면 부를 누린다.

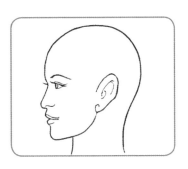

▶ 이마가 평평하고 뚜렷하면 귀하게 된다.

▶ 눈썹이 뒤엉키지 않고 윤기가 흐르면 신용이 있는 착실한 사람이다.
▶ 눈길이가 길고 눈빛이 맑으면 귀하게 되고, 코가 둥그스름하게 생겼으면 부귀하고 수명이 길다.

팔자눈썹

▶ 눈썹이 여덟 팔자로 생기면 타인과 화합을 잘하고 복이 있다.

세로 주름이 많은 입술

▶ 입술에 붉은 색이 나고 윤곽이 뚜렷하면 이름 있는 부인이 된다.

▶ 입술이 붉은색이면 남편에게 도움을 준다.

▶ 입술에 세로주름이 많으면 아들이 많다.

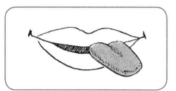

▶ 혀가 연꽃처럼 붉으면 현숙한 부인이 된다.

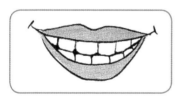

▶ 치아가 석류알처럼 희고 또렷하면 이름을 알린다.

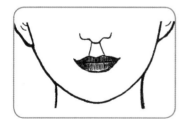

▶ 인중이 길고 넓으면서 곧으면 아들을 많이 둔다.

윤기가 흐르는 누당

▶ 눈 아래 누당에 윤기가 흐르면 자녀에게 복이 있다.

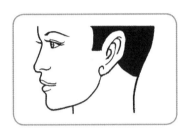

▶ 귀가 두텁고 불그스레한 색깔이면 귀하게 된다.

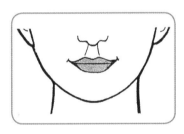

▶ 뺨과 턱에 살이 두둑하면 부와 귀함이 있다.

▶ 머리카락 가늘기가 실 같고 피부가 부드러우면 귀하다.

▶ 웃을 때 눈이 감기는 여자는 남과 화합할 줄 아는 여자다.

▶ 말수가 많지 않고 목소리가 맑아서 흐르는 샘 같은 여자는 귀한 상이다.

▶ 웃을 때 치아가 드러나지 않는다.

▶ 몸을 움직일 때 성급치 않으면서 앉고 일어설 때의 행동이 단정하다.

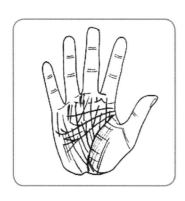

▶ 손가락이 가늘면서 손바닥이 두텁고 손금에 실금처럼 가는 선들이 많으면 사려심과 배려심이 많다.

▶ 손바닥이 붉고 부드러우면 부유하고 복이 많다.

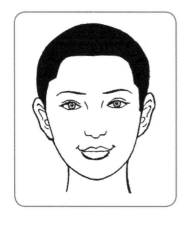

▶ 눈빛이 따뜻하고 맑으며 피부에 윤기가 있다.

▶ 성격이 성급치 않고 부드러우면 복이 많고 장수한다.

▶ 눈빛이 안정돼 있고 얼굴색이 밝으면 절개가 곧다.

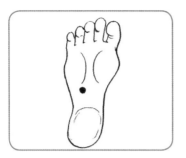

▶ 발바닥에 사마귀가 있으면 귀하게 되고 배우자에게 도움을 준다.

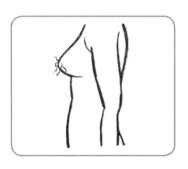

▶ 젖꼭지 부근에 돌돌 말리는 털이 있으면 귀한 자녀를 둔다.

▶ 기본 골격이 잘 갖추어져 있고 눈빛과 몸에서 은은한 광채가 나서 위엄 있게 보인다.

▶ 눈썹 숱이 뒤엉키지 않고 바르게 잘 나 있으며 눈썹에서 윤기가 흐른다.
▶ 피부에 윤기가 흐르면서 밝은 복숭아 빛이 돈다.

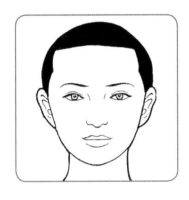

▶ 말과 행동이 무겁고 진실하다.

▶ 이마, 턱, 코, 광대뼈가 두텁고 너그러워
  서 조화를 잘 이루고 있다.

▶ 행동에 안정감이 있고 평평한 냇가에
  물이 흐르는 듯한 목소리를 가졌다.

▶ 표정이 온화하고 정감이 흐른다.

觀
相이

四
柱
八字다

2. 부자가 될 상

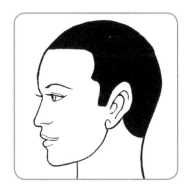

▶ 귀의 살이 두텁고 이마가 둥글다.
▶ 흘겨보지 않고 시선이 바르다.

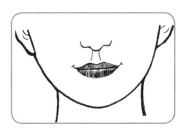

▶ 인중의 골이 바르고 분명하면 성격도 바르다.

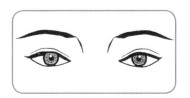

▶ 눈썹 숱이 뒤엉키지 않고 바르게 잘 나 있으며 눈썹에서 윤기가 흐른다.

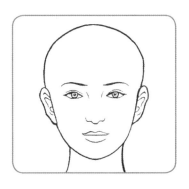

▶ 피부에 윤기가 흐르면서 밝은 복숭아 빛이 돈다.
▶ 성품이 부드럽고도 힘이 있는 듯 하다.
▶ 광대뼈와 콧대에 살이 감싸고 있고 바르다.
▶ 몸이 아담하고 태도가 분명하다.

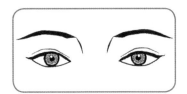

▶ 눈동자의 흑백이 또렷하고 눈빛이 맑다.

흘겨보는 눈

▶ 사물을 바라볼 때 곁눈질이나 흘겨보지 않고 아름다우면서 위엄이 풍긴다.

▶ 걸음걸이가 부드럽다.

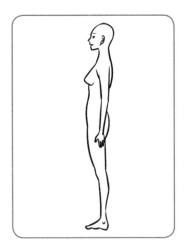

▶ 몸이 약간 마른 듯하다.

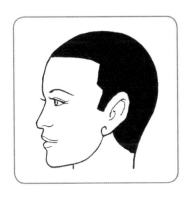

▶ 귀의 살이 두텁고 이마가 둥글다.

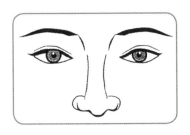

▶ 콧대가 휘어지지 않고 똑 바르다.

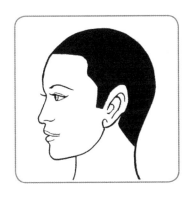

▶ 머리카락 숱이 짙다.
▶ 목소리가 맑게 울린다.

3. 고독하거나 단명할 상

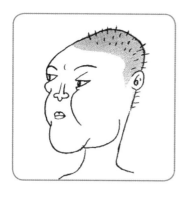

▶ 골격이 가늘고 약하면서 살만 찐 사람은 수명이 그리 길지 않다.

▶ 몸은 말랐는데 얼굴은 살찐 듯 뚱뚱해 보이면 성격이 급하고 수명이 길지 못하다.

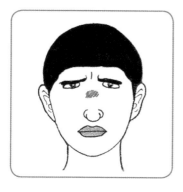

▶ 콧대가 낮고 눈썹과 눈이 붙어 있으며 인중이 짧은 사람은 수명이 그리 길지 않다.

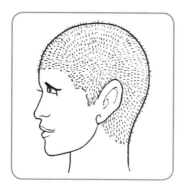

▶ 이마가 좁으면서 머리카락 난 부분이 많이 차지하면 빈천하다.

▶ 목을 똑 바로 가누지 못하고 얼굴이 삐뚤어져 있는 사람은 고독하고 수명이 그리 길지 않다.
▶ 눈빛에 집중력이 없어 보이고 흩어진 사람은 수명이 그리 긴 편이 아니다.

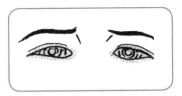

▶ 눈에 정기가 없으면 장수하지 못한다.
▶ 눈이 탁해서 흑백이 분명치 않은 사람은 고독하고 수명이 그리 긴 편이 아니다.

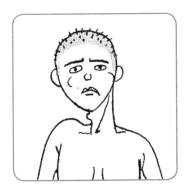

▶ 머리와 몸의 생김이 바르지 않고 어딘가 삐뚤어진 듯 보이면 고독하고 수명이 그리 길지 않다.

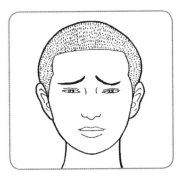

▶ 눈썹 생김이 누운 달 같으면 고독하다.

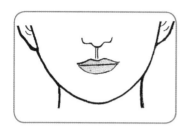

▶ 인중의 골이 매우 좁으면 자식이 적거
나 없다.

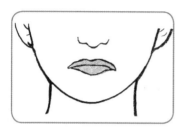

▶ 입은 큰데 탄력이 없고 늘어진 느낌의
입모양이면 가난하게 살고 세 번 시집
간다.

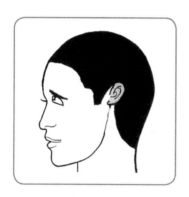

▶ 귀가 작으면서 색깔이 거무름하면 가난
하게 살며 수명도 짧다.

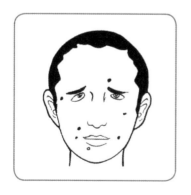

▶ 얼굴에 사마귀 같은 점이 많으면 고독
하게 산다.

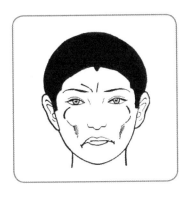

▶ 얼굴이 늘 일그러지게 보이고 이마가 좁으면 빈천하게 산다.

▶ 목이 가늘면서 길면 남편에게 해롭다.

▶ 말할 때 한숨을 내쉬며 탄식을 하는 습관을 가진 사람은 가난하다.

▶ 입을 가리고 웃는 사람은 다른 사람의 사정을 돌볼 일이 많다.

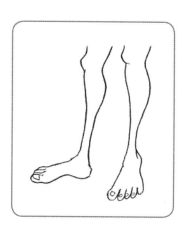

▶ 발은 큰데 다리가 가늘면 가난하게 살면서 몸만 바쁘다.

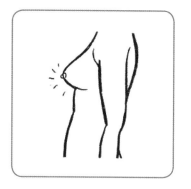

▶ 젖꼭지가 작으면 자식도 없고 재물도 적다.
▶ 젖꼭지가 흰색이면 자식이 없고 수명이 그리 긴 편이 아니다.

▶ 젖가슴은 큰데 엉덩이에 살이 없으면 남의 집살이를 하며 산다.

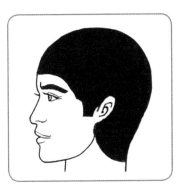

▶ 머리통에서 머리카락이 난 부위는 큰데 얼굴 면상이 작으면 고집이 세고 포용력이 없다.

▶ 허리가 개미의 허리처럼 잘록하면서 배꼽이 작고 뾰족 나온 사람은 가난하고 수명이 길지 못하다.

▶ 몸의 뼈는 가늘고 약한데 머리숱이 차
  지하는 부위가 큰 사람은 고독하고 수
  명이 그리 긴 편이 아니다.

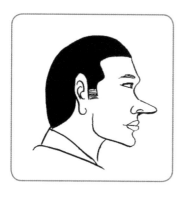

▶ 산봉우리같이 코만 홀로 우뚝 솟은 사
  람은 고독하다.

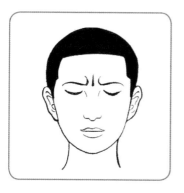

▶ 눈을 감으면 미간(인당)에 주름이 잡히
  는 사람은 고독하다.

▶ 눈썹 아래 전택궁에 거무스름한 그림자
  가 있는 사람은 천하고 고독하다.

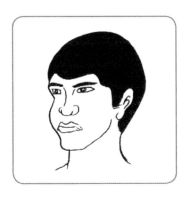

▶ 이마가 좁은 사람은 고독하다.

▶ 눈과 눈 사이가 우묵하게 들어간 사람
은 고독하다.

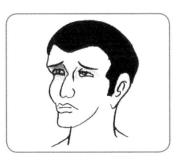

▶ 피부에 윤기가 없고 시들어 보이는 사
람은 고독하고 수명이 그리 긴 편이 아
니다.
▶ 몸이 찬사람은 포용력이 부족하고 고
독하다.

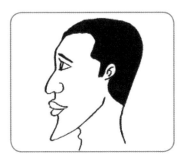

▶ 얼굴 턱이 뾰족하고 귀가 작은 사람은
고독하고 수명이 그리 긴 편이 아니다.

▶ 피부가 얇은 사람은 성격이 예민하고
가난하다.

주름이 없는 불알(음낭)

▶ 음낭(불알)에 주름이 없는 남자는 고독
하고 천하다.

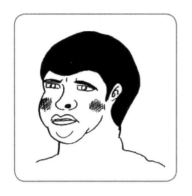

▶ 혈색은 좋은데 피부에 윤기가 없는 사람은 고독하고 수명이 그리 긴 편이 아니다.

▶ 배와 엉덩이에 살이 없는 사람은 고독하다.
▶ 배꼽이 작으면서 튀어나온 사람은 천하고 고독하다.

털이 없는 남자

▶ 남자의 몸에 털이 거의 없는 사람은 고독하고 천하다.

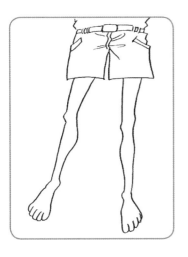

▶ 다리가 가늘어 쓸쓸한 느낌을 주는 사람은 고독하다.

▶ 학의 다리 같이 정강이가 휘어져있는 사람은 고독하고 장수상이 아니다.

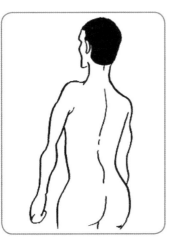

▶ 어깨나 등이 삐뚤어진 사람은 고독하며 장수상이 아니다.

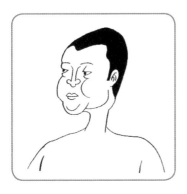

▶ 살은 많은데 뼈가 가는 사람은 고독하고 수명이 그리 긴 편이 아니다.

▶ 얼굴이 마르고 주름살이 많은 사람은 고독하고 수명이 그리 길지 못하다.

▶ 얼굴색이 늘 어두운 사람은 고독하고 수명이 그리 길지 않다.

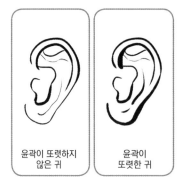

윤곽이 또렷하지
않은 귀

윤곽이
또렷한 귀

▶ 귀의 윤곽이 뚜렷치 않은 사람은 고독하고 수명이 그리 길지 않다.

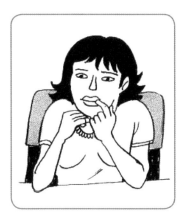

▸ 턱을 받치고 손톱을 씹는 버릇이 있는 사람은 고독하다.

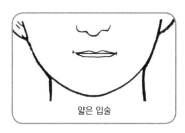

얇은 입술

▸ 입술이 창백하고 얇은 사람은 고독하고 수명이 그리 길지 않다.

▸ 혼잣말로 무언가 중얼 중얼거리는 사람은 고독하고 수명이 그리 길지 않다.

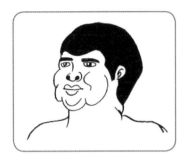

▶ 한숨을 쉬고 나서 기지개를 켜는 사람
은 고독하다.
▶ 뚱뚱하게 살이 찌고 머리카락 숱이 많
은 사람은 수명이 그리 길지 못하고 고
독하다.

붙어 있는 눈썹

▶ 눈썹이 눈을 가릴 정도로 붙어 있는 사
람은 고독하고 배려심이 없다.

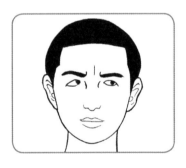

▶ 양미간에 희미한 세로 주름이 그어진
사람은 고독하다.

▶ 목소리가 작으면서 갈라진 음성이면 재
물이 적고 액운이 따른다.

▶ 바람에 흔들리는 버드나무 가지처럼 몸을 흔들며 걷는 사람은 천하다.

좁은 미간

▶ 두 눈썹이 붙어서 미간이 없는 듯 한 사람은 가난하고 고독하게 산다.

▶ 남을 보고 자신의 얼굴을 가리는 사람은 고독하다.

4. 천하거나 악한 상

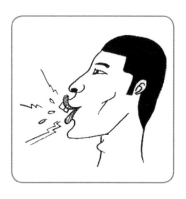

▶ 의욕은 있는 듯하나 행동이 단정치 못한 사람은 천하다.
▶ 입술이 젖혀지고 치아가 늘 드러나 보이는 사람은 천하다.
▶ 언어에 조심성이 없는 사람은 천하고 장수 상이 아니다.

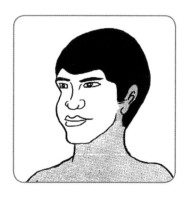

▶ 얼굴은 흰 데, 몸통은 거무스레하면 경솔하고 천하다.

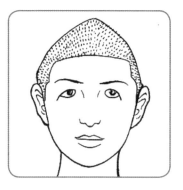

▶ 머리 정수리가 뾰족하면 천하다.

▶ 이마 가장자리 머리카락에 돌돌 말린 털(가마)이 있으면 결혼해서 액운이 닥친다.

▶ 얼굴은 곱게 보이지만 몸집이 거칠게 생긴 사람은 고독하다.

▶ 이마가 작으면서 몸집은 지나치게 큰 사람은 고독하다.

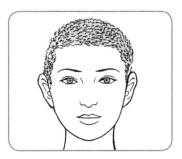

▶ 머리카락이 곱슬이고 색깔이 불그스름하거나 누르스름하면 가난한 하천배다.

▶ 머리카락이 늘 뒤엉켜 있고 양쪽 눈썹이 붙어 있으면 배우자에게 해로움을 주고 아이를 출산할 때 난산한다.

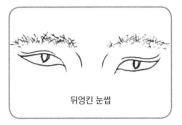

뒤엉킨 눈썹

▶ 눈썹 숱이 적으면서 뒤엉켜 있으면 성격이 삐뚤어져 있고 재혼을 하게 되며 자녀와의 인연이 멀다.

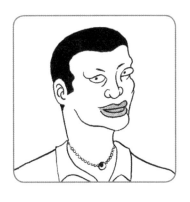

▶ 눈이 톡 불거져 나왔으면서 사백 안이면 성격이 포악스럽고 배우자를 해롭게 한다.

▶ 눈이 우묵하게 들어가 있고 흘깃 흘깃 흘겨보는 사람은 음흉하고 간사스러운 성격으로 배우자에게 해롭고 사이도 나쁘다.

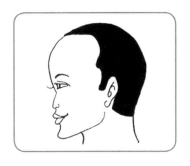

▶ 이마는 큰데 코가 작고 납작한 사람은 고독하고 천하다.

▶ 누당에 윤기가 없고 건조하면 자녀에게 해롭다.

▶ 눈동자가 드러난 눈에 광채가 있고 입이 크며 눈동자가 누르끼리 한 색깔 있는 사람은 성격상 문제가 있고 배우자에게 해롭다.

▶ 머리를 들고 흘끔흘끔 곁눈질로 남을 보는 여자는 화류계 여자가 된다.

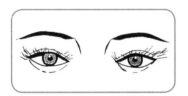

▶ 눈 위에 가는 실금이 많으면 배우자와 자녀에게 해롭다.

눈자위의 실핏줄

▶ 붉은색의 실핏줄이 흰자위에 나 있으면 이성 때문에 법적인 문제가 발생하거나, 임산부일 경우 출산할 때 자신이나 아이에게 해롭다.

▶ 콧대가 낮고 굴곡이 있으면서 들창코 여자는 성품이 악독하고 가난하면서 천하게 살 사람이다. 혹은 중년 무렵 부부 사이에 파란이 일어난다.

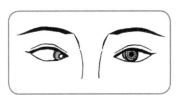

▶ 눈동자가 사팔뜨기면 교활하고 욕정이 많아서 이성 때문에 말썽이 일어난다.

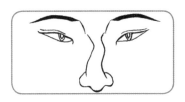

▶ 코에 살이 없어 뼈가 드러나 보이고, 콧대가 삐뚤어져 있으면 성품이 악독하고 천하다.

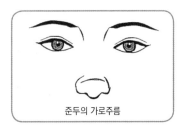

준두의 가로주름

▶ 콧잔등에 가로주름이 있으면 젊어서 배우자를 잃는다.

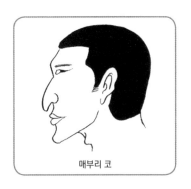

매부리 코

▶ 코끝이 뾰족한 매부리코의 소유자와 코끝이 뾰족한 사람은 포용력이 없고 매정하며 이기적이다.

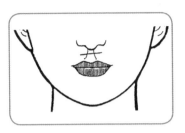

▶ 인중에 가로 주름이 있으면 배우자를 잃는다.

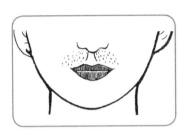

▶ 인중 부근에 수염이 그무스레 난 여자는 성격이 완악하고 과부가 된다.

▶ 턱이 뒤로 들어가 있으면서 짧고 광대뼈가 높으면 배우자를 잃는다.

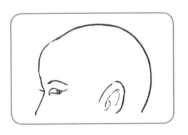

▶ 양쪽 이마가 불거져 높으면 심술이 많다.

▶ 입이 불을 부는 것처럼 툭 튀어나오면 홀로되어 고독하다.

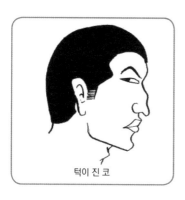

턱이 진 코

▶ 콧대가 바르지 못하고 턱이 진 사람은 포용력이 없고 완고하다.

▶ 입술이 얄팍하면서 뾰족하게 생겼으면 남의 눈총을 받으며 산다.

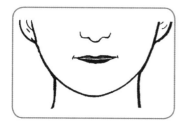

▶ 입술이 얇아서 한 일자로 그은 것처럼 생긴 사람은 성격이 매정하고 하천배다.

▶ 입술이 용의 주둥이처럼 튀어나온 여자는 남편을 죽이고 자신도 악하게 죽는다.
▶ 입술이 젖혀지고 앞 치아가 늘 드러나 있는 사람은 배우자에게 해롭고 자신도 액운이 닥친다.

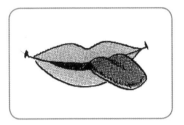

▶ 입술색이 푸르스름하고 혀가 거무스름하면 음란하게 색을 밝히는 하천배다.

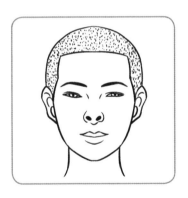

▶ 들창코를 가진 사람은 성격이 급하고 하천하다.

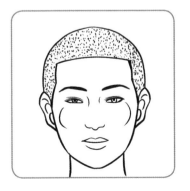

▶ 얼굴에 광대뼈만 툭 불거져 치솟은 사람은 마음 씀씀이가 불량하고 배우자에게도 해롭다.

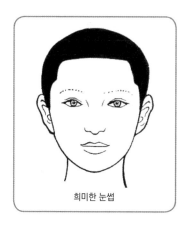

희미한 눈썹

▶ 눈썹이 없는 사람은 의리도 없고 성격이 교활하며 나중에 고독하게 된다.

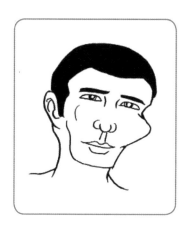

▶ 광대뼈가 한쪽은 낮고 한쪽은 높은 사람은 한쪽 부모와의 인연이 멀고 천하다.

▶ 튀어나온 광대뼈에 비해 턱이 짧은 사람은 이기적이고 고독하다.
▶ 턱이 뾰족하고 광대뼈가 옆으로 뻗어 있으면 변덕이 심하고 천하다.

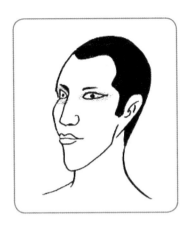

▶ 얼굴이 길쭉하고 눈에 흰자위가 많은 사람은 성격이 악독하고 교활하다.

▶ 얼굴이 길고 눈이 움푹 들어간 사람은 음흉하다.

▶ 뱀 같은 눈길로 보는 사람은 교활하고 거짓이 많다.

▶ 눈 주변에 살이 감싸지 못하고 뼈가 드러나 있고 눈빛이 날카로운 사람은 이기적이고 매정하다.

▶ 성품이 교활하면서 목소리가 커다란 여자는 성격이 사납고 강해서 결혼에 실패한다.

▶ 목소리가 시원하게 트이지 못하고 거친 느낌의 여자는 뜻밖의 사고를 주의해야 한다.

▶ 소리가 크면서 목소리에 따뜻한 기운이 없으면 남편에게 해롭다.

▶ 쥐의 눈 같이 생긴 눈으로 두리번 거리며 보는 사람은 거짓과 잔꾀가 많으며 교활하다.

곁눈질하는 눈

▶ 곁눈질로 흘끔흘끔 사물을 보는 사람
은 사기와 거짓이 많고 도둑놈 심보를
가졌다.

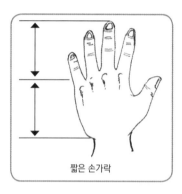

짧은 손가락

▶ 손가락이 짧고 굵으면 고생하며 사는
하천배다.

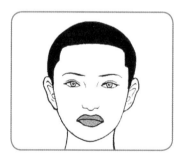

▶ 입이 지나치게 큰 사람은 고집이 세고
하천하다.

▶ 심성이 거칠어 남성화된 여자는 고독하
고 천하다.

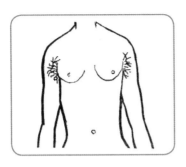

▶ 겨드랑이에 돼지털처럼 억센 털이 난
  여자는 음욕이 강하고 천하다.

▶ 피부가 거칠고 뼈마디가 거친 여자는
  부부 사이에 이별운이 있고 인생이 힘
  들어진다.

▶ 앉아서 무릎을 흔드는 사람은 음란한
  마음이 넘치는 사람이다.

▶ 눈은 큰데 검은 눈동자가 작은 사람은
  교활하고 이기적이다.

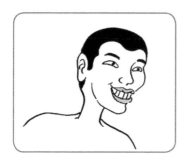

▶ 치아가 크고 목이 가는 사람은 음욕이 강하고 천하며 나중에 고독하게 된다.

▶ 얼굴이 길고 입이 큰 사람은 완고하고 교활하며 악하다.

▶ 입술이 젖혀지고 늘 치아가 드러나 있는 사람은 배우자에게 해롭다.

▶ 뱀처럼 곁눈질하면서 행동이 참새처럼 촐싹대는 여자는 가난하고 천하게 산다.

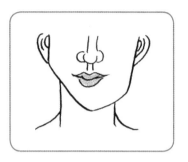

▶ 아래턱이 삐뚤어진 사람은 거짓이 많고 삐뚤어진 심성을 가졌다.

▶ 광대뼈가 치솟아 있고 엉덩이가 큰 여자는 남편에게 해롭다.

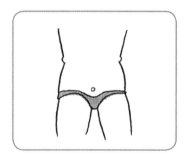

▶ 배꼽이 성기에 가깝게 있으면서 튀어나온 사람은 고독하고 천하다.

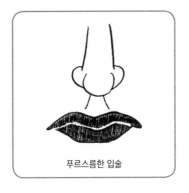

푸르스름한 입술

▶ 입술이 푸르스름하게 녹슨 것처럼 보이는 사람은 거짓이 많고 음흉 스러우며 천하다.

▶ 엉덩이가 삐뚤어지고 턱이 없는 사람은 고독하고 천하다.
▶ 엉덩이를 흔들며 뒤뚱뒤뚱 오리같이 걷는 사람은 고독하고 천하다.

깡충 깡충

▶ 참새 같이 깡충깡충 걷는 사람은 경솔하고 천하다.
▶ 뱀처럼 행동이 은밀하고 참새처럼 폴짝폴짝 걷는 사람은 음흉하면서 경솔하다.
▶ 몸은 비록 아담한 듯 보이지만 말과 행동이 경솔하면 천하다.

▶ 목을 옴츠리고 혀를 내미는 버릇이 있는 사람은 천하다.

▶ 말이 울듯 웃는 사람은 천하다.

▶ 목소리에 무게가 없고 가볍게 들리면 경솔하고 천하다.

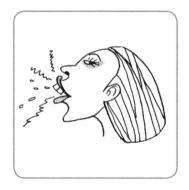

▶ 웃음이 헤프고 입술이 실룩거리는 사람은 경솔하고 천하다.

▶ 눈 주변에 불그스름한 도화빛이 돌면 음욕이 강하고 천하다.

5. 관상에 좋은 면과 나쁜 면이 뒤섞여 있다

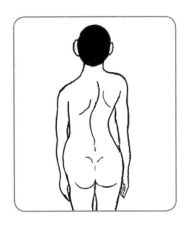

▶ 머리가 비록 둥그스름해서 좋은 듯하지만 허리가 구부러져 있다면, 활동력에서 문제가 있다.

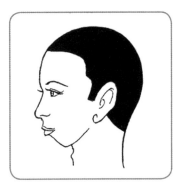

▶ 이마는 넓고 번듯하게 생겼으나 턱이 뾰족하다면, 이는 사회성과 순발력이 있어서 좋지만 자칫 경솔하게 비치면서 신뢰감이 떨어지는 사람이라고 볼 수 있다.

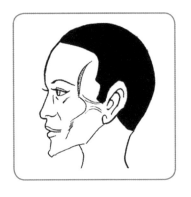

▶ 뼈는 탄탄하게 생겼지만 살이 감싸주지 못하다면, 의욕과 추진력은 좋지만 은근함이 부족하다.

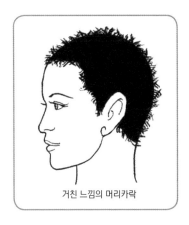

거친 느낌의 머리카락

▶ 머리카락이 검고 숱도 적당하지만 윤기가 없고 거친 느낌이 든다면, 이는 현재 운이 좋지 못하고 영양상태도 나쁘다.

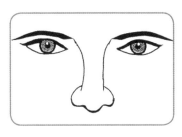

▶ 눈 길이가 길어서 관상적으로 하자 없어 보이지만 눈썹이 딱 붙어서 눈을 짓누르는 듯하면, 사고방식과 일처리에서 치밀하고 완벽해서 좋지만 주변과 융합하고 포용하는 데 문제가 있다.

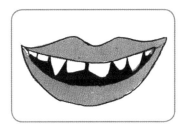

▶ 입술이 도톰하면서 반듯하고 색깔도 좋지만 치아가 고르지 못하다면, 어렸을 때 병약했거나 성격에 문제가 있다고 볼 수 있다.

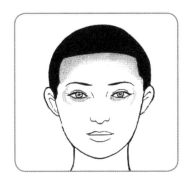

▶ 얼굴에 살이 잘 감싸서 좋은 듯 보이지만 피부색이 창백하거나 거무스름하다면, 이는 현재 운이 막혀있다.

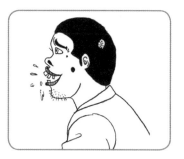

▶ 목소리는 화창하게 밝은 듯 하지만 사람이 어리석어 보인다면, 현재 일시적으로 기분이 상승되어 있어서 상대방을 착각하게 만든다.

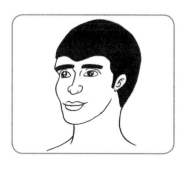

▶ 눈빛이 맑지만 주변 상황을 구분 못하는 사람이라면, 바탕 심성은 착하지만 일에 대한 추진력과 도전정신, 진취성이 떨어지는 사람이라고 볼 수 있다.

▶ 앉아 있는 모양은 단정하지만 음식을 질질 흘리며 먹는다면, 단정하게 보이는 것은 일시적 착시 현상일 수 있고 아니면 현재 긴장되고 당황한 상태라고 볼 수 있다.

▶ 사람의 얼굴이 비록 잘 생기지 않았더라도 눈빛이 살아 있고 피부색이 좋다면, 그 사람의 현재 운세는 좋다.

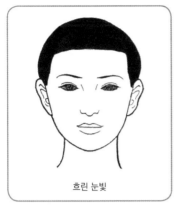

흐린 눈빛

▶ 눈이 길고 생김에서 큰 하자가 없는 듯 보이지만 맑음이 적고 눈빛이 살아 있지 못하다면, 이는 현재 집중력이 떨어져 있고 운이 나쁜 상태다.

탁한 눈빛

▶ 눈이 비록 크나 눈빛이 어둡고 탁하면, 관상적으로 좋은 눈이 아니다.

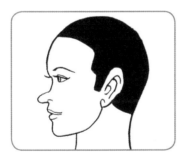

▶ 코가 비록 크나 콧마루를 내려오는 줄기가 중간에서 푹 꺼져 있다면, 질병에 약하거나 말년이 편치 못하다.

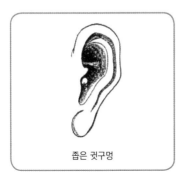

좁은 귓구멍

▶ 귀가 비록 크더라도 귓구멍이 얕으면 좋은 귀의 상이라고 볼 수 없다.

뒤엉킨 눈썹

▶눈썹이 눈에서 멀리 떨어져 전택궁이 훤히 열려서 시원해 보이지만 눈썹 숱이 뒤엉켜 있고 눈 길이보다 짧으며 윤기가 없다면, 이는 성격이 삐뚤어진 사람이다.

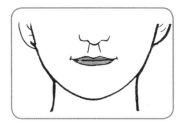

▶입이 크며 윤곽이 뚜렷하고 입술 색깔도 밝아서 관상적으로 일견 좋은 듯 보이지만 입술이 얇고 뾰족하다면, 이는 좋다고 볼 수 없다.

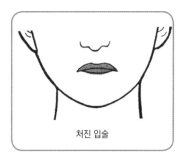

처진 입술

▶입이 크고 윤곽도 반듯하면서 도톰해 좋은 입이라고 착각할 수 있을지 모르나 입의 양쪽 가장자리(구각)가 아래로 축 쳐져 있으면, 긍정보다는 부정적 생각이 강하다.

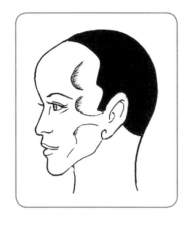

▶이마가 넓게 솟아 올라 있으나 살집이 없이 뼈만 드러난 듯 보인다면, 이는 포용력이 부족하고 화합에 서투른 사람이다.

▶목소리가 크고 우렁차 보여서 좋은 듯하지만 소리가 갈라지고 슬픈 느낌이 든다면, 불안정한 심리 상태든지 좋은 운이라고 볼 수 없다.

▶몸이 비록 장대해서 좋은 듯하지만 행동 거지가 위태로워 불안하다면, 이는 관상적으로 좋은 몸이라고 할 수 없다.

▶눈이 비록 작으나 길이가 길고 눈빛이 은은하게 살아 있다면, 좋은 눈이다.

▶코가 비록 작으나 준두가 암팡지게 생겼고 콧대가 힘차다면, 이는 순발력과 수완이 좋은 코다.

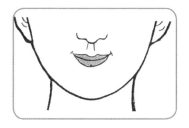

▶입이 일견 작은 듯 보이지만 입술이 도톰하면서 양쪽 가장자리(구각)가 위로 향하고 있다면, 긍정적이고 진취적인 입을 가진 관상이다.

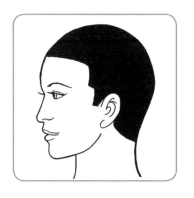

▶귀가 작은 듯하지만 암팡지고 단단하고 색깔이 밝다면, 현재 운이 좋다.

▶ 이마가 비록 좁은 듯 하지만 흠이 없이 매끈하다면, 무난한 이마다.

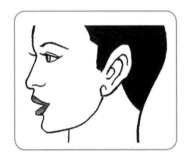

▶ 목소리가 비록 작지만 울림이 있고 발음이 또렷하다면, 자신이 있는 좋은 목소리라 할 수 있다.

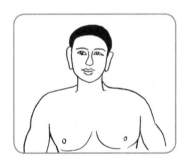

▶ 얼굴이 작아서 일견 오종종하게 보이지만 피부색이 밝으며 각 부위가 서로 유기적으로 짜임새가 있다면, 좋은 얼굴 관상이다.

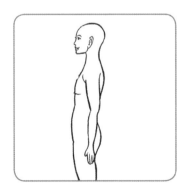

▶ 덩치가 비록 작지만 행동에 흐트러짐이 없고 단정하다면, 순발력이 있고 용의주도하다.

위의 여러 예에서 보듯이 신이 아닌 이상 인간이라면 누구나 단점과 장점이 뒤섞여 있다.

가난하게 살 관상의 소유자가 부유하게 산다면 수명이 짧은 사람도 있다. 반대로 가난하게 살아서 수명이 긴 사람도 있고, 귀하지만 가난하게 사는 운명도 있다.

또한 초년에는 부유하게 살지만 나이가 들수록 가난해지는 사람도 있고, 초년에는 가난했지만 세월이 흐를수록 부유해지는 관상도 있다.

그리고 초년에는 귀한 운이었지만 나중에 천하게 되는 사람도 있고, 초년엔 천하게 살았지만 후에 귀하게 되는 사람도 있다.

이런 상반되는 운을 정밀하고도 꾸준하게 관찰한다면 능히 미래를 예측할 수 있을 것이다.

장점과 단점이 뒤죽박죽 섞여 있는 인간의 얼굴들은 글이나 말로 일일이 다 설명할 수 없을 정도로 다양하고 폭이 넓기 때문에 이 숙제는 독자 각자가 오랜 세월 관찰하고 연구해서 풀어야 될 과제다.

6. 장수 할 상

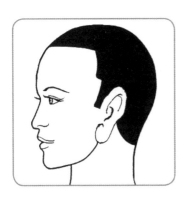

▶ 귀볼이 길게 늘어져 있다.

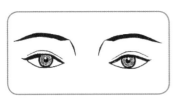

▶ 눈빛이 고요하고 안정감이 있다.

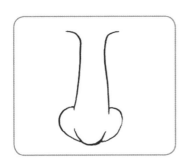

▶ 콧대가 살이 풍부하고 길다.

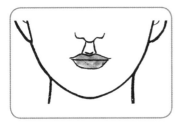

▶ 인중이 깊고 넓다.

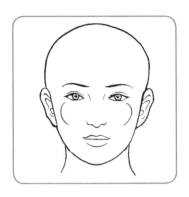

▶ 살이 감싼 광대뼈가 나오고 목이 든든
하다.

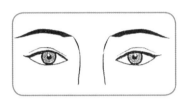

▶ 눈빛이 맑고 눈동자의 흑백이 분명하다.

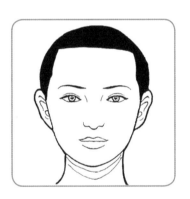

▶ 목소리가 탁하지 않고 가늘면서 맑고
울림이 있다.
▶ 목에 두 가닥의 실금이 있다.

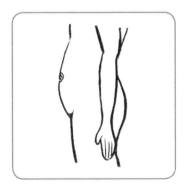

▶ 뱃가죽 살이 넉넉하다.
▶ 앉은 자세가 흐트러짐이 없고 단정하다.

7. 부자가 될 상

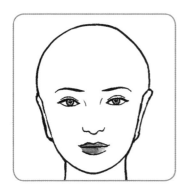

▶ 귀가 전면에 드러나지 않고 볼에 착 붙었다.

▶ 입술이 얇지 않고 약간 두터운 편이다.

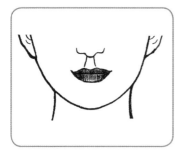

▶ 뺨의 볼 살이 도톰하다.
▶ 턱 아래가 뾰족하지 않고 넓다.

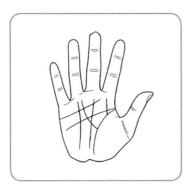

▶ 손바닥에 붉은빛이 돌고 윤기가 흐른다.

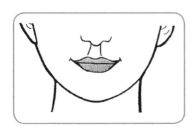

▶ 인중이 길고 근처의 살이 두둑하다.

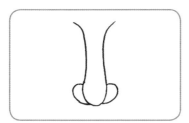

▶ 난대와 정위(좌우 콧방울)의 윤곽이 뚜
렷하다.

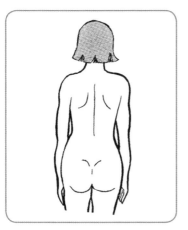

▶ 허리가 둥글고 등이 두텁다.

Part
07

피부 · 골격 · 이마 · 주름

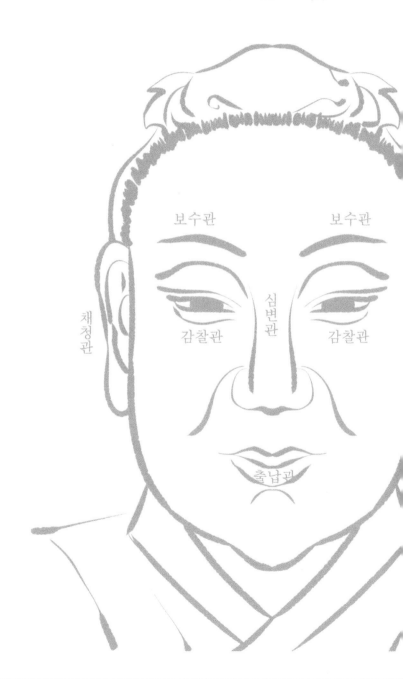

오관五官

1. 피부

▶ 피부가 부드러우면서 향긋한 냄새가 느껴지는 듯하면 부자의 아내가 될 여자이다.

▶ 여성의 피부가 솜처럼 부드러우면 평생 흉한 일이 적다.

▶ 피부로 귀천을 나눈다면 살결이 부은 것처럼 부풀어 오르지 않아야 하며 피부가 긴장하지 않아야 좋다.

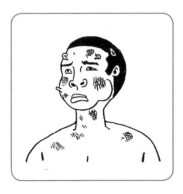

▶ 피부가 거무스레하면서 냄새가 나고 이곳저곳에 혹이 많으면 어려움이 많다.

▶ 젊어서부터 살이 찌고 기가 부족한 사람은 49세를 넘기기 어렵다.

▶ 살결이 거칠고 윤기가 없으면 끝내 편하게 지내지 못한다.

2. 골격

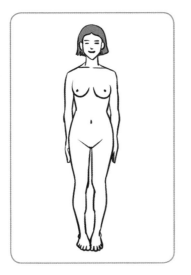

▶ 뼈는 지나치게 솟지 말아야 하고 드러나지 않아야 한다.
▶ 뼈와 마디는 단단한 바위를 닮은 것이므로 둥글되 거칠지 않아야 된다.
▶ 남달리 귀한 골격을 갖추고있다 해도 피부에 윤기가 흐르고 색깔이 좋아야 한다.

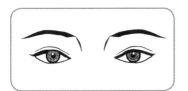

▶ 흔히 골격을 보고 천함과 귀함을 분별하지만 골격은 눈동자의 뚜렷함만 못하니라.

▶ 뼈가 앙상한 사람이 어깨가 처지면 가난하지 않으면 명이 길지 못하다.
▶ 뼈가 드러나서 추워 보이는 사람은 빈궁하게 산다.
▶ 골격이 연약한 사람은 수명이 길지라도 즐겁게 살지 못한다.

▶ 골격이 단단하지 못하면 가난하고 천하다.

▶ 골격이 가늘고 수려한 사람일지라도 손이 거칠고 굳어 있으면 보통 사람에 지나지 않는다.

▶ 모든 부위가 유기적으로 조화를 이루어야 하는데 그렇지 못하면 부귀함이 오래가지 못한다.

▶ 골격이 바르지 않고 삐뚤어져 있으면 험한 꼴을 당한다.

▶ 늙어서까지 한가롭지 못하고 가난한 것은 힘줄과 뼈가 거친 까닭이다.

▶ 골격이 거친 사람은 어리석고 우둔하다.

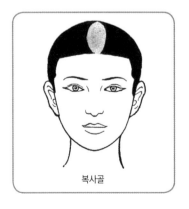

복사골

▶ 천정에서 정수리로 올라간 복서골이 두드러지면 높은 지위에 오른다.

천주골

▶ 인당에서 정수리로 올라간 뼈를 천주골이라 하는데 천주골이 솟으면 높은 지위에 오른다.

▶ 광대뼈는 권세를 나타낸다.

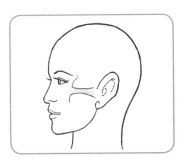

▶ 광대뼈에서 귀로 연결되는 뼈를 옥양골이라고 하는데, 옥양골이 솟은 사람은 장수한다.

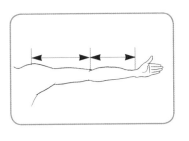

▶ 어깨에서 팔꿈치까지의 뼈를 용골(龍骨)이라 부르고 임금을 상징한다. 그리고 팔꿈치에서 손목까지를 호골(虎骨)이라 하는데 신하를 뜻한다. 신하 뼈인 호골이 용골에 비해 길면 신하가 임금을 상극하게 되는 것이고 빈천하다.

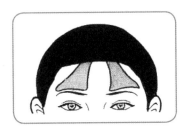

▶ 왼편과 오른쪽 눈 위의 뼈가 발달하고 이마로 뻗은 것을 성골(城骨)이라 부르는데 높은 지위에 오른다.

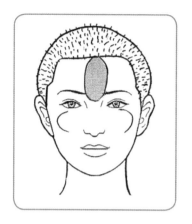

▶ 인당의 뼈가 솟아서 위 이마까지 이르면 이를 삼주골(三柱骨)이라 부른다. 여기에다 광대뼈까지 솟으면 권세를 누린다.

3. 이마와 뒷머리 11가지

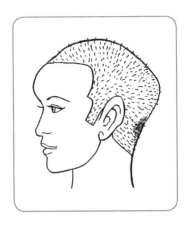

▶ 머리에서 튀어나온 뼈는 나쁜 것이 없다.

▶ 머리에 뿔처럼 튀어나온 살은 매우 귀하게 된다.

▶ 뒷머리의 뼈가 마치 산처럼 불룩 솟은 사람은 부귀해진다.

▶ 뒷머리뼈가 울퉁불퉁 솟아 있으면 재물이 점점 쌓이게 되고 장수한다.

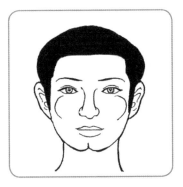

▶ 범의 머리통처럼 크고 제비 턱같이 양볼이 늘어지면 나라를 이끌게 된다.

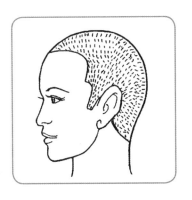

1) 이상적인 머리 형태

▶ 머리의 골격은 야무지고 단단한 느낌이 들면서 둥글게 솟아야 하고 그것을 피부가 두텁게 감싸야 좋다.

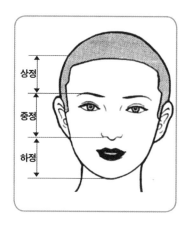

2) 상정, 중정, 하정에 대해서

얼굴을 나란히 삼등분했을 때 상정은 머리에서 눈썹 위까지를 말하고, 중정은 눈썹에서 코끝까지, 하정은 코끝에서 턱 끝까지를 칭한다.

옛 관상 서적이나 서점에 나도는 관상 책자들을 보면 상정은 유아기에서 25세까지의 운세를, 중정은 26세에서 50세까지의 운수를, 하정은 51세부터 말년까지의 인생을 나타낸다고 설명이 돼있다.

▶ 머리 골격을 감싸는 피부가 엷으면 가난하다.

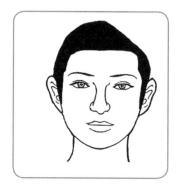

▶ 머리의 왼편과 오른쪽의 기울기가 다른 사람은 부모와의 인연이 좋지 못하다.

3) 명칭과 이상적인 이마와 흉한 이마

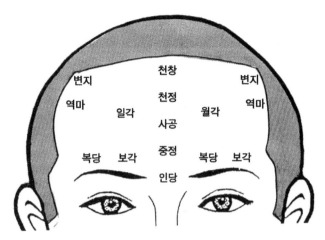

오른쪽

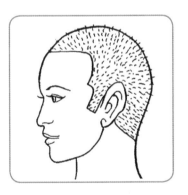

이상적인 이마

▶ 뼈가 단단한 느낌이어야 한다.

▶ 점이나 흉터 등 흠이 없어야 좋다.

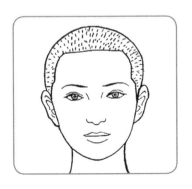

① 넓고 살이 풍부하게 감싼 이마

▶ 사회성과 직관력이 뛰어나다.

▶ 한꺼번에 많은 사람들을 상대하는 직업
  이 잘 어울린다.

▶ 이름을 많이 얻으며 살아갈 상이다.

▶ 인당까지 넓다면 지능과 기억력이 좋은
  수재형 상이다.

옥양골(玉枕骨) 부위도

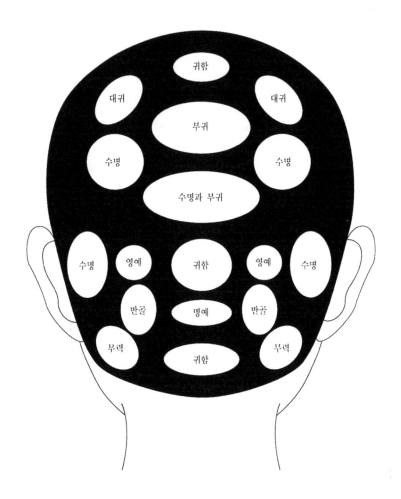

고서(古書)에 두무악골(頭無惡骨)이라 하여 머리에는 나쁜 골이 없다고 하였다. 그러나 반골은 접시 모양처럼 생겼는데 배신할 수 있으므로 나쁜 골이다.

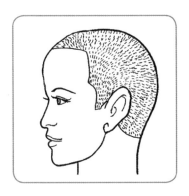

② 위 부분이 튀어나온 이마

▶ 재치가 있다.

▶ 이해력이 풍부하다.

▶ 조숙하고 운이 빨리 트이는 편이다.

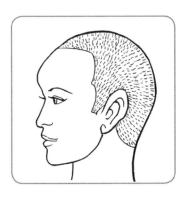

③ 아래 부분이 나온 이마

▶ 관찰력과 분석력이 좋다.

▶ 진취적이다.

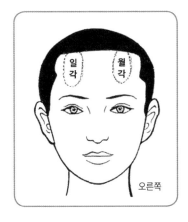

④ 일각과 월각이 솟은 이마

▶ 순발력과 직관력이 발달해 있다.

▶ 대인관계에서 리더의 자질을 갖추고 있다.

▶ 명예운이 좋다.

▶ 직업으로는 많은 사람 앞에 나서는 업종이 잘 어울린다.

▶ 공직이나 사업가로도 잘 어울린다.

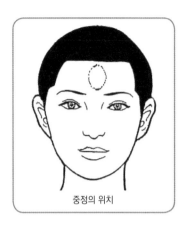

중정의 위치

⑤ 중정이 솟은 이마

▶ 이마의 가운데(중정)이 솟으면 큰 재물
을 모을 수 있는 그릇이다.

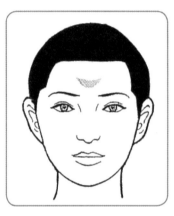

⑥ 중정이 움푹 파인 이마

▶ 중정이 움푹 파이거나 내려앉으면 자녀
와의 인연이 그리 좋지 못하다.

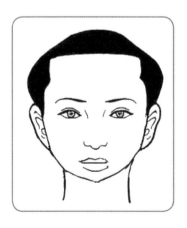

⑦ 좌우 머리가 발달하고 턱이 좁은 상

▶ 옆머리가 지나치게 발달하면 솔직하지
못하고 거짓말을 잘한다.

▶ 허영심이 많고 권모술수가 뛰어나며 임
기응변에 능하다.

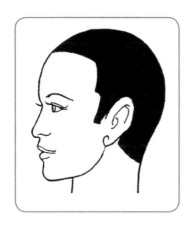

⑧ **튀어나온 이마**

▶ 튀어나온 이마는 직관력과 관찰력이 발달해 있고 사회성이 뛰어나고, 지나치게 튀어나온 여성은 난산을 할 수도 있다.

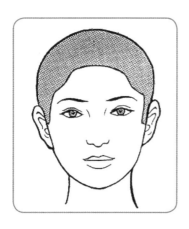

⑨ **좁은 이마**

▶ 사회성이 떨어지는 상이다.

▶ 많은 사람을 한꺼번에 상대하는 직업을 가지면 까닭없이 스트레스를 받고 적응을 못한다.

▶ 성인이 되어서도 이마에 솜털이 많이 난 경우, 부모 중 한쪽과 인연이 멀었거나 어머니가 임신중일 때 부부사이나 가정에서 생긴 스트레스를 태아에게 영향을 끼쳤을 때 생기는 현상이다. 결혼 후 부부 사이에 갈등이 심할 수도 있다.

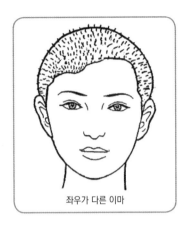
좌우가 다른 이마

⑩ 왼쪽 오른쪽 다른 이마
▶ 오른쪽과 왼쪽의 모양이 다른 이마는 어린시절 부모 중 한쪽과 인연이 멀었다는 표시다.

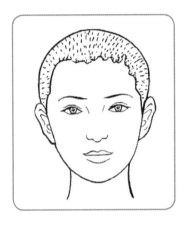

⑪ 이마와 머리카락 경계부위가 불규칙한 머리
▶ 초혼이 그리 순탄치 못하고 배우자 운도 그리 좋지 못하다.
▶ 매사에 불평불만이 많은 부정적 사고의 소유자다.
▶ 도덕심이 떨어지면서도 달변이다.
▶ 윗사람에게 반항심이 강하고 대인관계에서 많은 문제가 발생한다.

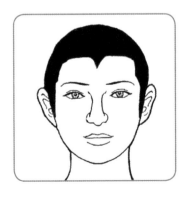

⑫ 제비꼬리처럼 뾰족한 이마의 머리
▶ 초혼이 그리 순탄치 못하고 배우자 운도 그리 좋지 못하다.
▶ 한쪽 부모와의 인연이 그리 좋지 않은 경우도 있다.
▶ 여성은 소심하고 섬세하며 가정적이다.

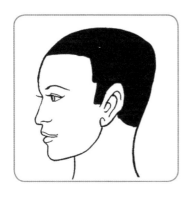

4) 뒷머리의 위쪽이 발달 상

▶ 이성적 판단력이 좋다.

▶ 의지가 강해서 한번 결심하면 백전불굴의 추진력이 있다.

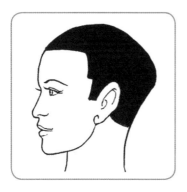

▶ 뒷머리의 가운데가 발달한 사람은 의지가 강하고 도덕심이 있다.

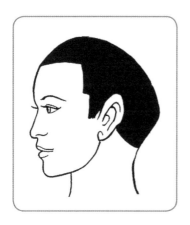

5) 뒷머리의 아래쪽이 발달한 상

▶ 애정 감각이 발달해 있고 성욕이 강하다.

▶ 이성적 판단보다는 본능대로 행동하기 쉽고 치정 사건을 조심해야 한다.

▶ 이마나 뒷머리가 튀어나온 사람을 두고 짱구라는 놀림을 곧잘 주곤 하는데 앞짱구가 있고 뒤짱구가 있다. 옛 관상서에서는 울퉁불퉁 발달한 뒷머리 뼈는 나쁜 곳이 없다고 전해져 온다.

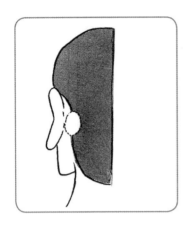

6) 수골(壽骨)

▶ 귀 바로 뒤에 솟은 뼈로 장수를 상징하
고 오목하면 명이 길지 않다.

여자 얼굴 주요명칭

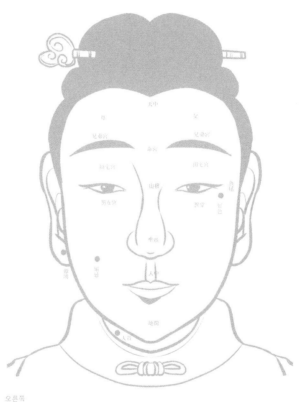

오른쪽

Part
08

얼굴 耳目口鼻로 본 길흉

오악五岳

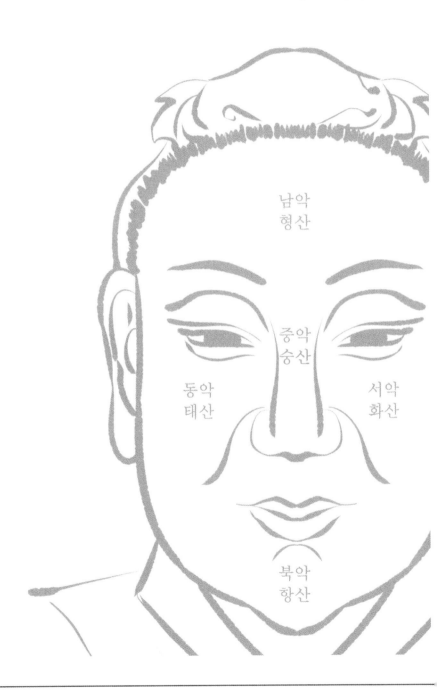

남악
형산

중악
숭산

동악
태산

서악
화산

북악
항산

1. 눈

눈에 머물던 신은 잠이 들면 심장으로 가고 깨어있을 때의 신은 눈에 머문다. 눈을 보고 그 사람의 정신이 맑은지 탁한지를 예견할 수 있다.

눈이라고 다 같은 눈이 아니다. 귀인에게는 귀한 눈이 있지만 천한 사람에게는 귀한 눈이 없다. 눈은 마음의 상태를 가리킨다. 진실함과 교활함을 보려면 상대방의 눈을 보라.

눈은 오장육부 건강 중간에 영향을 미치고 눈동자는 신장에 속하며 눈의 흰자위는 폐에 영향을 준다. 따라서 간의 건강과 콩팥의 이상 그리고 폐의 상태를 알려면 눈을 관찰하면 짐작할 수 있는 것이다.

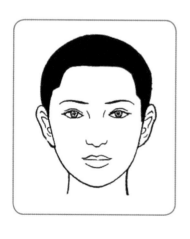

눈에 의한 관상

▶ 눈은 튀어나오거나 눈자위가 움푹 들어가지 않으면서 길고 은은한 광채가 나야 좋다.

▶ 눈동자가 흑백이 옻칠을 한 듯 뚜렷하며 은은한 광채가 비추면 부자가 된다.

▶ 눈이 길어 한 치(2.5㎝)가 되면 귀하게 된다.

▶ 사물을 바라보는 모양이 곁눈질하지 않고 바르면 마음이 안정되어 있고 평화로운 사람이다.

흘겨보는 눈

▶ 눈동자가 사물을 정면으로 향하지 않고 전후좌우로 빠르게 흘겨보는 자는 도적질 등 나쁜 일을 할 사람이다.

▶ 눈동자가 안정되지 못하고 이리저리 자주 움직이는 사람은 남을 믿지 못하고 의심하는 습성이 있는 자이다.

▶ 눈이 찢어지고 사납게 흘겨보는 자는 음란하며 도적질하려는 생각을 품은 자이다.

▶ 검은 동자는 적은데 흰자위가 많은 사람은 감옥에 갇히거나 재산이 흩어진다.

▶ 훔쳐보듯이 눈을 흘기는 자를 친구로 사귀지 마라. 언젠가는 반드시 해를 끼치는 자이다.

▶ 술에 취한 듯 눈을 가늘게 떠서 흘겨보는 자는 음흉한 생각을 가지고 있고 이성관계가 복잡하리라.

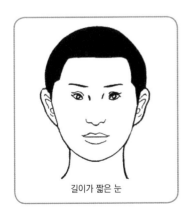

길이가 짧은 눈

▶ 눈 길이가 짧고 둥근 자는 이기적이고 악독하며 천박하다.

▶ 눈알이 닭의 눈같이 작고 둥근 모양의 사람과 이웃을 삼지 마라.

▶ 사백안은 배우자를 해롭게 하고 자신도 흉하게 되리라.

▶ 눈에 흰자위가 많은 자는 야멸차고 간사하다.

▶ 눈의 붉은 실핏줄이 눈동자에 닿으면 나쁜 일을 벌이거나 형벌 수가 있다.

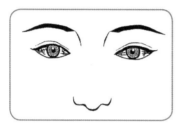

▶ 눈의 흰자위가 늘 누르스름하면 육친과 부부간의 인연이 멀고 장수할 상이 아니다.

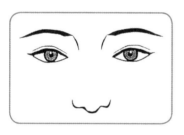

▶ 눈동자가 맑고 눈썹이 가지런한 사람은 총명하고 준수한 인재다.

▶ 눈이 큼직하고 입도 크면 부유하게 된다.

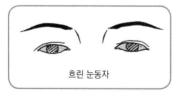

흐린 눈동자

▶ 눈에 빛이 없고 흐리면 하는 일이 실패한다.

▶ 눈빛에 힘이 없고 얼굴 피부에 윤기가 없으면 장수하지 못한다.

▶ 눈의 빛이 맑지 않고 희끄무레하면 장수할 상이 아니다.

▶ 눈에 물기가 있는 듯하면서 빛이 나면 음욕이 많아 이성관계가 복잡하리라.

▶ 눈이 반짝반짝 빛이 나고 입이 큰 사람은 음욕이 강하고 먹을 것을 탐하는 자이다.

고리눈

고리눈(環目, 환목)

▶ 어렸을 때 주변의 가까운 사람에게 지속적인 상처를 받았을 때 고리눈이 형성된다.

▶ 교활하고 야멸차며 반드시 사람을 헤친다.

튀어나온 눈

▶ 작고 동그란 눈에다 눈알이 튀어나온 듯한 사람은 단명한다.

▶ 눈이 크면서 시원하게 생겼지만 신기(살아있는 기운. 생기)가 없다면 장수상이 아니다.

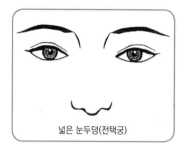

넓은 눈두덩(전택궁)

눈두덩(전택궁)이 넓은 눈

▶ 낙천적이고 개방적이다.

▶ 공과 사의 구분을 잘 해야 하고 계산이
   나 문서 작성할 때 끊고 맺음을 확실히
   할 필요가 있다.

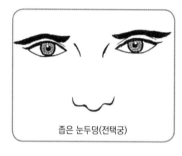

좁은 눈두덩(전택궁)

눈두덩이 좁은 사람

▶ 일 처리가 섬세하고 꼼꼼하고 치밀하며
   성격도 조심스럽다.

▶ 일의 사안에 따라서는 융통성을 발휘하
   는 것도 대인관계에서 숨통을 틔우는 일
   이다.

▶ 마음의 여유를 가지고 살아야 한다.

▶ 눈두덩이 좁은 사람의 특징은, 매사에
   조심스럽고 공과 사가 확실한 냉철한
   이성과 일에 대한 치밀함과 끈기, 집념
   그리고 성실함에 있다. 그러나 지나치
   게 완벽주의로 흐르면 무정하고 차갑
   게 느껴질 수도 있으며 집념이 집착으
   로 흐르기 쉽다.

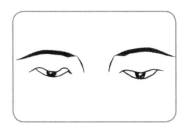

늘어진 눈두덩

윗 눈꺼풀이 늘어져 있어서 언뜻 보기에 무슨 불만이 쌓인 사람같이 보이는 눈두덩이 있다.

▶ 매사에 조심스럽고 꼼꼼하다.

▶ 금전에 인색하며 지나치게 타산적이다. 금전에 인색하다는 뜻은 꼭 써야 될 곳도 안 쓰는 이기심을 말한다.

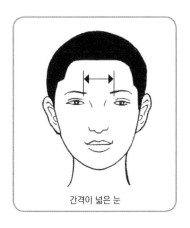

간격이 넓은 눈

눈과 눈 사이의 간격이 넓은 눈

▶ 개방적인 성격 탓에 이성관계에서나 일에 대한 끊고 맺음과 조심성, 냉철함이 떨어진다. 이 때문인지 바람기가 있다고 오해를 받기도 한다.

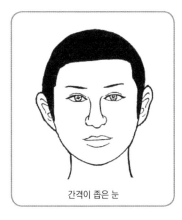

간격이 좁은 눈

눈과 눈 사이의 간격이 좁은 눈

▶ 현실에 충실한 현실주의자다.

▶ 순간 포착력이 좋다.

▶ 일에 대한 집중력과 정확성, 대처 능력이 좋다.

▶ 섬세하고 감수성이 예민하다.

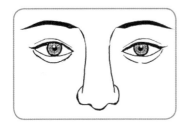

누당(淚當), 와잠(臥蠶)

눈 아래에 도독히 올라 있는 살집을 가리
켜 누에가 누워 있는 모양이라 해서 와잠
(臥蠶) 혹은 눈물이 흐르는 곳이라 뜻의 누
당(淚當)이라 부르기도 한다.

▶ 이곳에 살집이 적당히 있으며 밝은 색깔
   이 나고 윤택한 느낌이면 성욕도 좋고
   똑똑한 자녀를 두든가 뒤에 자식덕을 본
   다는 뜻이다. 하지만 이 부위에 살이 올
   라 있다고 해서 다 좋은 것은 아니다. 살
   이 부풀어 오른 듯 푸석한 느낌이 들면
   서 색깔이 창백하거나 밝지 못하다면 자
   녀한테 해로운 일이 일어난다는 조짐이
   다. 특히 결혼한 여성이 이렇게 아래로
   처진 듯한 느낌이 들면 부부관계에서 정
   신적 갈등에 의한 어려움이 발생하는 것
   을 흔히 봤다.

▶ 살집이 없고 푹 꺼지거나 쭈글쭈글한
   느낌의 누당은 자식과의 인연이 그리
   좋지 못하거나 성 기능장애가 발생할
   가능성이 있다.

▶ 검푸르게 보이거나 밝고 윤택한 느낌
   이 들지 않는 누당을 흔히 '다크서클'이
   라 부르기도 하는데 이것이 생기는 원
   인이 여럿 있다. 첫째, 간 기능이나 당

뇨 등 내부 장기에 이상이 있을 때 생긴다. 둘째, 성 기능 장애가 있는 등 자녀와의 인연이 그리 좋지 못함을 예측할 수 있다. 셋째, 부모 등 위 조상으로부터 내려오는 유전자가 우성학 적으로 그리 좋지 못한 영향을 받았을 때도 생기는데, 이 경우 위에서 예를 든 건강 문제에는 별 해당사항이 안 되지만 성격적으로 어둡거나 음흉한 심성의 소유자도 간혹 있다.

▶ 누당에 잔주름이 많고 색깔이 거무스레하면 부부 사이와 자녀에게 해롭고 외롭게 된다.

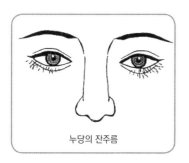

누당의 잔주름

▶ 눈 아래나 눈두덩 색깔이 거무스레하고 탄력이 없으면 지나치게 색을 밝힌 탓이다.

▶ 누당에 검은 점이 있든가 주름살이 비껴나면 자식을 두더라도 늘그막에는 자식과의 인연이 멀어지고 외롭게 된다.

▶ 누당에 점이나 잔주름이 많으면 울어야 할 일들이 많다.

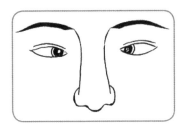

▶ 양쪽의 눈동자가 서로 마주하고 있으면 재산이 흩어지고 재앙을 만난다. 다만 정신수련이 쌓인 사람이면 그것에서 벗어날 수 있다.

톡 불거진 눈

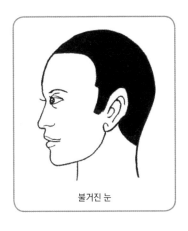

불거진 눈

▶ 성급한 성격이다.
▶ 세상 물정을 일찍 알아 조숙하고 열정적이다.
▶ 언어 능력이 좋아서 그 방면으로 직업을 가지는 것이 유리할 것이다.
▶ 이런 눈에 신기가 없다면 장수할 상이 아니다.

우묵한 눈

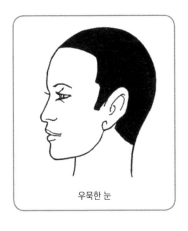

우묵한 눈

▶ 매사에 치밀하고 조심스러우며 의사표시도 신중하다.
▶ 현실주의자다.
▶ 깊은 관찰력이 있고 경계심이 강하다.
▶ 여성은 결혼을 늦게 하는 경향이 있고 부모를 위하는 생각이 짙다.

음양눈(자웅눈, 짝짝이 눈)

▶ 한쪽 눈은 크고 한쪽 눈은 작은 눈이다.

▶ 간교한 계략을 잘 꾸미고 권모술수에
  능하다.

▶ 애정문제로 말썽을 일으키는 운이다.

▶ 거짓이 많고 남을 잘 속인다.

▶ 말은 그럴싸하지만 속마음은 진실하지
  않고 음흉하다.

▶ 재운은 상당히 좋다.

▶ 배우자를 두려워한다.

눈 주변의 거품

▶ 눈가에 거품이 자주 생기면 음란한 자
  녀를 둔다.

▶ 눈의 생김이 세모지게 찢어진 여자는
  남편을 괴롭히고 해롭게 한다.

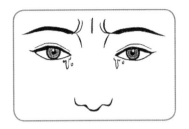

▶ 울지 않아도 눈물이 흐르고 걱정거리가 없는데도 눈썹을 찌푸리는 습관이 있는 사람은 늙어서 고생할 것이다.

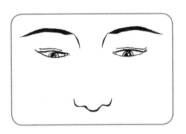

▶ 눈을 아래로 내려 까는 습관이 있는 사람은 생각이 깊은 사람이거나 꿍꿍이 속을 가진 사람이다.

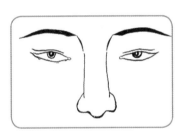

▶ 눈을 늘 위로 치켜뜨고 보는 자와는 사귀지 말라. 언젠가는 해를 끼칠 사람이다.
▶ 눈 아래쪽에 흰자위가 많으면 형벌 수가 있다.

동물의 눈과 사람 눈을 비교해서 설명해 놓은 옛 책은 그리 신빙성이 없어서 여기서는 소개하지 않는다. 그러나 아래의 내용은 숙지해 둘 필요가 있다.

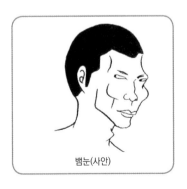

뱀눈(사안)

뱀의 눈(사안, 蛇眼)

▶ 길이가 짧고 찢어졌으며 흰자위가 많은 반면, 검은 동자가 적은 눈이다.
▶ 뱀눈을 가진 자는 거짓말을 그럴싸하게 늘어놓아 남을 잘 속이는 소질을 가지고 있다.

▸ 인정과 애정이 없다.

▸ 잔꾀에 매우 능하다.

▸ 말은 그럴듯하게 하지만 사납기가 이리와 같이 흉악하다.

▸ 인간으로써 의를 모르고 부모마저 헤칠 수 있는 심보를 가졌다.

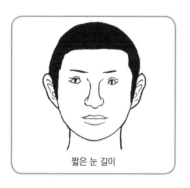

짧은 눈 길이

▸ 눈이 염소나 양의 눈처럼 작으면서 동그라면 매우 이기적인 사람이고 형제 간의 우애도 나쁘다.

▸ 생김새가 뱀의 눈이나 염소의 눈과 같은 사람과 가까이 하지 마라. 언젠가는 해악을 끼치리라.

취안

▸ 술을 먹지 않아도 늘 불그스름한 눈자위를 가졌다.

▸ 좌우로 흘겨보기를 잘하고 술에 취한 듯 몽롱한 눈빛이다.

▸ 여자가 취안이면 색을 밝히고 남자가 취안이면 도둑이 된다.

▸ 부모나 형제 덕을 보지 못한다.

▸ 약물중독에 조심해야 한다.

▸ 수명은 그리 길지 못하다.

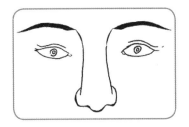

경안(警眼)

▶ 눈동자가 늘 무엇에 놀란 토끼처럼 동그란 눈이면서 눈의 빛이 모이지 않으면 수명이 그리 길다고 볼 수 없다.

눈자위의 점

▶ 여자의 눈 속에 검은 점이 있으면 간음으로 말썽을 일으킨다.

잔 주름이 많은 눈꼬리

▶ 잔정이 많다.
▶ 타인에 대한 이해심이 많다.

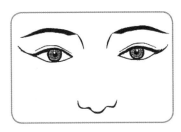

나이를 먹어서도 눈꼬리에 잔주름이 없거나 한가닥은 깊은 주름만 있는 사람

▶ 절제심이 강하고 자기 자신에게 엄격하며 그 잣대를 타인에게도 적용해서 엄하다는 인상을 준다.
▶ 사사로운 정에 이끌리지 않는 매정한 면이 있다.

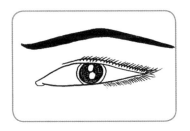

▶ 좋은 눈을 가진 사람은, 멀리서 보면 가을날에 서릿발을 비추는 것 같고 가까이 다가가 보면 화창한 바람이 봄꽃을 아우르는 듯해야 좋다.

▶ 검은 동자는 크고 흰 동자가 작게 차지하는 눈은 출세하여 귀하게 된다.

▶ 눈동자가 맑고 단정하며 광채가 있으면서 흑백이 분명하면 귀하 게 되리라.

▶ 눈으로 사물을 바라보는 시야가 뚜렷하고 흘겨보지 않으면 하는 일이 잘 되어 복을 누린다.

▶ 두 눈이 늘 맑게 빛나는 사람은 출세하여 귀인이 된다.

2. 눈썹

눈썹은 외형적으로 볼 때 눈을 보호하고 얼굴을 돋보이게 하는 역할을 한다. 눈썹을 두고 관상학에서는 형제와의 관계를 보는 곳이라 해서 형제 궁이라고 부른다. 그러나 혈육관계만을 보는 곳은 아니다. 그보다 더 중요하고 확실한 것은 당사자의 성격을 적나라하게 드러내 주는 곳이라는 것이다.

상대방의 성격과 품성을 보려면 그 사람의 눈썹 생김을 보고 판단하면 크게 어긋나지 않으리라. 눈썹의 생김만 보고서도 당사자의 너그러움과 어리석음, 정직과 거짓, 도덕성과 사기성을 알아볼 수 있다. 그런 관상학적 중요성을 모르는 일반 사람들은 눈썹을 너무 가벼이 여기는 것 같다.

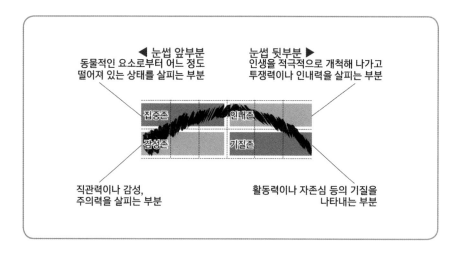

◀ 눈썹 앞부분
동물적인 요소로부터 어느 정도
떨어져 있는 상태를 살피는 부분

눈썹 뒷부분 ▶
인생을 적극적으로 개척해 나가고
투쟁력이나 인내력을 살피는 부분

집중존   인내존

감성존   기질존

직관력이나 감성,
주의력을 살피는 부분

활동력이나 자존심 등의 기질을
나타내는 부분

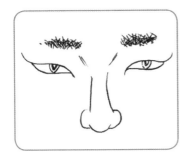

짙은 눈썹이 어지럽게 흩어져 거칠면서
눈썹의 길이가 눈길이 보다 짧은 사람

▶ 흉악하고 사나운 성격의 소유자다.

▶ 말은 그럴싸하게 잘 하지만 의심 많고
   부정적이며 삐딱한 시각으로 사람과 세
   상을 바라보는 시야를 가졌다.

▶ 형제 사이가 뱀과 쥐의 관계처럼 천적
   이 된다.

▶ 성격이 들쭉날쭉 변덕이 심하다.

▶ 한 성깔 하는 열혈 성격이다.

▶ 초혼이 그리 좋지 못하다.

▶ 눈썹이 눈을 누르듯이 붙어 있고 주걱
   턱이 앞으로 나와 있는 여자는 마누라
   가 남편의 권한을 빼앗는다.

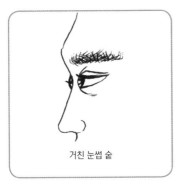

거친 눈썹 숱

거친 눈썹에 튀어나온 눈의 소유자

▶ 거짓말을 잘 한다.

▶ 결혼 운이 나쁘다.

▶ 남자가 가는 버들가지를 드리우듯 한 눈썹은 간사하다.

▶ 눈썹과 눈이 아래로 쳐진 사람은 부부가 이별한다.

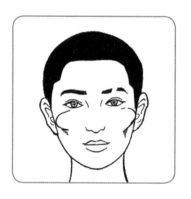

▶ 눈썹 털이 중간에 끊어지고 광대뼈가 솟은 사람은 배우자, 자식들과 여러 번 이별한다.

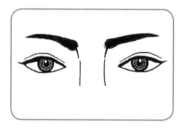

눈썹 머리가 짙은 형과 끝이 짙은 눈썹

▶ 눈썹의 앞부분은 짙은데 끝으로 갈수록 유난히 옅은 사람은 강한 자존심과 고집이 세고 급한 성격에 성깔도 있는 형이다. 일의 추진력, 투쟁심 등이 좋다. 그와는 반대로, 앞부분 보다 끝으로 갈수록 짙어지는 눈썹은 지능도 좋고 안정적인 성격에 살아갈수록 운이 상승하는 유형이다.

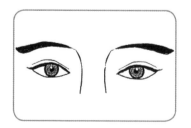

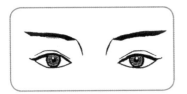

▶ 직선 눈썹은 강직하지만 융통성이 부족하다.

▶ 굴곡진 눈썹은 상황에 따라서 성격의 변화(변덕)가 크다.

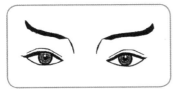

▶ 끝이 위로 올려진 눈썹은 적극적이고 열성적이다.

▶ 눈썹과 눈이 위로 향한 사람은 성격이 급하고 사납다.

눈썹 숱이 짙지도 옅지도 않고 이리저리 엉켜 나지 않으면서 윤기가 흐르고 눈길이 보다 긴사람

▶ 성품이 바르고 정직한 사람이다.
▶ 심성이 안정적이고 후에 귀하게 된다.

넓은 눈두덩

눈썹과 눈 사이(田宅宮)가 넓은 사람

▶ 성격이 너그럽고 포용력과 사교성이 좋다. 단점은, 일처리나 대인관계에서 암팡지고 야물지 못한 면이 있다.

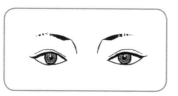

눈썹의 길이가 눈 길이보다 짧은 사람

▶ 가난하고 혈육과의 인연이 좋지 않아서 불화가 잦다. 형제는 어렸을 때부터 줄곧 한 집에서 살아왔기에 세상 그 누구보다도 상대 형제의 성격을 잘 알기 때문에 사이가 좋아질 리가 없을 것이다.

▶ 상황에 따라서 성격이 들쭉날쭉 변화무쌍하고 남의 눈을 속이는 거짓말과 간사스러운 계책을 잘쓴다.

▶ 눈빛이 맑고 눈빛이 선하게 생겼다면 위의 단점을 비켜갈 수 있다.

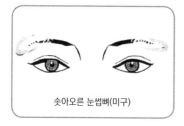

솟아오른 눈썹뼈(미구)

눈썹 숱이 적으면서 눈두덩 끝의 뼈(眉丘, 미구)가 솟아 있는 사람

▶ 성격이 급하다.

▶ 감수성이 예민하다.

▶ 열혈 성격이다.

▶ 자존심이 강하다.

- ▶ 모험심, 적극성, 예지력이 있다.
- ▶ 운동신경이 발달해 있다.
- ▶ 눈빛이 불안정하면 폭력 등을 조심해 야 한다.
- ▶ 눈빛이 안정된 사람이라면 진취적이고 발전 가능성이 크다.

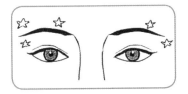

- ▶ 윤기가 흐르는 눈썹은 현재 발전적이고 좋은 운이다.

- ▶ 푸석푸석하고 윤기가 없는 거친 느낌 의 눈썹은 심성이 바르지 못하고 운 또 한 막혀있다.

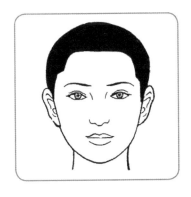

눈썹의 결이 헝클어지지 않고 바르게 나 있으며 눈빛이 안정되고 또렷한 사람
- ▶ 자신이 몸담고 있는 무리에서 신뢰를 받는다.
- ▶ 은혜를 알고 의리가 있다.
- ▶ 이름을 널리 알린다.
- ▶ 성공하여 재물을 얻는다.
- ▶ 상류계층과 가까이 하며 살 운이다.

눈썹 털의 길이가 길어서 귀 아래까지 내려온 사람

▶ 명예를 얻으며 살아갈 운이다.

▶ 이런 눈썹이라도 눈매가 속된(교활한) 사람은 성공할 수 없다.

▶ 눈썹 위에 가느다란 주름이 많은 사람은 하는 일에 실패가 잦고 가난하다.

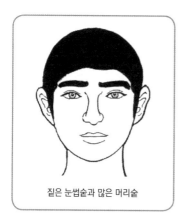

짙은 눈썹숱과 많은 머리숱

눈썹 숱이 짙으면서 머리숱도 많은 사람

▶ 하는 일에 실패가 잦고 빈천하다.

▶ 눈썹 숱이 짙은 사람은 고지식하고 적응력과 순발력이 떨어진다. 거기에 머리숱이 난 부분이 많이 차지한다면 융통성이 부족해서 세상일에 대처능력이 떨어진다.

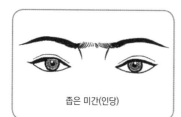

좁은 미간(인당)

양쪽 눈썹숱이 서로 붙어 있는 사람

▶ 쓸데없는 똥고집을 갖고 있다.

▶ 융통성이 없고 고지식하다.

▶ 소견이 좁다.

▶ 지능이 그리 좋지 못하다.

▶ 부모덕을 받지 못한다.

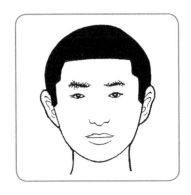

거친 눈썹에 눈이 작은 사람

▶ 매우 이기적이고 교활하다.

▶ 거짓말을 잘 한다.

▶ 삐뚤어진 심성을 가졌다.

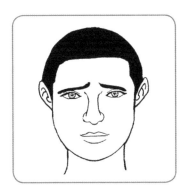

▶ 눈썹이 눈을 누르듯 해서 눈두덩이 없는 사람이 귀가 눈썹 위로 올려 붙은 사람은 주변 사람들의 인덕도 받지 못하고 복도 없다.

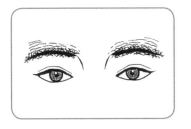

▶ 눈썹이 불에 거을린 것처럼 꼬불꼬불하고 눈썹 위에 주름이 많은 사람은 파산한다.

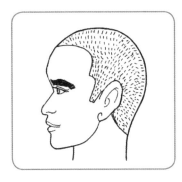

눈썹 숱이 짙고 움푹 들어간 사람

▶ 재산이 흩어지고 오랫동안 재앙을 만난다.

▶ 지나치게 움푹 들어간 산근은 심술이 많고 가난하게 산다.

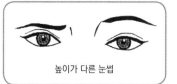

높이가 다른 눈썹

▶ 좌우의 눈썹이 각기 다르게 생긴 사람은 부모 중 한쪽과 일찍 헤어진 표시다.

생김이 다른 좌우 눈썹

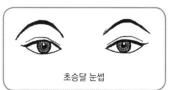

초승달 눈썹

눈썹이 초승달같이 생긴 여자

▶ 총명하다.

▶ 사교성이 좋다.

▶ 애교가 있다.

▶ 남자가 초승달 눈썹이면 경솔한 언행과 바람끼를 주의해야 한다.

눈썹이 아래로 처진 사람
[팔자(八字)눈썹]

▶ 낙천적인 성격의 소유자다.

▶ 사교성이 좋다.

▶ 끊고 맺음을 잘 하지 못한다.

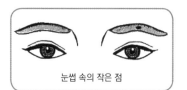

눈썹 속의 작은 점

▶ 눈썹에 흰 털이 생긴 사람은 장수한다.

▶ 눈썹 속에 작은 점이 있는 사람은 총명하고 자존심이 강하다.

3. 인당

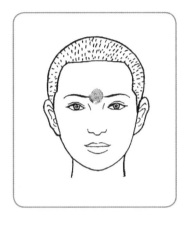

인당의 위치

인당은 눈썹과 눈썹 사이를 말하는데 흔히 미간이라고 부르는 곳이다. 인당이 넓은 사람과 눈썹의 잔털이 이어져 좁은 사람, 살결이 거친 사람과 윤기가 나는 사람, 색깔이 밝은 사람과 어두운 사람 그리고 눈썹 생김과의 상관관계 등등 그에 따른 해석이 다양하다.

인당의 중요성

인당이 어떻게 생겼느냐의 작은 차이가 성격은 물론이고 그릇 크기, 대인관계, 지능, 학업 운, 타고난 에너지의 강약, 재산 크기, 애인 혹은 부부 사이의 궁합 그리고 더 나아가 단명과 장수, 평생의 운명을 좌우한다.

관상이라는 학문은 이론만을 내세우는 게 아니라 언제든 눈으로 직접 보고 체험할 수 있는 특성과 다른 정보를 누구든 새로 수정하고 자유롭게 고칠 수 있기에 완성도가 높다. 이것이 바로 관상이 다른 어떤 운명 철학 분야보다 정확도를 신뢰할 수 있는 이유다.

인당이 넓다고 해서 좋고, 좁다고 해서 무조건 나쁜 것은 아니다. 즉 짚신도 제 짝이 있어야 구실을 하듯이, 관상이라는 학문이 인당 한 곳만이 아니라 눈빛이나 찰색 등 다른 부위와의 상호 작용을 종합적으로 보고 판단하는 것인고로. 인당의 각 생김 나름의 일장일단이 있고 그 쓰임이 따로 있다는 뜻이다.

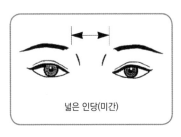

넓은 인당(미간)

넓은 인당

인당은 평탄하고 넓어야 좋고 눈썹은 높이 솟아야 좋다.

일반 사람들은 이마만 넓으면 머리가 좋은 줄로 착각하는 것을 많이 봤다. 물론 이마가 좁은 것보다야 넓은 게 좋지만, 이마만 넓다고 해서 관상적으로 무턱대고 좋은 것도 아니고 머리가 좋다는데는 더 더욱 동의하지 않는다.

관상에서의 지능을 나타내는 부분은 이마가 아니라 인당이다. 인당이 넓어야 지능이 좋다는 말이다.

▶ 지능이 좋다.

▶ 세상 보는 시야가 넓다.

▶ 적응력이 좋다.

▶ 사교성이 좋다.

▶ 사물에 대한 이해력이 빠르다.

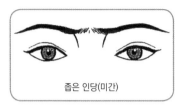

좁은 인당(미간)

좁은 인당

인당이 좁다 함은, 눈썹과 눈썹이 서로 맞붙어 있는 생김을 말한다. 우리가 흔히 쓰는 '미련'하다는 말이 바로 인당의 모양에서 비롯됐는데, 미련에서의 '미'는 눈썹 미(眉) 자를 쓰고 '련'은 잇닿을 련(連)을 쓴다. 즉 눈썹이 이어져 연결되어 있을 때 미련하다고 한다.

▶ 세상 보는 시야가 그리 넓지 못하고 소견이 좁다.

▶ 소심한 편이어서 하찮은 일에도 신경질이 많은 성격이다.

▶ 경직되고 고지식한 탓에 융통성과 응용력이 부족하다.

▶ 사서 걱정한다.

▶ 고집이 세다.

▶ 현실 적응력이 떨어진다.

▶ 모험가형이 아닌 안전 지향형이다.

▶ 약속을 잘 지키는 편이다.

▶ 인내심이 강하다.

▶ 매우 성실하며 대단한 노력파다.

▶ 성격의 변화가 크지않는 고른 성격이다.

▶ 정조관념이 강하다.

▶ 도덕심이 강하다.

▶ 결혼하면 부모나 혈육 등과 가까운 거리에 사는 게 좋겠다.

▶ 배짱과 기개가 부족하다.

▶ 성향으로 봐서는 운이 약간 늦게 트일 가능성이 있기에 오랫동안 월급직 등의 직장생활을 하다가 개인 사업은 중년이 넘어서 되도록 늦게 해야 된다.

▶ 여리고 겁 많고 소심한 성격이 많다.

- 스스로가 인생을 헤쳐 나가는 개척가 형이 아니다.
- 모든 사람들이 다 마찬가지지만 특히 이 유형의 여성인 경우엔 남편감을 고를 때 매우 신중해야 한다.
- 배우자를 어떤 사람을 만나느냐에 따라 인생의 성패가 크게 좌우될 정도로 남편의 영향을 절대적으로 받는 삶을 살아갈 성격이다.
- 직업으로는 계산이 복잡하거나 정신 어지럽고 신경 예민하게 쓰는 일을 장기간 하는 건 피해야한다. 혹시 그런 일을 하는 직업을 가지고 있다면 적절한 휴식을 병행하면 괜찮으리라 본다.

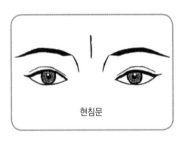

현침문

인당에 생김 세로주름

인당에는 나이가 들거나 주변 환경 때문이거나 스스로의 사고방식에 따라 세로 주름이 한 개 또는 두세개 생기는 게 보통이다. 그러나 주름도 주름 나름이다. 보일듯 말듯 한 가느다란 세로 주름이 1~2cm 정도 희미하게 나 있는 사람이 있다.

이것을 현침문이라고 한다. 이 현침문은 남성보다는 여성 쪽에서 많이 생기는 걸 봤는데, 이것은 쌓인 스트레스나 마음고생을 그때그때 해소하지 못해서 생겨나는 표시이다.

남성은 집안이나 밖에서 쌓인 불만을 술이나 잡기로 풀 수 있는 공간이나 여건이 많이 널려 있는 반면, 여성의 경우 사회적 인식이나 성향상 그렇지 못해 속으로만 삭이는 데서 비롯된 것이라고 본다. 현침문이 있으면 여러 의미가 있다.

▸ 애인이나 동거 중 힘든 다툼 혹은 부부 사이에 갈등이 오랜 세월 지속됐을 때나 과거에 이혼 혹은 사별했을 때 생겨난다. 이것을 두고 생·사별 주름이라고 부르는 이유도 그 때문이다.

애인이나 결혼 생활에서 싸우지 않는 부부란 없다. 그러나 여기서 말하는 갈등이란, 죽지 못해 살고 있거나 애인 혹은 부부 궁합이 극단적으로 나빴을때 일어나는 현상을 말한다.

결혼 전 오랜 사귄 애인이나 동거 등을 하다가 가슴 아픈 이별을 했을 때도 이런 주름이 생긴다. 이 현침문은 한번 생기면 수십 년의 세월이 흘러도 없어지지 않는다.

그외, 인당에 생기는 세로주름 중 현침문과는 달리 깊고도 뚜렷하게 패인 주름이 있다. 이 주름이 생기는 원인은,

▸ 자신의 배짱과 다른 일이 오랜 세월에 걸쳐 진행될 때 생긴다.

▸ 사고방식이 지나치게 고지식하고 완고한 사람한테 나타나기도 한다.

▸ 하지만 반성심도 있고 사려가 깊은 면도 있다.

▸ 매사에 호흡을 길게 하고 마음을 느긋하게 가져서 낙천적일 필요가 있다.

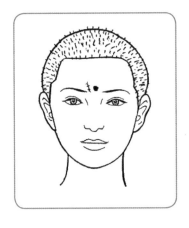

인당 부위에 찍힌 점이나 흉터

▶ 부모 중 한쪽이나 양쪽과 인연이 멀었다는 걸 나타낸다.

▶ 고집이 세고 반항심리가 강하다.

▶ 아랫사람과의 관계는 괜찮은 편인데 윗사람에 대한 반발 심리가 강해서 잦은 갈등을 일으킨다. 윗사람이란, 부모도 될 수 있고 형제 중엔 윗 형제, 직장 같으면 윗 상사를 말한다.

▶ 자주 접촉하는 친척과의 관계도 썩 좋지 못하다.

▶ 추진력이 좋고 경쟁심, 투쟁심, 승부사 기질이 발달해 있다.

▶ 직업으로는 윗사람의 지시를 일일이 받는 직종은 피하는 게 좋다. 개인 일이나 사업을 하면 성공할 것이다. 다만 인당이 좁으면서 눈썹 숱 짙은 사람은 혼자서 추진하는 개인 사업은 피해야 한다.

여하튼 일반 사람들의 관상으로 이부위의 점이나 흉터는 인생에서 가장 나쁜 영향을 끼치는 것으로 본다.

인당에 생긴 한 가닥 혹은 두 가닥의 가로 주름

▶ 큰 병치레를 한 과거가 있거나 가난으로 인해 매우 힘든 세월을 보낸 경험이 있다.

▶ 경험으로 인한 세상 이치에 밝다.

▶ 남의 부탁을 잘 거절하지 못하고 남의 일을 잘 돌보며 떠맡아 고생하기도 한다.

4. 코

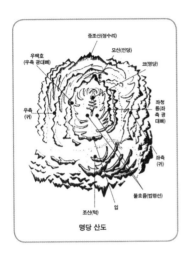

명당 산도

1)코

코는 얼굴에서 재산을 나타내는 부위라 해서 재백궁이라 부른다. 물론 코가 잘 생기고 귀만 잘 생기면 재물이 모이는 것은 아니지만 관상에서 재산을 나타내는 중요한 부위인 것은 틀림없다.

명당의 표본이라고 할 수 있는 산의 모양을 보면, 그림에서 보듯이 듬직하고 높은 산맥에서 내려온 산줄기 하나가 봉긋한 언덕을 이루고 그 언덕 좌우에서 다른 산들이 감싸주는 형국을 좋은 터로 꼽고 있다. 모산(母山)의 정기를 받은 언덕(코)을 양쪽의 산들이 좌우에서 호위하듯이 감싸고 있는 것은 기운이 흩어지지 않고 가두어 두는 역할을 한다

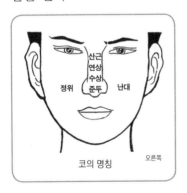

코의 명칭

그와 마찬가지로 사람의 얼굴에서코를 중심으로 눈, 광대뼈, 귀, 인당, 입술, 턱이 발달해야 좋다는 것이다.

기의 작용에 대해서 보충 설명을 하자면, 바람 많이 부는 날 머리카락이 이리저리 헝클어지면 정신이 산란하게 되는 데 코 역시 주변의 바람막이가 되어주는 코 주변의 부위들이 오긋이 감싸주지 못하거나 뒤로 달아나는 형상이라면 실속이 없다는 걸 뜻한다.

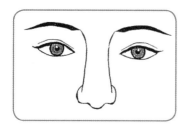

▶ 콧마루(콧대)가 곧게 뻗어내리고 양쪽 콧망울(정위, 난대)이 바른 사람은 충성과 정의심이 강하고 수신재가할 수 있다.

▶ 콧구멍이 드러나지 않고 준두가 단단해 뵈는 사람은 노년에 길하고 왕성하게 활동한다.

▶ 평생 편안하게 살려면 콧대 색깔이 밝고 윤기가 있어야 한다.

▶ 콧대가 대들보처럼 곧고 힘있게 뻗으면 수명이 길다.

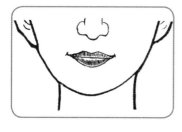

2) 준두의 살이 풍후한 코

▶ 소탈하다.

▶ 인정이 많다.

▶ 준두가 둥그스름하게 살집이 풍성하면 먹을 것이 넉넉하고 의복이 풍부하리라.

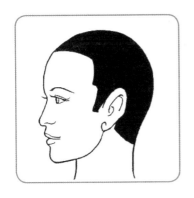

▶ 준두의 살집이 넉넉하고 크면 소탈한 성격이고 남에게 해를 끼치지 않는다.

▶ 준두에 윤기가 흐르고 풍부하면 귀하게 되어 부유하거나 장수한다.

▶ 마음이 넉넉한 것은 준두의 살이 풍부하고 둥글기 때문이다.

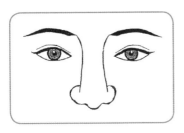

▶ 양쪽 콧방울이 발달하면 생활력이 강하고 지능이 좋으며 경제관념이 있어서 재물운이 좋다.

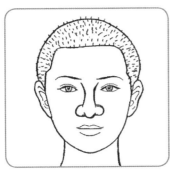

3) 큰 코, 긴 코

▶ 마음이 넓고 대범하다.

▶ 심성은 소박하고 이상도 그리 높지 않은 순한 성격의 소유자다.

▶ 남에게 속기 쉽지만 속더라도 크게 염두에 두거나 걱정하지 않는다.

▶ 착실한 인생을 살아갈 상이다.

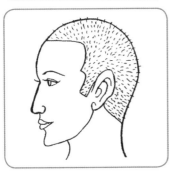

▶ 코가 크거나 길면 대범할 것 같지만 보수적이고 생각이 깊고 자질 구레한 일에 신경을 많이 쓰며 고지식, 세심, 꼼꼼하고 금전관계에 결벽성이 있다.

- ▶ 품성이 높고 정신적인 면이 발달해 있으나, 너무 꿈과 이상을 뒤쫓는 나머지 현실에서 약싹 빠르지 못하다.
- ▶ 염세적이고 탈속 성향이 있으며 자존심과 함께 보수적이어서 장사꾼보다는 사회사업가나 종교인, 예술가 쪽이 더 가깝다.
- ▶ 주변을 너무 의식하거나 자존심이 강해 생활이 어렵더라도 체면 상하는 허드렛일을 꺼린다.

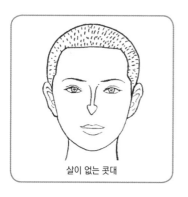

살이 없는 콧대

- ▶ 준두가 작으면서 뾰족하면 가난하고 굴곡이 많은 인생을 살게 된다.
- ▶ 준두와 콧대가 살이 없어서 뾰족하고 양쪽 콧볼(정위, 난대)이 빈약하면 외롭고 가난하다.

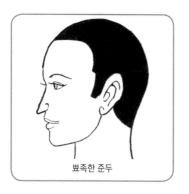

뾰족한 준두

- ▶ 준두가 뾰족하고 살이 없으면 간사스런 계책을 좋아한다.
- ▶ 준두가 뾰족하고 삐뚤어져 있으면 매우 이기적인 사람이다.
- ▶ 얼굴은 살이 두둑하게 찐 사람이 여윈 코를 가지면 재물이 흩어진다.

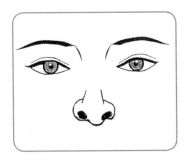

4) 들창코

▶ 개방적이며 낙관적이고 시원시원한 성
  품을 타고 났다.

▶ 일의 결과에 성급하다.

▶ 바람 부는 데로 살면 된다는 감성적인
  사고의 소유자다.

▶ 장기적으로 계획을 치밀하게 세우지 못
  하고 일도 시작하기 전에 열매부터 따
  려고 하는 성급함을 고쳐야 한다.

▶ 콧구멍이 하늘로 들려진 들창코는 중
  년에 하는 일이 실패하여 집과 땅이 흩
  어진다.

▶ 콧구멍이 아궁이의 문처럼 텅 비어있는
  듯하면 재산이 있다하더라도 기울어져
  없어진다.

▶ 준두의 살이 마른 사람이 콧구멍이 훤
  히 드러나 보이면 재산이 들어온다 하
  더라도 바로 빠져나가게 되고 늙어서
  가정을 지키기 어렵다.

▶ 준두가 말랐으면서 콧구멍이 훤히 드
  러난 사람은 집에 식량 쌓일 날이 없으
  리라.

▶ 들창코는 일에 대한 끊고 맺음을 잘 해
  야 하며 돈이 들어오는 즉시 빠져나가
  는 상이어서 금전관리를 잘해야 한다.

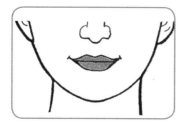

5) 콧구멍이 안 보이는 코

▶ 재물이 일단 들어오면 잘 안 나가는 자물통이다.

▶ 감성보다는 이성적 판단을 잘하고 금전관리에 능해서 부지런만하면 재산운이 좋다.

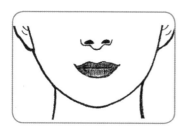

6) 콧구멍이 큰 코

▶ 사고방식이 개방적이어서 자신의 감정을 숨기지 못하고 노골적으로 드러내 본의 아니게 손해를 많이 본다.

▶ 어떤 일을 결정할 때 이성적 판단 보다는 감정에 치우쳐 결정하는 일을 조심해야 한다.

▶ 자존심이 강해서 체면을 깎이는 일은 잘 하지 않는다.

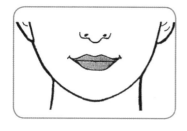

7) 콧구멍이 작은 코

▶ 적극성과 승부사 기질, 돌파력이 약간 부족하다.

▶ 대범하지 못해 큰일은 벌이지 못하지만 금전관리는 잘 하는 편이다.

▶ 콧구멍이 침을 간수하는 침통과 같이 좁으면 포부도 작고 성품이 인색하며 구두쇠다.

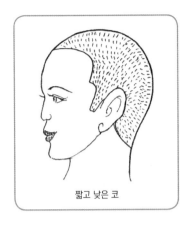

짧고 낮은 코

8) 짧고 낮은 코

낮은 코라 해서 보기 싫을 정도로 푹 찌그러진 코의 생김이 아니다. 너무 우뚝하게 솟지 않으면서 살이 풍만하게 감싸주어 단단해 뵈는 코를 말한다.

코가 짧다는 것은, 얼굴을 옆에서 봤을 때 이마에서 눈썹, 눈썹에서 코의 준두 끝, 코끝에서 턱 끝, 이렇게 삼등분으로 나눠서 볼 때 그 중 코의 길이가 짧은 듯 보이는 모양을 말한다.

▶ 자존심을 굽히고 상황에 따라 물러서거나 휘어질 줄 아는 융통성과 처세가 좋다.

▶ 타협성과 남의 의견을 받아들이는 재능 또한 뛰어나다.

▶ 어떤 사안에 대해서 깊이 파고들기보다는 넓고도 얕게 정세를 파악해서 상황에 따라 대처하는 임기응변이 매우 좋다.

▶ 눈치가 빠르다.

▶ 긴 코나 높은 코는 어떤 사안이나 세상 살이에 깊고도 신중히 접근하는 형이지만, 짧고 낮은 코는 그때그때의 상황에 따라 대처능력과 순발력이 뛰어나고 이재에도 밝다.

만일 이런 짧은 코의 특징으로 조선시대에 살았다면, 능수능란함으로 자칫 줏대도 없는 변절자라는 손가락질을 받았을 것이다. 하지만 하루하루가 변화 무쌍하게 돌아가는 이 시대에 다양한 사람들과 대인관계를 맺으며 살아야 하는 현대인에게는 현안에 따라 자존심도 굽힐 줄 알고 적응력이 좋은 짧고 낮은코가 유리할 것이다.

▶ 단점이라면, 결단력과 줏대가 없고 경솔한 면이 있다.
▶ 스케일도 작고 대범하지 못하며 포용력이 적어서 큰 인물은 못된다.

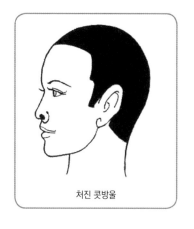
처진 콧방울

9) 준두보다 콧방울이 아래로 처진 코

▶ 어린아이들한테서 흔히 볼 수 있는 코의 모양인데, 성인이 돼서도 이런 코라면 아랫사람 등 부하운이 나쁘다.

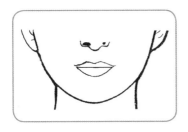

▶ 아랫사람으로부터 존경도 못 받고 돌봐 주어도 보답을 못 받는다.

▶ 콧구멍의 좌우 크기가 다른 코는 경제 관념은 있지만 저축심이 부족하다.

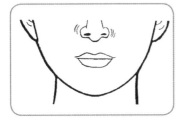

10) 콧구멍이 자주 벌렁벌렁 움직이는 코

▶ 말을 할 때 콧구멍이 벌렁벌렁 움직이 는 코는 감정에 따라 일을 판단하고 불 필요하게 금전을 지출하는 형이어서 재 산 관리를 잘 해야 한다.

▶ 머리카락 난 부분은 큰데 코가 빈약하면 하는 일이 자주 막히고 재난을 만난다.

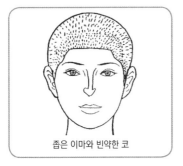

좁은 이마와 빈약한 코

11) 턱이 진 코

▶ 중년 무렵에 부부관계나 자신이 하는 일에 인생 중 가장 큰 고비가 닥칠 상 이다.

▶ 자존심과 개성, 공격성과 일에 대한 추 진력, 집념이 강하고 타협심이 없어 자 기주장을 좀체 양보치 않는다.

▶ 남의 밑에서 일하기보다는 자기일을 가 지든가 사업가 상이다.

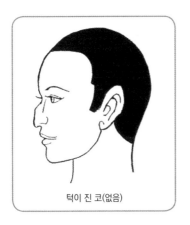

턱이 진 코(없음)

▶ 여성은 남자 운이 그리 좋지 않을수 있고 자기 인생을 스스로 개척하며 살아갈 상인데, 애인이나 배우자 감으로는 수동적인 남자가 잘 맞다.

▶ 콧대에 살이 없어서 뼈가 드러나면 이름을 얻더라도 부부 사이가 깨진다.

▶ 콧대 부분이 뼈가 툭 튀어나오면 집과 땅을 팔아 없앤다.

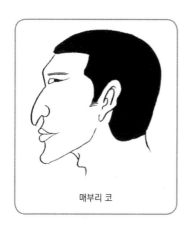

매부리 코

12) 매부리 코

▶ 금전적으로 탐욕스럽고 인색하다.

▶ 냉철한 이성의 소유자로 두뇌회전이 빠르고 기회 포착과 요령이 좋다.

▶ 자화자찬을 잘하고 권력으로 상대를 굴복시키길 좋아하며 자신의 이익을 위해서는 배신도 할 수 있는 형이다.

▶ 재물 운은 매우 좋다.

▶ 여성은 운수의 굴곡이 많다.

▶ 코끝에 살이 없고 뾰족한 자는 교활하고 성격이 차갑다.

▶ 코를 옆에서 보아 솔개나 매의 부리처럼 꼬부라지면 간교하고 악랄한 일을 벌이는 자이다.

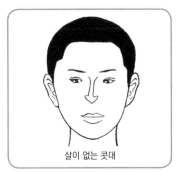

살이 없는 콧대

▶ 콧대에 살이 없어 칼등처럼 메마른 사람이 짧은 길이의 눈을 가졌다면 흉하거나 천한 일을 하며 살리라.

▶ 코가 작으면서 메마른 것은 네 가지 나쁜 것에 해당되니 노력을 해도 허사가 된다.

▶ 콧대가 짧은 사람이 준두만 높다면 늙어서 굴곡진 삶을 살아가리라.

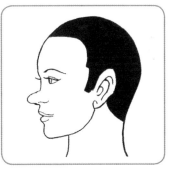

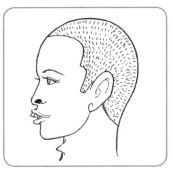

▶ 늘 앞니가 드러나 보이고 앞 목뼈(인후)가 튀어나온 사람이 콧구멍마저 훤히 보인다면 반드시 굶주리며 살고 단명하리라.

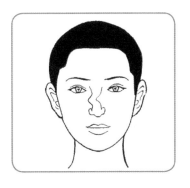

13) 콧대가 삐뚤어진 코

▶ 마흔 전후에 재산상 손해를 보고 부부 사이에도 문제가 발생한다.

▶ 부모 중 한쪽과의 인연이 멀 수도 있다.

▶ 콧대가 삐뚤어지고 굴곡지면 마음이 간사스럽고 교활하며 남의 것을 탐낸다.

▶콧대가 삐뚤어져 있으면 재산이 흩어지거나 늙어서 궁색하다.

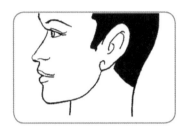

14) 코의 산근이 지나치게 낮은 코

▶명예심과 지능이 그리 좋지 못하다.

▶사리판단력과 윤리감각도 떨어진다.

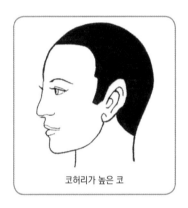

코허리가 높은 코

▶코 허리가 지나치게 높은 여자는 남편을 속이고 자녀에게도 해가된다.

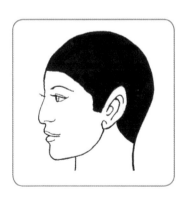

▶콧대가 높은 반면 이마가 좁은 여자라면 끝내 남의 심부름꾼이나 첩이 된다.

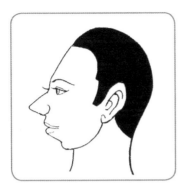

▶ 이마와 턱, 광대뼈는 낮은데 코만 홀로 우뚝하다면 자식도 없이 외롭게 된다.

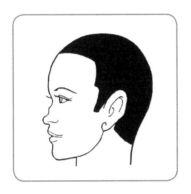

▶ 콧대의 높낮이가 굴곡지면 혈육과 멀어진다.

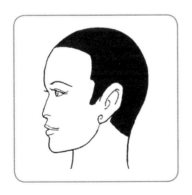

▶ 코에 뼈가 없는 듯 탄력이 없으면 단명한다.

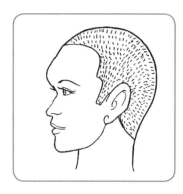

15) 높이 솟은 인당에 움푹 들어간 산근

옆에서 봤을 때 인당 부위가 높게 솟았다가 코부리(눈과 눈 사이의 바로 아래)에서 갑자기 움푹 들어간 상을 말한다.

▶ 인색하다.

▶ 심술도 많고 상대방의 단점을 보는 눈이 발달해 있다.

▶ 부정적 사고방식을 가지고 있다.

▶ 잔꾀가 많고 교활하다.

▶ 명이 그리 긴 상이 아니다.

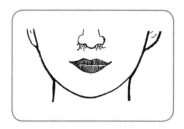

▶ 코털이 많으면 좋으나 이 털이 바깥으로 보이면 재산상 손해가 있고 금전 운이 일시적으로 막힌다.

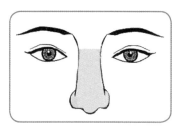

16) 살결이 거친 코

▶ 피부에 각질이 일어나는 것을 말하는데, 재산운과 이성운이 그리 좋지 못하다. 자중하면서 내공을 쌓을 필요가 있는 코다.

붉은 준두

17) 준두가 붉은 코

▶파산 혹은 법정에 설 수도 있는 운수. 만일 운이 좋아 재산을 많이 모으면 재난을 만나거나 명이 짧아질 수도 있다.

▶머리는 비상하여 일벌이기를 좋아 하지만 계획만 찬란할 뿐 동분서주 바쁘기만 하다.

▶준두가 빨가면 하는 일이 서로 엉키고 금전운이 꽉 막힌다.

▶준두가 빨갛면 직장에서 쫓겨나고 집안에서 다투는 일이 생긴다.

▶준두에 빨간 점이 나타나면 싸울일이 생기거나 형벌을 받을 수 있다.

▶콧대에 빨간 반점이 나타나면 피흘릴 일이 있다.

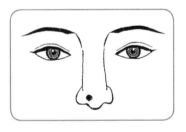

▶준두에 사마귀가 찍혀 있다면 하는 일이 막히고 어렵게 산다.

▶코에 검은 점이 있으면 항문 혹은 생식기에 남모르는 질병을 갖고 있다.

▶준두가 거무스레하면 하는 일에서 실패하고 재산이 흩어진다.

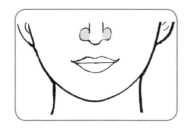

▶ 양쪽 콧볼(정위, 난대)이 거무스레 하면 하는 일이 잘못되어 재산상 손해가 있다.
▶ 준두에 핏기가 없이 창백한 색이면 부모상을 당하든가 자신의 재물이 흩어진다.

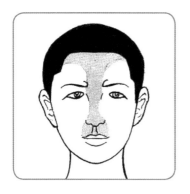

▶ 거무스름한 색이 코와 인중에 퍼지면 직업에 문제가 생기든가 건강이 나빠진다.
▶ 거무스름한 색이 콧대를 지나 이마까지 퍼지면 감옥에 가는 일이 있다.

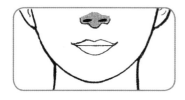

▶ 양쪽 콧구멍 근처가 거무스름하면 재앙을 만나서 어려움에 빠진다.

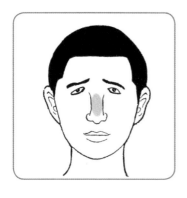

▶ 콧구멍의 주변 피부가 거칠면 뜨거운 물이나 불에 의한 화상을 조심해야 한다.
▶ 콧대의 색깔이 거무스름하면 생명이 위독하다.
▶ 산근(양쪽 눈 사이)에 검은 기운이 나타나면 배우자에게 불리한 일이 생기거나 재물을 잃는다.
▶ 콧대가 창백한 기운이 서리면 1년 내에 가까운 사람이 죽는다.

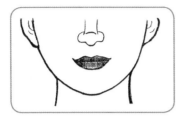

18) 준두에 가로 주름이 있는 코

▶ 재산을 날리는 등 풍파가 많고 운수가
  나쁜 상이다.

▶ 배우자와 자녀와의 관계도 나쁘고 고독
  해 질 상이다.

▶ 법정 다툼과 교통사고 등을 유의해야
  한다.

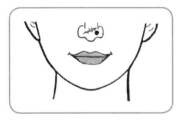

19) 준두에 난 흉터나 점

▶ 살아가면서 굴곡진 일을 많이 만나고
  남들보다 노력을 많이 해야하는 상.

▶ 남녀 모두 성욕이 강하고 그것 때문에
  말썽이 일어날 소지를 안고 있다.

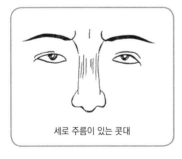

세로 주름이 있는 콧대

20) 세로주름이 있는 콧날

재산상 손해를 보든지 부부의 사이가 그
리 좋지 못할 상이다.

▶ 남녀 관계에서 말썽이 일어날 소지가
  있으니 조심해야 한다.

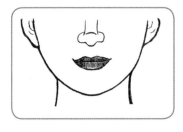

21) 산근(콧부리)의 가로주름

▶ 자녀들이 직업이나 결혼 때문에 부모와
떨어져 산다.

▶ 남을 도와주고 챙겨줘야 하는 일들이 많
이 생기고 늙어서도 일을하며 보낸다.

▶ 주름이 한 가닥으로 보기좋게 나있으면
성격도 좋고 가정도 원만하다.

5. 입

입은 공기가 드나드는 문이고 음식이 들어가는 곳이며 자신의 생각을 밖으로 표현하는 기관이다. 어떻게 입을 벌리고 닫느냐에 따라 행복과 불행이 갈리고 인생의 성공과 실패에도 영향을 끼친다.

1) 이상적인 입 모양

▶ 입은 큰 듯하면서 입술도 약간 두터운 모양이 좋다.

▶ 단정하게 다물어져 힘있게 보여야 한다.

▶ 입술이 튀어나오지 않고 평평하면서 입의 양쪽 끝이 탄력이 있으면 재물을 얻을 수 있다.

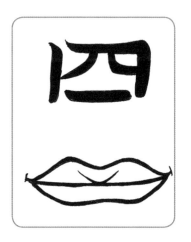

▶ 입이 넉 사(四)자 모양으로 모가지고 탄력이 있으면 재물이 많이 모인다.

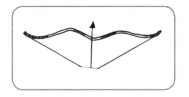

▶ 입의 모양이 활의 양쪽 끝처럼 위로 향하면 긍정적 사고방식을 갖고 있는 사람이고 관직에서 출세하거나 재물을 많이 얻는다. 일처리를 야무지게 하고 여성은 살림을 매끄럽게 잘한다.

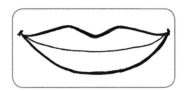

▶ 뚜렷한 구각선이면 일에 대한 집중력이 좋고 끊고 맺음이 확실하다.

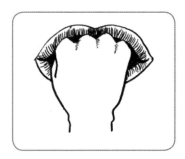

▶ 입이 주먹 하나가 드나들 정도로 크면 장군이나 재상 곁에서 지낸다.

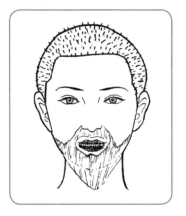

▶ 입술이 붉고 수염이 희면 말년을 화목하게 보낼 수 있다.

▶ 위아래의 입술에 탄력이 있고 두터운 사람은 충실하고 신뢰가 가는 사람이다.

▶ 입술이 붉은 연꽃 색깔이면 재산이 풍족하다.

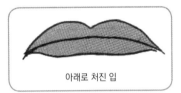

아래로 처진 입

▶ 입술에 세로주름이 없고 평평하면서 입의 양쪽 끝(구각)이 아래로 쳐지면 억울한 구설수에 오르내린다.

▶ 입술에 세로주름이 없는 사람은 고독하다.

▶ 아랫입술이 쳐진 사람은 춥고 고독하다.

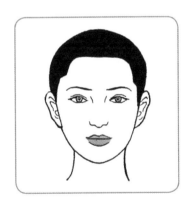

▶ 입이 넓으면서 입술 두께가 얇으면 여흥을 즐기는 사람이고 나쁜 재앙을 만나지는 않는다.

▶ 입술이 긴 사람이 짧은 치아를 가지면 장수한다.

▶ 혀는 큰데 입이 작으면 가난하게 살고 일찍 요절한다.

▶ 입술이 소라고동처럼 앞으로 튀어나오면 굶어 죽든가 자식이 있더라도 떨어져 산다.

▶ 말을 빠른 속도로 이야기하고 입을 오므려서 앞으로 내민 형상이면 가정이 깨지고 여기 저기 떠돌아 다닌다.

▶ 입술이 메마르고 오므라진 사람은 요절한다.

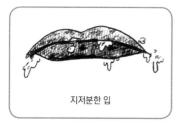

지저분한 입

▶ 입 주위가 지저분하게 보이면 가난하고 천하게 산다.

윗입술이 긴 입

아랫입술이 긴 입

▶ 윗입술이 아랫입술보다 긴 사람은 아버지가 먼저 죽고 아랫입술이 윗입술보다 길면 어머니가 먼저죽는다.

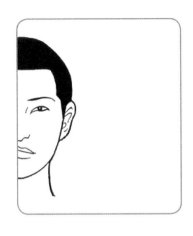

2) 삐뚤어진 입

▶ 남에게 지기 싫어하는 허세가 있다.

▶ 고집이 매우 세고 콩을 팥이라 우긴다.

▶ 대인관계에서 협조와 타협을 하지 않아 적을 만들고 다툼이 잦다. 이런 성격 때문에 부부 관계도 소원해질 가능성이 있다.

▶ 남의 밑에서 일하기보다는 개인적으로 할 수 있는 농업이나 개인사업, 기술직쪽 직업이 적합하다.

▶ 입술이 한쪽으로 치우쳐 삐뚤어져 있으면 배우자에게 해롭다.

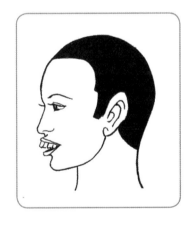

3) 입술이 늘 벌어져 치아가 밖으로 드러나는 입

말을 하지 않을 때라도 입술이 다물어지지 않고 치아가 밖으로 드러나 보이는 입이 있다.

▶ 언어능력이 발달해 있다.

▶ 자신의 감정을 숨기지 않는 솔직한 성품을 갖고 있다.

▶ 경솔하고 끈기가 없어서 일을 하더라도 끝맺음이 흐지부지 된다.

▶ 비밀을 지키지 못한다.

▶ 시비 벌이기를 좋아하는 사람은 치아가 늘 드러난 채 다물어지지 않는 사람이다.

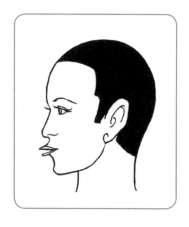

▶ 아래와 위의 입술이 얇은 사람은 헛된 말을 잘 하고 아래 서열에서 산다.
▶ 입술이 얇고 탄력이 없는 사람은 가난하고 천하다.
▶ 입술이 뾰족하면 기쁜 일에도 시비를 벌이는 사람이다.

4) 얇은 입술
▶ 책임감이 있다.
▶ 담백하다.
▶ 애정이 적고 타산적이며 냉철하다.
▶ 자기주관이 뚜렷치 않고 수동적이다.
▶ 시기심과 질투심이 많고 적극성과 열정이 부족하다.
▶ 엷은 입술에 다변인 사람은 타인의 비밀스런 정보를 삼자에게 이야기할 때 가려가며 해야 한다.

5) 큰 입

▶ 주관이 뚜렷하고 도전적이다.

▶ 욕망과 동물적 본능이 강한 야심가다.

▶ 여성은 매사에 적극적이며 재물운도 좋고 애정에도 정열가다. 다만 입이 크면서도 야무진 느낌이 있어야 똑똑하고 포용력도 좋은데, 탄력이 없고 두텁기만 한 입술은 색욕에 빠지기 쉽다. 또한 이런 입은 일을 하더라도 애착심과 집중력이 떨어져 끝마무리를 잘하지 못한다.

▶ 입이 크면서도 입술이 엷으면, 냉정하고 이기적이며 타인의 비밀을 잘 지켜주지 못한다.

▶ 입이 얼굴 균형에 비해 지나치게 크면 자기주장이 강하고 탐욕적이어서 혈육과 주변 사람들과의 관계에서 갈등을 일으킨다.

▶ 입이 크면서 얼굴의 다른 부위와 조화를 이루면 생활력도 강하고 입신출세할 상이다.

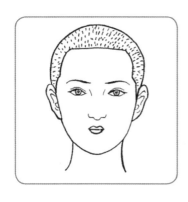

6) 작은 입

▶ 소심해서 자기주장을 적극적으로 표현하지 못하고 행동에서도 소극적이다.
▶ 적극성과 정열이 부족하다.
▶ 50세 전후에 가까운 사람과의 큰 금전거래에서 타격을 받거나 가정생활에서 변화가 있을 가능성이 있다.

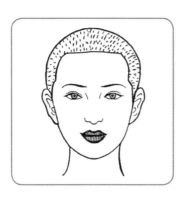

7) 두터운 입술

▶ 고집이 세다.
▶ 도전적이다.
▶ 부정적, 비판적 성향이 강하다.
▶ 동적인 감성이 발달해 있고 적극적이다.
▶ 남녀 애정에서 일어나는 문제를 조심해야 한다.
▶ 자기주관이 뚜렷하다.
▶ 융통성이 부족하다.

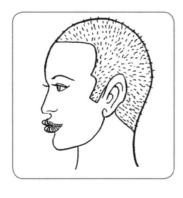

8) 툭 튀어나온 입술

▶ 주관이 뚜렷하다.
▶ 적극적인 성향 탓에 언어와 동작이 거칠다.
▶ 자신의 생각과 불평불만을 노골적으로 표현해 대인관계에서 불화가 잦다.

- ▶ 동물적이고 공격적이며 도전정신이 강하다.
- ▶ 웅변으로 사람을 압도하기도 한다.
- ▶ 생활력은 왕성하고 이성과의 애정문제에서도 적극적이다.

9) 들어간 입술

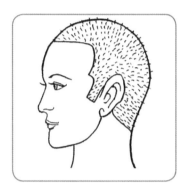

- ▶ 책임감이 강하고 매우 성실하다.
- ▶ 수동적이고 내성적이어서 다툼을 좋아하지 않는다.
- ▶ 세심하고 꼼꼼한 성격이다.
- ▶ 자신의 생각을 좀체 밖으로 드러내지 않고 가슴속에만 불태우는 일이 잦다.
- ▶ 지나치게 신중하거나 자신의 주장을 내세우지 못하는 것도 자기 인생을 살아가는 데는 그리 바람직스럽지 않다.

10) 늘 열려 있는 입술

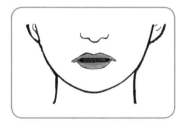

말을 하지 않을 때는 입술이 닫혀 있는 것으로 인식하기 쉽지만, 자신도 모르는 사이에 입이 늘 벌려져 있는 사람이 있다.

- ▶ 이런 사람은 지능 발달이 늦거나 나쁘고 무슨 일을 하든 끈기와 근성이 부족하다.

▸ 집중력이 떨어진다.

▸ 자기 주관보다는 남의 뜻에 따르는 일이 잦고 일을 하더라도 끝맺음이 매끄럽지 못하다.

11) 아랫입술이 튀어나온 입

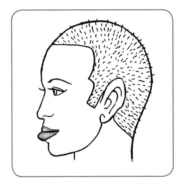

아랫입술이 많이 나와서 윗입술을 덮는 모양이다.

▸ 사춘기 이전에 한쪽 부모와의 인연이 좋지 못했다.

▸ 부부생활이 원만치 못할 가능성 있다.

▸ 같은 입술 모양이라도 두 가지 성향의 성격으로 나눌 수 있다.

첫째, 잔정이 깊고 자기주장을 잘 하지 못하며 소심하고 내성적인 사람.

둘째, 외향적이고 활달한 사람이라면 허풍이 세고 언행도 경솔한 유형이 있다. 이런 사람이라면 자신의 속셈을 감추고 이익을 위해선 신의를 깨트리는 이기주의자다. 정이 부족하고 불평불만이 많으며 상대의 애정만을 요구하기도 한다. 말은 그럴싸하게 잘하지만 뱃속을 알 수 없기 때문에 오래 사귈수록 믿음을 주지 못한다. 여성은 남편을 지배하려 든다.

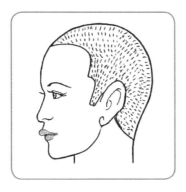

12) 윗입술이 아랫입술을 덮는 입

▶ 온순하고 내성적이며 꼼꼼한 성격이다.

▶ 자기주장보다 남의 의견에 따르는 수동형이다.

▶ 여성은 남편의 의견에 잘 따르는 맹종한다.

▶ 이론가이며 정의감도 있다.

▶ 세로주름이 많은 입술은 애교와 애정이 깊고 사교성도 좋다.

세로 주름이 많은 입술

13) 가로주름이 있는 입술

▶ 혈육과의 인연이 좋지 못하고 고독한 상.

가로 주름이 많은 입술

▶ 위궤양 등 소화기 계통이 약하다.

▶ 주름이 없는 입술은 겸손함이 없고 건방지다.

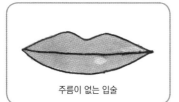

주름이 없는 입술

14) 선명하지 않은 입술선

▶ 부모 등 조상의 음덕이 적다.

▶ 일에 집중력이 떨어지고 싫증을 잘낸다.

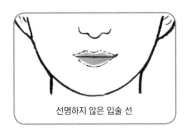

선명하지 않은 입술 선

▶ 노년에 성공키 어렵다.

검푸른 색깔의 입술

15) 검푸른 입술 색깔

▶ 탐욕스럽다.

▶ 인정이 없고 차갑다.

▶ 매우 이기적이고 타산적이다.

▶ 성품이 독하고 거짓말을 잘 한다.

▶ 음흉하다.

▶ 간음 주의.

▶ 간기능이나 소화기 계통이 약하다.

▶ 입의 양쪽(구각)에 창백한 색깔이 나타
나면 아픔이 눈앞에 있다.

6. 치아

치아는 음식물을 씹어서 우리 몸의 각 기관에 영양분을 공급하는 첫 단계의 역할을 한다. 인체의 뼈가 튼튼하면 치아도 견고하고 골격이 쇠퇴하면 치아도 약해짐을 알 수 있다. 뼈와 치아는 유기적 관계에 있는 것이다.

치아의 생김으로 당사자의 성격과 혈육관계, 건강상태, 식복의 유무, 수명의 장단을 예측할 수 있다.

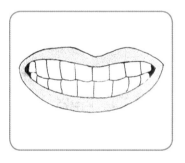

- ▶ 치아가 백옥같이 희고 아래 위의 치아가 잘 맞으면 젊어서부터 무리에서 이름을 얻는다.
- ▶ 말할 때 치아가 보이지 않는 사람은 부유하고 귀하게 된다.
- ▶ 치아가 석류 같은 사람은 의식이 풍족하다.
- ▶ 치아가 약간 길면서 뒤틀림 없이 고르게 틈새가 없어야 하며 빛깔도 희고 빛이 나면 성품도 바르고 건강과 재물운도 좋다.

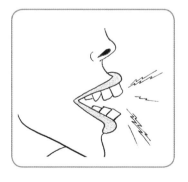

1) 입술이 까뒤집혀지고 앞 치아가 늘 드러나 보이는 상
- ▶ 호기심이 왕성하고 적극적이다.
- ▶ 약삭빠르다.
- ▶ 색정이 깊다.
- ▶ 떠버리 수준의 다변이다.

- ▶ 지나치게 솔직한 성격 때문에 경솔하게 비쳐진다.
- ▶ 비밀을 지키지 못하여 오래 사귄 사람들일수록 신뢰를 얻지 못한다.
- ▶ 객지에서 사망한다.

2) 윗니 두개가 긴 토끼형의 치아

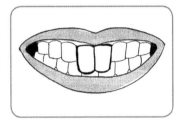

- ▶ 밝고 솔직한 성품의 소유자이고 사교성도 좋다.
- ▶ 가볍고 경솔해서 비밀을 잘 지키지 못하는 단점이 있다.
- ▶ 순발력과 언어능력이 뛰어나서 그 방면으로 직업을 정하면 좋은 능력을 발휘할 것이다.

3) 치아와 잇몸이 훤히 드러나는 상

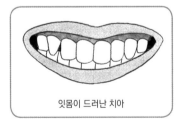

잇몸이 드러난 치아

- ▶ 적극적이고 낙천가이고 뒤끝이 길지 않은 솔직한 성품을 가진 사람이다.
- ▶ 감성이 발달한 성격이어서 여성의 경우는 유혹에 약할 수도 있다.
- ▶ 잇몸이 늘 드러나 보이는 사람은 갑작스럽게 어려움이 다가온다.

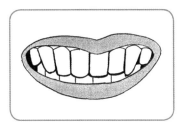

4) 크고 긴 앞니

▶ 활동적이고 체력이 좋다.

▶ 색욕이 강하다.

▶ 언변이 좋고 자기주장이 강하다.

▶ 치아의 길이가 너무길면 귀하게 된다고
할 수 없다.

▶ 앞니가 작고 가지런한 치아는 구두쇠로
금전관리를 잘한다.

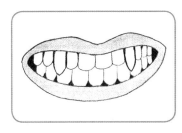

5) 덧니

▶ 윗 치아에 난 덧니는 밝고 애교도 있
으며 매우 솔직한 성격이어서 마음속에
품은 생각이 금세 얼굴 표정으로 드러
난다. 그러나 여성의 보기 싫을 정도로
심한 덧니는 초혼이 그리 순탄치 않을
가능성도 있다.

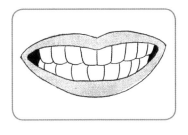

6) 옥니

▶ 자신의 생각을 상대방에게 시원하게 털
어놓지 않는다.

▶ 교제 범위가 그리 넓지 않고 음성적인
성격이다.

▶ 언행이 조심스럽고 집념이 강하다.

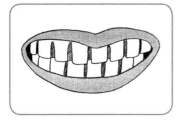

7) 틈새가 벌어진 치아

▶ 치아 사이가 벌어져 음식물이 샐 정도
의 사람은 가난하다.

▶ 치아가 짧고 가늘고 좁으면서 틈새가
벌어져 있으면 단명하고 10년을 공부
해도 벼슬을 이루지 못한다.

▶ 치아 사이가 벌어져 있으면 가난하고
복이 적다.

▶ 틈새가 벌어진 앞니는 본인이나 배우자
의 갑작스런 사고를 조심해야한다.

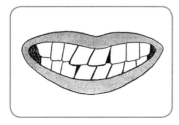

8) 비뚤어진 앞 치아

▶ 앞치아가 두 개 겹쳐난 사람은 심성이
교활하고 삐뚤어져 있다.

▶ 앞 치아가 비스듬히 난 사람은 갑자기
망한다.

▶ 치아가 요란스럽게 겹친 사람은 교활
하다.

▶ 치아가 어긋나서 가지런하지 않으면 남
을 속이는 심뽀를 가졌다.

▶ 아랫니가 지나치게 많이 삐뚤어져 있으
면 자신이 양자였거나 양자를 둘 가능
성도 있다.

▶ 두 개가 뒤틀려 겹쳐진 듯한 웃니는 부정적, 비판적 성향이 강하고 성격도 바르지 못하며 허풍이 심한 상이다.

9) 앞 이가 뾰족한 톱니치아

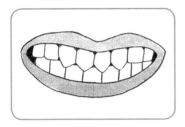

▶ 앞 치아 끝이 뾰족해서 톱니 같은 사람은 성격이 거칠어서 먹고 사는데 어려움이 많다.
▶ 이를 갈고 머리를 흔드는 사람은 그 성격이 간사하고 욕심 많음이 비할 데가 없다.

10) 치아의 색

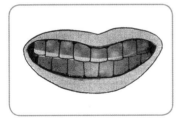

▶ 검은 색 앞니가 있으면 바람기가 있다.
▶ 치아의 색깔이 윤기가 없고 어두우면 장수하지 못한다.
▶ 이가 거무스레하고 사이가 떠서 옷에 바느질 자국같이 생긴 사람은 평생 재난이 일어난다.
▶ 치아가 불그스름하고 메마른 듯한 사람은 갑자기 요절한다.

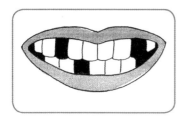

11) 치아의 빠짐

▶ 늙기도 전에 치아가 빠지면 수명을 재
촉한다.

▶ 늙어서 치아가 새로 나면 본인에겐 좋
지만 자녀에게는 나쁜 일이 일어난다.

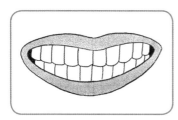

12) 치아의 개수

▶ 위아래 치아 수를 합해서 38개면 큰 인
물이 될 상이다.

▶ 치아가 36개 나 있으면 고관이 아니면
거부가 된다.

▶ 32개가 난 치아는 중품의 복을 가졌다.

▶ 30개 난 치아는 보통의 운이다.

▶ 28개 미만은 빈궁하고 하천하다.

7. 혀

아랫배로부터 나온 기운은 혀와 입술이 어우러져 소리로 울려 나오게 하며 마음을 밖으로 표현하는 기관이다.

또한 음식의 단맛, 쓴맛, 신맛, 짠맛, 매운맛을 가려내는 역할을 한다.

길면서 두터운 혀

1) 혀의 종류

▶ 혀 모양이 단정하면서 길고 넓으면 좋은 상이다.

▶ 손바닥같이 튼튼한 혀는 고관이 된다.

▶ 혀의 색깔이 붉고 깨끗한 사람은 귀하게 된다.

▶ 혀가 두텁고 예쁘면 부자가 된다.

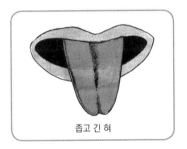

좁고 긴 혀

▶ 혀가 좁고 길기만 하면 간사한 도적상이다.

▶ 혀가 크기만 하고 얇은 자는 헛된 말을 많이 한다.

짧으면서 얇은 혀

▶ 혀가 짧으면서 얇은 자는 발전이 없다.

▶ 혀가 끊어진 듯 짧은 자는 하는 일이 자주 막힌다.

▶ 혀가 짧으면서 얇으면 춥고 배고픈 인생이다.

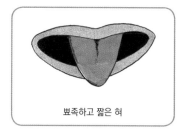

뾰족하고 짧은 혀

▶ 혀끝이 뾰족하고 짧은 자는 탐욕스럽다.

▶ 혀를 뱀처럼 날름거리는 자는 사람을 헤치는 독충과 같다.

▶ 말하기 전에 혀부터 내미는 자는 거짓말을 잘 한다.

▶ 말하기 전에 혀로 입술을 핥는 자는 음란하다.

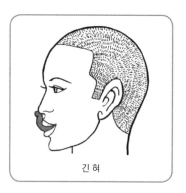

긴 혀

▶ 혀가 길어서 코에 닿는 사람은 지위가 매우 높이 오르고 부귀 장수한다.

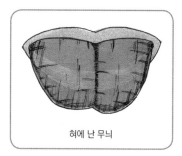

혀에 난 무늬

▶ 혀에 곧은 주름이 새겨진 사람은 높은 지위에 오른다.

▶ 혀에 가로 주름이 있으면 좋은 직업을 가진다.

▶ 혀에 비단결처럼 무늬가 많으면 극히 귀한 사람이 된다.

▶ 혀에 무늬가 많으면 관직에 오르고 혀에 무늬가 없으면 평범한 사람이다.

▶ 혀는 짧지만 두께가 두터우면 벼슬길에 오른다.

거무스름한 혀

▶ 혀가 검은색을 띤 자는 천박스럽다.
▶ 혀가 잿빛처럼 희끄무레 한 사람은 가난하다.
▶ 혀에 검은 점이 있으면 거짓말을 잘 한다.
▶ 혀의 윗부분이 푸르스름하면 혈육 간에 정이 없고 의리를 지키지 못한다.

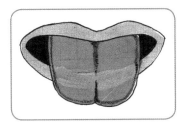

▶ 혀는 작은데 입이 크면 말솜씨가 좋다.

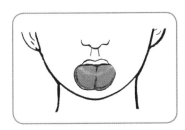

▶ 혀는 큰데 입이 작으면 일의 끝을 보지 못한다.

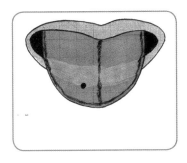

2) 혀의 점

▶ 말에 의한 실수 조심
▶ 소화기 계통 약함
▶ 습관적으로 침을 자주 뱉는 사람은 운이 새나가고 건강에도 해롭다.

8. 인중

인중은 코와 입술 사이에 있는데 도랑과 같은 홈이 파여져 있다. 인중의 이 작은 표시에서 심성, 남녀 관계, 자녀 사이를 알아볼 수 있다.

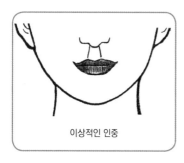

이상적인 인중

1) 이상적인 인중

▶ 인중은 넓고 길이가 길며 가운데는 뚜 렷해야 좋다.

▶ 인중이 대나무를 쪼갠 듯 홈이 또렷하 면 심성이 바르고 부유하다.

▶ 인중의 홈은 위로부터 아래로 내려가면 서 점차 넓어져야 좋다.

▶ 인중이 위에서부터 아래가 바르고 골이 뚜렷하면 신의가 있고 마음도 바르다.

▶ 인중의 위가 좁고 아래로 갈수록 넓어 지면 자손이 많다.

▶ 인중이 깊고 긴 사람은 장수한다.

▶ 위와 아래가 균등하게 깊고 곧으면 자 손을 많이 둔다.

▶ 인중은 삐뚤어지지 않고 곧아야 한다.

▶ 인중의 색깔이 밝고 탄력이 있으면 하 는 일이 잘되고 덕이 있다.

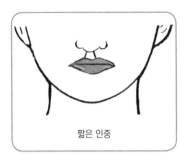

짧은 인중

2) 짧은 인중

▶ 인중이 짧으면 성급하고 고집이 세다.

▶ 인중의 골이 뚜렷치 않으면서 넓기만
하면 지능이 낮고 끈기가 부족하며 자
식이 없고 단명한다.

흐린 인중

3) 흐린 인중

▶ 인중의 골이 없는 듯이 평평하거나 얕
으면 자식을 낳지 못한다.

▶ 인중의 골이 얕고 짧은 사람은 장수하
지 못한다.

아래로 갈수록 좁아지는 인중

4) 아래로 갈수록 좁아지는 인중

▶ 인중의 위가 넓고 아래로 내려갈수록
좁아지면 자녀의 수가 적고 늙어서 운
이 나빠진다.

▶ 인중의 위가 넓고 아래로 내려갈수록
좁아지면 간사스러움이 있다.

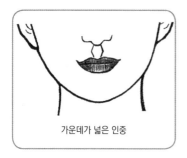

가운데가 넓은 인중

5) 가운데가 넓은 인중

▶ 인중이 위와 아래는 좁은데 가운데만 넓으면 자녀가 질병이나 사고로 인해 제대로 성장하지 못한다.

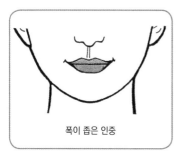

폭이 좁은 인중

6) 폭이 좁은 인중

▶ 인중의 폭이 좁고 가늘면 입을 의복과 먹을 음식에서 애로를 많이 느낀다.

▶ 인중이 바늘을 매단 것처럼 가늘면 자손이 끊기고 가난하다.

삐뚤어진 인중

7) 삐뚤어진 인중

▶ 인중이 삐뚤어진 사람은 마음도 삐딱하고 신용이 없다.

▶ 인중이 삐뚤어져 있으면 부부 사이가 나쁘다.

▶ 인중이 삐뚤어져 있으면 한쪽 부모와의 인연이 멀다.

인중 옆 수염

8) 인중 옆 수염

▶ 인중 옆에 수염이 안 나는 사람은 그릇이 적다.

▶ 인중 옆에 수염이 나면 생활력이 왕성하다.

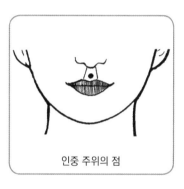

인중 주위의 점

9) 인중 주위의 점

▶ 인중에 검은 점이 있으면 초혼에 실패한다.

▶ 인중의 윗부분에 점이 있으면 아들을 많이 둔다.

▶ 인중의 아랫부분에 검은 점이 있으면 딸을 많이 둔다.

▶ 상처나 점이 있는 인중은 부부를 포함해 이성에 의한 정신적 상처를 크게 받는다.

흉터나 주름이 있는 인중

10) 흉터나 주름이 있는 인중

▶ 인중에 가로주름이나 상처가 있으면 결혼에 실패하고 자손이 없을 수도 있다.

흉터나 주름이 있는 인중

▶ 인중에 세로 주름이나 세로로 난 흉터
　가 있으면 자식을 낳아도 질병이 있다.

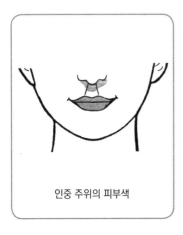

인중 주위의 피부색

11) 인중 주위의 피부색

▶ 인중이 거무스레한 빛깔이 나타나면 갑
　작스럽게 병이 걸린다.
▶ 인중에 거무스레한 색이 나타나면 물
　조심해야 한다.
▶ 인중에 푸르스름한 색이 나타나면 재산
　이 흩어진다.
▶ 인중이 창백하면 부인의 출산에 어려움
　이 따른다.

9. 귀

관상에서 귀는 재산의 많고 적음, 생명의 길고 짧음, 심성의 가벼움과 무거움을 가늠한다.

또한 귀의 색을 보고 최근에 일어나는 운기의 상승과 하강을 보기도 하고 건강 상태를 예측할 수 있다.

그리고 의학적으로는 소리에 의한 정보를 수집하는 창구 역할과 신체의 균형 감각을 유지하도록 하는 기능을 맡고 있는 중요한 곳이다.

대부분의 사람들은 귀만 크면 천하무적인 줄 착각하면서 "귀가 큰 걸 보니 부자 되겠다"라고들 말하곤 하는데 그것은 하나만 알고 둘은 모르는 우물 안 개구리 식으로 좁은 지식의 소치다.

관상이란 것이 코나 귀 등 얼굴의 어느 한두 부위만 잘생겼다고 좋다 그르다 판단하는 분야가 아니다. 귀 큰 거지나 코 큰 거지들을 어떻게 설명할 것인가 말이다.

즉 여러 부위를 종합해서 그것들이 유기적 관계로 잘 짜여 있느냐를 봐야 하고 기의 모임과 흩어짐이 어떤지를 감지할 줄 알아야 한다.

그렇더라도 작은 귀보다야 큰 귀가 관상적으로 좋다는 건 두말할 나위가 없다.

귀에서 나타난 장, 단점을 알아간다면 사회생활 하는데 큰 도움이 될 것임은 분명하다.

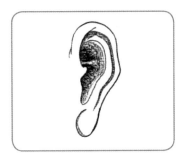

1) 이상적인 귀

▶ 귀가 크면서도 살집이 두둑하고 윤기가 흐르면서 분홍빛이 돌면 최고로 좋은 귀다.

▶ 귀의 아랫부분이 어깨까지 내려오면서 윗부분이 눈썹보다 높으면 가난하게 살지 않는다.

▶ 귀가 커서 어깨로 늘어진 사람은 장수할 상이고 성욕도 강하다.

▶ 귀에 살이 붙은 자는 지능이 좋고 착실하며 매사에 공손한 심성을 가졌고 부유하게 산다.

▶ 귀에 살집이 붙어서 귓볼이 늘어진 사람은 감성이 풍부한 복상으로 성격도 원만하고 재물운이 좋으며 자비심도 많다.

▶ 작은 귀는 큰 귀에 비해 스케일이 크지는 않으나 윤기가 귀에 흐르고 색깔이 좋다면 심성이 착하고 좋은 운이다.

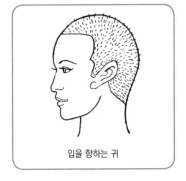

입을 향하는 귀

▶ 귓바퀴의 윤곽이 뚜렷하고 귀볼이 비스듬히 입을 향하고 있으면 수명이 길다.

▶ 귓볼이 늘어지고 빛깔이 밝으며 비스듬히 입을 향에 내려가면 부귀하고 영광이 있다.

수직으로 내려온 귀

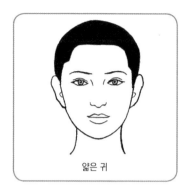

얇은 귀

2) 크면서도 살집이 없어 종이장처럼 얇은 귀

▶ 남의 소문에 이리저리 휘둘리거나 중요한 일에 성급하고 경솔하게 결정해서 일을 그르칠 수 있다.

▶ 소문에 현혹되어 부동산 거래 시 큰 타격을 입을 가능성이 있으니 신중해야 한다.

▶ 건강, 재산에서 그리 좋다고 볼 수 없는데 다만 귀의 색깔이 밝고 윤택하다면 그 단점을 어느 정도 비켜갈 수 있을 것이다.

▶ 귀가 얇으면서 귓볼이 없는 사람은 여린 성격의 소유자이고 부동산에서 큰 손해를 보며 수명도 그리 길지 못하다.

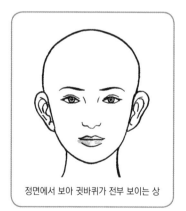

정면에서 보아 귓바퀴가 전부 보이는 상

▶ 귀의 두께가 얇으면서 귓바퀴가 정면을 향하고 있으면 집과 땅을 팔아 없애고 힘들게 산다.

▶ 귀의 두께가 얇으면서 귓바퀴가 정면을 향하고 있으면 가난하고 고생하며 자기 주관도 뚜렷치 않아서 남의 소문에 이리저리 이끌리며 산다.

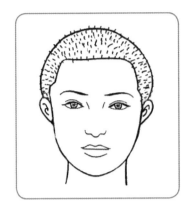

3) 작은 귀

귀의 크고 작음보다는 얼마나 단단하고 암팡지게 보이냐와 색깔이 밝으냐 어두운가에 따라 좋고 나쁨이 갈린다.

▶ 귀가 작으면서도 얇고 색이 창백하기까지 하다면, 겉보기는 인물이 잘 생긴 듯 보여도 활기가 떨어지고 일의 막힘이 자주 발생한다.

▶ 소심하고 예의 바르고 성실한 성품이다.

▶ 주관이 자주 흔들리고 능동적 인생보다는 수동적 인생상이다.

▶ 어떤 일을 결정할 때 성급하고 경솔해서 잘못된 판단을 할 우려가 있다.

▶ 약한 기(에너지)를 갖고 태어난 사람이어서 장기적으로 신경 많이쓰는 일을 피해야하고 과도한 몸활동도 자제해야 한다.

▶ 큰 그릇이 아닌 만큼 작은 금전, 작은 일에 만족하며 차근차근 재산을 모아야 탈이 안 생긴다.

▶ 장수상이 아니다.

▶ 귀가 작더라도 암팡지고 단단해 보이고 밝은 색을 띠면 운기가 살아 있다는 뜻이다. 운기가 살아 있다는 말은 건강 상태도 좋고 하는 일이 잘 풀리는 상승의 시기라는 의미다.

4) 뺨에 붙어 정면에서 보이지 않는 귀

똑같이 귀가 보이지 않은 형이어도 귀의 폭이 좁은 모양과 넓은 형이 있다.

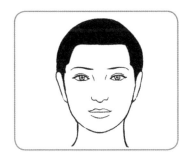

① 뺨에 붙어 정면에서 보이지 않는 귀 중에 폭이 좁은 귀

▶ 주관이 뚜렷하다.
▶ 고집이 세다.

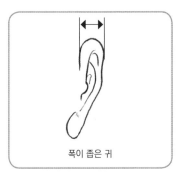

폭이 좁은 귀

▶ 집념과 집착이 강하고 편협한 사고방식을 가지고 있다.
▶ 이 단점을 고치려면, 타인의 의견을 진지하게 들어 줘야 하고 자기주장을 지나치게 내세우지 말아야 한다.

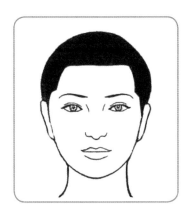

② 뺨에 붙어 정면에서 보이지 않으면서 폭이 넓은 귀

▶ 의지가 굳세고 무리를 거느리며 살 우두머리 상이다.
▶ 남에게 고용되기보다는 자력으로 운수를 개척하는 형이다.
▶ 건강하고 생활력이 강하다.

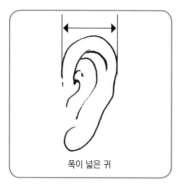

폭이 넓은 귀

▶ 얼굴을 정면에서 볼 때 귀가 보이지 않는 사람은 '넌 도대체 누구의 아들이냐'고 물을 정도로 이름을 떨치며 재물을 얻는다.

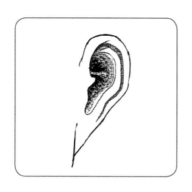

5) 칼 귀

칼귀는 사리 판단할 때 감정에 치우치지 않고 냉철해서 사사로운 감정에 좌우되지 않는다.

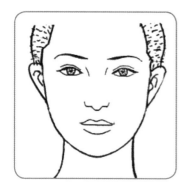

▶ 체념 또한 빨라서 친구에게 꾸어준 돈이나 오래 사귄 애인이 변심하면 매달리거나 구걸하지 않고 깨끗이 포기하고 잊어버린다.
▶ 재운이 좋은 귀다.

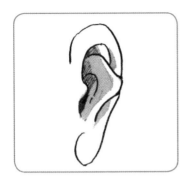

6) 내륙의 곽이 밖으로 나온 귀

▶ 형제 중 맏이가 아닌 둘째나 셋째등 아래 형제가 흔히 가지고 있는 귀의 모습이다.

▶ 자존심과 반발심, 독립의지가 강하다.

▶ 활동적이다.

▶ 여성의 경우 적극적이고 신념도 강하며 수완도 좋다.

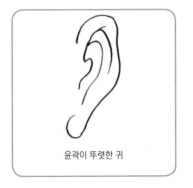

윤곽이 뚜렷한 귀

7) 윤곽이 뚜렷치 않은 귀

▶ 보수적이고 소극적이며 자기 주관이 뚜렷치 않다.

▶ 이기적이면서도 소심하다.

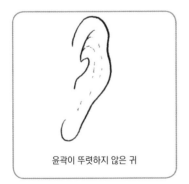

윤곽이 뚜렷하지 않은 귀

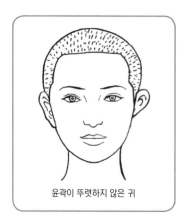

윤곽이 뚜렷하지 않은 귀

8) 오른쪽과 왼쪽의 크기나 모양이 다른 귀

▶ 어린 시절에 부모 중 어느 한쪽과 인연이 멀었다는 걸 나타낸다. 인연이 멀었다는 뜻은, 일찍 돌아가셨다든지 부모님의 사이가 나빠 떨어져 살았던가 부모님의 직업 때문에 떨어져 사는 바람에 정을 못 받고 자란 경우가 그것이다.

▶ 어릴 적부터 정서적으로 불안정한 상태에서 성장했을 가능성이 있으므로 성인이 되면서 안정을 찾는 게 우선이다.

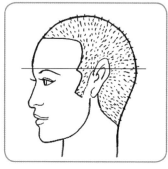

9) 옆얼굴을 봤을 때 귀의 윗부분이 눈썹선 위로 솟은 귀

▶ 운동신경이 발달해 있고 정적인 면보다는 동적인 형이다.

▶ 이성보다는 감성이 발달해 있다.

▶ 부지런하고 성실한 상이다.

10) 귀의 위 부위가 눈썹선 아래로 내려온 귀

▶ 경솔치 않고 신중하며 치밀하게 계획을 짠다.

▶ 귀의 윗부분이 아래로 내려오면 귀 볼
도 당연히 입 아래로 내려오게 되는데,
이런 모양의 귀는 재산 형성에서도 좋
은 역할을 한다.

11) 뾰족한 귀

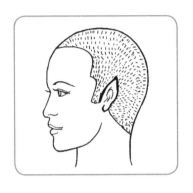

▶ 귀의 윗부분이 뾰족하면 사람을 헤치는
마음이 있다.

12) 폭이 넓은 귀

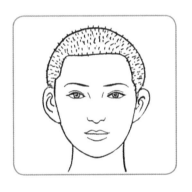

▶ 귀의 폭이 넓은 사람은 포용력이 있고
남과 조화를 잘 이룬다.
▶ 귀의 폭이 좁으면서 뺨에 달라붙어 정
면에서 잘 보이지 않으면 고집이 세서
편협한 사고방식의 소유자이다.

13) 귓구멍이 좁은 귀

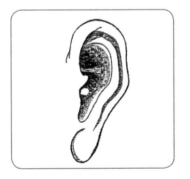

▶ 귓구멍이 겨우 침이 드나들 정도로 좁
으면 어리석고 고집이 세며 가난하다.

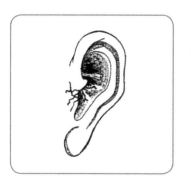

14) 귓속에 털이 난 귀

▶ 귓속에 털이 나있으면 장수한다.

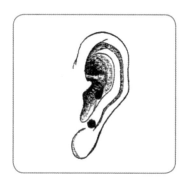

15) 귓바퀴에 사마귀가 난 귀

▶ 사마귀가 귀에 있으면 장수한다.

▶ 귓바퀴에 사마귀가 있으면 귀한 아들
  을 낳는다.

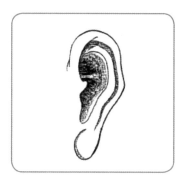

16) 귓불이 두툼한 귀

▶ 여자가 귓볼이 두툼하고 색깔이 밝으면
  재운이 좋고 성욕도 왕성하다.

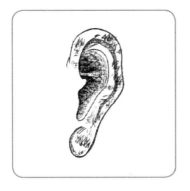

17) 귀의 색깔

▶ 귓바퀴의 윤곽이 분명하고 복숭아 색깔이 나면 영리하다.

▶ 귀의 색깔이 희면서 맑으면 총명하고 이름을 천하에 떨친다.

▶ 귀가 얼굴빛보다 희면 귀한 자손을 얻는다.

▶ 귀는 크고 작음보다 색깔이 훨씬 더 중요하다. 제 아무리 귀가 크고 살집이 있더라도 색깔이 나쁘다면 좋은 귀가 아니라는 뜻이다.

▶ 윤기가 흐르는 밝은 색은, 최근 혹은 몇 년 후나 그보다 더 오랜 세월 동안 운기가 상승하는 시기이다.

▶ 눈빛이 살아 있으면 귀 색깔도 점차 좋아지는 반면 눈에 힘이 없고 기가 흩어지는 느낌이 들면 귀의 색 또한 밝지않다.

▶ 가난하고 고독한 사람은 귀에 윤기가 없고 색깔이 어두우면서 지저분한 느낌이 든다.

▶ 귀에 윤기가 없고 창백하다면 현재 운이 막혀 있고 내부 장기에 질병이 진행 중에 있다.

▶ 귀가 거무스레하고 지저분하면 가난하고 어리석다.

▸ 귀가 먹칠한 듯 검으면 수명이 길지 못하다.

▸ 귀의 색이 나쁘면, 최근에 하는 일이 막혀 있고 그로 인한 마음고생을 많이 하고 있는 상태다. 건강 또한 좋지 않아 내부의 장기능이 약화되어 있다.

▸ 쥐의 귀처럼 크기가 매우 작으면 단명한다.

▸ 귀의 명칭

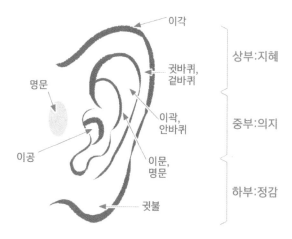

이각

상부:지혜

귓바퀴,
겉바퀴

명문

이곽,
안바퀴

중부:의지

이공

이문,
명문

하부:정감

귓불

10. 턱

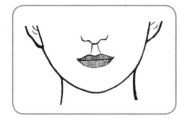

1) 이상적인 턱

▶ 턱이 둥글면 늦은 나이에 영광스러움
을 만난다.

▶ 턱이 풍부하고 둥그스름하면 재산이 많
아진다.

▶ 턱이 둥글면 돈과 재물의 주인이 되어
쌓인다.

▶ 턱이 둥글고 풍부하면 부자가 되고 턱이
단단하게 생겼으면 귀하게 된다.

▶ 턱이 평평하고 풍만하면 타인으로부터
좋은 일이 들어온다.

▶ 고관이 되어 귀하게 된 것은 턱이 넉넉
하게 생겼기 때문에 그렇다.

▶ 부귀하게 살면서 평생 활발히 사회활동
하는 것은 하정이 길기 때문이다.

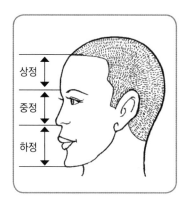

2) 턱이 긴 사람

▶ 언행에 신중하고 사리분별력이 있으며 사고방식이 어느 한쪽으로 치우치지 않고 중심이 잡혀있다.

▶ 배우자와 자녀에 대한 애정이 깊고 매우 가정적인 상이다.

▶ 남을 배려하는 마음과 의협심이 있다. 그러나 정에 약해서 남을 지나치게 신경써주는 경향이 있다.

▶ 진지하고 열심히 일하는 좋은심성의 소유자다.

▶ 평온하고 행복한 인생을 보낼 상.

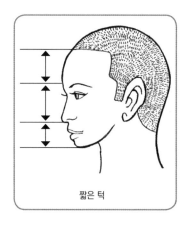

짧은 턱

3) 턱이 짧은 사람

▶ 그때그때 상황에 따라 대처하는 순발력이 좋다.

▶ 깊은 사고력도 없이 성급하고 즉흥적인 결정으로 오판하는 일을 주의하며 살아야 한다.

▶ 소극적이고 신경질적이다.

▶ 어른으로써의 자각이 약간 부족한면이 있고 감상적이다.

▶ 여성은 애교가 있고 가정에 머무르기보다는 밖으로 나다니길 좋아한다.

4) 아감뼈가 발달한 턱

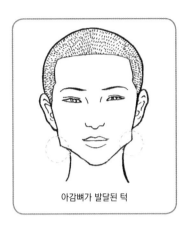

아감뼈가 발달된 턱

▶ 지배욕, 물욕, 정복욕, 식욕. 투쟁심 등 욕망과 욕심이 남달리 강하다.
▶ 집념과 집착력이 강해 타인과의 갈등이나 남녀 애정문제에서 폭력 등을 조심해야 한다.
▶ 자존심이 강하고 자기 주관이 뚜렷하다.
▶ 고집이 세고 타협심이 적다.
▶ 여성은 가정을 꾸며도 자기위주의 생활로 인한 잦은 충동을 주의해야한다.

5) 이중 턱

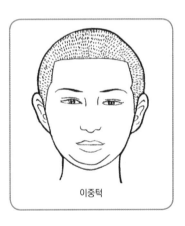

이중턱

▶ 금전운도 좋고 복을 넉넉히 받을 상이다.
▶ 여성의 이중턱은 성욕이 강하다.
▶ 이중턱에 눈동자에 빛이 나서 푸른 기운이 돌면 부귀하거나 고승이 된다.

6) 주걱 턱

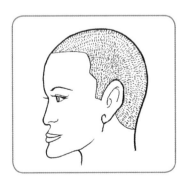

▶ 정에 약하고 자신을 희생하는 봉사정신이 발달해 있다.
▶ 여성의 주걱턱은 이성에게 적극적인 편이다.

▸ 턱이 앞으로 나와 있으면 늙어서도 왕성하게 활동하며 장수한다.

7) 뾰족한 턱

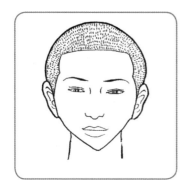

▸ 순발력과 심미안이 뛰어나다.
▸ 의지가 약하다.
▸ 부하 덕과 인덕이 그리 좋지 못한 사람이라면 이것은 자신의 변덕스러움에서 비롯된 것이다.
▸ 턱이 뾰족하든가 짧은 사람이 넓은 이마를 가지고 있으면 순발력이 지나쳐 사기성 있게 비쳐질 수 있으니 조심해야 한다.
▸ 이마는 넓은데 턱이 뾰족하면 하는 일이 자주 막힌다.

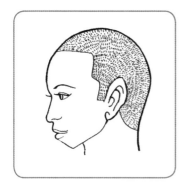

▸ 턱이 뾰족하고 뒤로 들어가 있으면 말년에 이르러 성공하기 어렵고 귀하게 될 수 없다.
▸ 턱이 주름 혹은 흉터가 있거나 뒤로 달아난 턱을 가지면 아랫사람을 돌볼 수 없다.

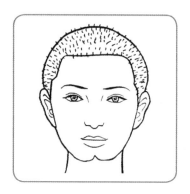

8) 중앙에 홈이 파여진 턱

▶ 성적인 매력이 있는 정력가다.

▶ 정열적이다.

▶ 새로운 것을 창조해 내는 능력이 좋다.

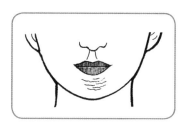

9) 주름 잡힌 턱

▶ 성실하고 부지런한 노력파다.

▶ 자기위주의 완벽함을 요구해서 주변 사
  람을 늘 긴장하게 만들므로 약간 느슨
  하고 여유 있는 마음 자세가 필요하다.

▶ 승장(턱의 중간 부분에서 아랫입술 사
  이)에 깊은 주름이 있으면 부하들이 떠
  난다.

▶ 턱에 주름이나 점이 있으면 부하들이
  따르지 않는다.

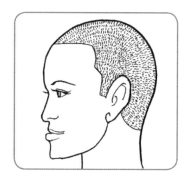

10) 앞으로 내민 아랫입술과 앞으로 나온 턱

▶ 어렸을 때 어머니가 아닌 타인의 손에
  자란 상.

▶ 한쪽 부모와 인연이 멀었을 수 있다.

▶ 시기심과 질투가 많다.

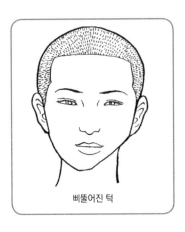

삐뚤어진 턱

11) 좌우의 턱이 비대칭으로 생긴 상

▶ 부모와의 인연이 먼 상.

▶ 성격이 고르지 못하다.

▶ 턱이 짧으면서 삐뚤어져 있으면 은혜를 원수로 갚는다.

▶ 턱이 뒤로 물러서 있거나 삐뚤어져 있으면 차량에 의한 사고를 조심해야 한다.

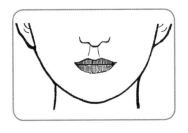

12) 턱의 색

▶ 턱에 윤기가 흐르고 밝은 색깔이면 가정에 근심이 없고 경사스러움이 많이 쌓인다.

▶ 턱에 불그스름한 밝은 색깔이 있고 윤기가 흐르면 재물이 들어온다.

▶ 턱 색깔이 밝으면 집안이 편안하고 좋은 일이 생긴다.

▶ 턱이 불그스름하고 윤기가 흐르면 늙어서 안락하다.

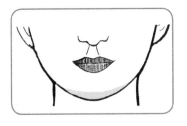

▶ 턱에 거무스름한 색이 나타나면 물에 의한 손해나 사고 조심해야 한다.

▶ 법적인 문제를 조심해야 한다.

▶ 재산상 손해를 본다.

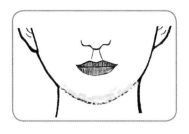

▶ 하는 일마다 이롭지 못하다.

▶ 턱에 거무스름한 색이 나타나서 뺨에 까지 나 있으면 50일 이내에 사망한다.

▶ 턱에 흐릿한 피부색이 나타나면 사람이 죽고 가정이 깨진다.

▶ 턱이 검푸르면 물에 의한 사고 조심해야 한다.

▶ 턱에 피부가 거칠면서 창백하면 재산상 손실이 있다.

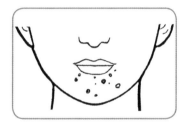

13) 턱의 점

▶ 턱에 빨간 반점이 나타나면 차량의 손실이 있다.

▶ 승장(턱과 아랫입술 사이)에 빨간 반점이 나타나면 술에 의한 화를 만나든지 법적인 문제가 발생한다.

▶ 하정에 빨간 기운과 거무스름한 색이 섞여서 나타나면 재산상 큰 손해를 본다.

▶ 하정에 빨간 반점이 찍히는 것은 간 기능 저하이다.

▶ 하정에 빨간 반점이 나타나면 현재 거주하는 곳에 문제가 발생했다.

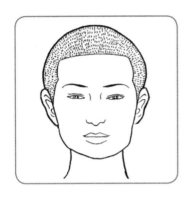

14) 사각 턱

▶ 집념과 집착이 강하고 욕심이 많다.

▶ 감성이 무디고 자신의 희로애락을 잘 나타내지 않으며 일하는데 많은 정신을 쏟는다.

▶ 남녀간에 애정 표시나 기교가 단순하다.

▶ 여성으로서의 애교나 부드러운 감정이 무뎌서 무심하게 보일 수 있다.

11. 볼

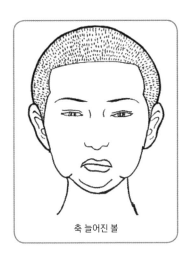

축 늘어진 볼

1) 살찌고 축 늘어진 볼

▶ 심술이 많다.

▶ 남의 말을 잘 안 듣는 고집불통 상이다.

▶ 어릴 때부터 길들여진 고집불통은 나쁜 업을 쌓이게 만들고 그것이 나중엔 대인관계를 나쁘게 할 것이다.

▶ 중년 이후에 혈액순환 계통 건강에 좋지 않은 영향을 끼친다.

▶ 나보다 타인을 먼저 배려하며 살아야 대인관계도 좋아지고 재산도 모인다.

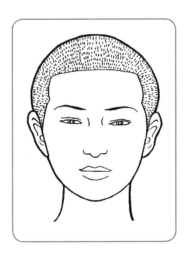

2) 호박 볼 여성

▶ 호박 볼이란 양쪽 볼의 살이 지나치게 늘어지지도 않고 마르지도 않으면서 보기 좋게 도톰히 올라 있는 볼의 형태를 말한다.

▶ 가정에 충실하고 내조를 잘 한다.

▶ 호박 볼 여성은 현모양처 상이다.

▶ 의지력, 돌파력, 체력이 약간 약하다.

▶ 볼에 윤기가 흐르면서 밝은 빛이 나타나면 시험에 합격한다.

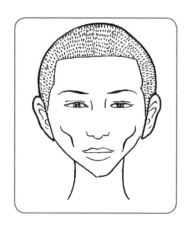

3) 홀쭉한 볼

▶ 부지런하고 꼼꼼한 일벌레다.

▶ 인덕은 그리 좋지 못하다.

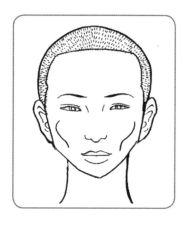

4) 이마가 넓고 볼이 홀쭉한 상

▶ 순발력이 뛰어나다.

▶ 자기 주관을 자주 바꾸는 변덕으로 인 덕이 부족하다.

▶ 입 밖에 낸 약속은 반드시 지키며 살아 야 한다.

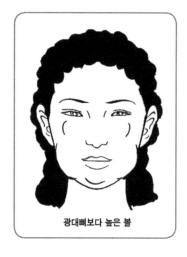

광대뼈보다 높은 볼

5) 광대뼈보다 높은 볼

▶ 여자의 볼이 광대뼈 보다 높으면 중년 에 이르러 부부 이별한다.

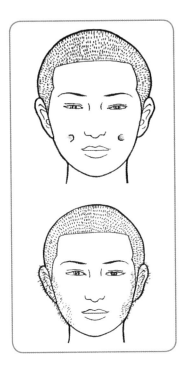

6) 볼에 생기는 보조개, 털

▶ 애교와 사교성이 좋다.

▶ 자유 분망한 나머지 가정에 머무르기
  보다는 바깥으로 나다니기를 좋아하는
  성향을 갖고 있다.

▶ 볼이나 귓바퀴에 난 솜털이 성인이 되
  어서도 솜털이 눈에 띄게 많으면, 현재
  의 운기가 약간 막혀있거나 운이 늦게
  트이는 경향이 있다.

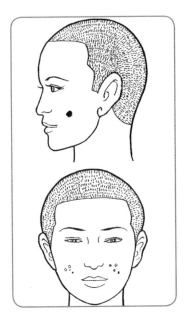

7) 볼에 찍힌 점(색)

▶ 약간의 방랑기질을 가지고 있다.

▶ 여성은 가정에 머무르기보다 집 바깥으
  로 나가 활동을 하려는 경향이 강하다.

▶ 양쪽 뺨에 빨간 반점이 나타나면 부부
  싸움이 일어난다.

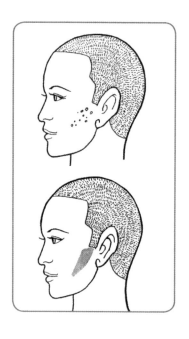

▶ 명문(귀 바로 앞, 뺨쪽)에 빨간색이 나타나서 콧대에 이르면 법정에 서는 액운이 있다.

▶ 명문에 빨간 반점이 생겨 입쪽으로 향하면 이틀, 혹은 일주일 이내에 액운을 만난다.

▶ 명문에 거무스름한 색이 나타나면 생명이 위태롭다.

▶ 명문에 거무스름한 기운이 뻗치면 귀신이 부르는 표시이다

▶ 뺨에 거무스름한 기운이 안개처럼 나타나면 일주일 이내에 죽는다.

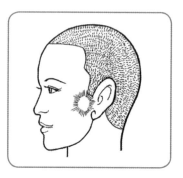

▶ 명문이 깨끗하고 밝으면 복을 받고 하는 일이 잘 풀린다.

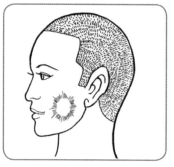

▶ 볼에 윤기가 흐르면서 밝은 빛이 나타나면 시험에 합격한다.

12. 법령

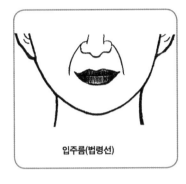

입주름(법령선)

법령선

▶ 성공한 사람 중에 법령선 나쁜 사람은 없다.

▶ 법령이 중간에 끊어지거나 갈라지지 않고 뚜렷이 새겨진 선이 좋다. 이런 사람은 직업운도 좋고 심성도 안정적이며 주관이 뚜렷하다.

▶ 자신의 직업에 전문가 치고 법령선 뚜렷치 않은 사람은 없다.

▶ 여성의 뚜렷한 법령선 소유자는 여태 직업활동을 하며 살아왔거나 직업을 갖는 게 좋다.

▶ 법령선 부근의 밝은 피부색이면 무슨 일이든 발전적이고 일도 잘 풀리고 있다는 증거다.

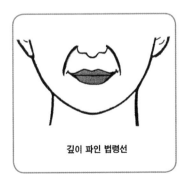

깊이 파인 법령선

▶ 지나치게 깊이 파여진 법령선은 어린시절에 사회생활을 한 사람이다. 자기 자신에게 엄격하고 타인에게도 엄하고 융통성이 없어서 마음의 여유가 부족하다.

▶ 젊은 사람에게 뚜렷한 법령선이 그어졌다면 소년시절부터 직업전선에 뛰어들었다는 증거다.

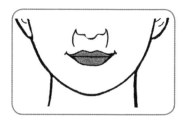

1) 폭이 좁으면서 입 끝에 닿은 법령선

▶ 일에 대한 불평불만이 많다.

▶ 생활력이 그리 좋지 못하다.

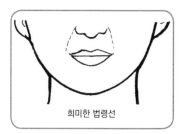

희미한 법령선

▶ 중년 이후에도 법령선이 없거나 희미한 사람은 자신의 직업에 대한 애정이 없거나 직업을 자주 옮기는 사람이다.

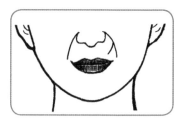

2) 두 가닥으로 갈라진 법령선

▶ 직업을 자주 바꾸었거나 두 가지 이상의 직업을 가지고 있는 상이다.

▶ 사춘기 이전에 한쪽 부모와 인연이 멀었다.

▶ 여성은 재혼할 수도 있는 상.

▶ 도중에 끊어진 법령선은 한쪽 부모와 생이별이나 사별한다.

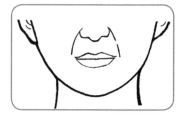

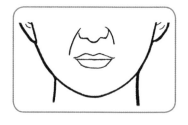

▶ 법령선이 한쪽은 긴데 한쪽은 짧으면, 한쪽 부모와의 인연이 멀고 건강이 좋지 않다.

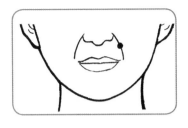

▶ 법령선에 점이 찍힌 사람은 한쪽 부모와
  의 인연이 멀다.
  아니면 어떤 이유 때문에 부모의 임종을
  지키지 못하거나 장례식에 참석치 못하
  는 문제가 발생한다. 또한 중년 무렵에
  직업의 급격한 변화를 겪는다.

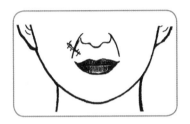

▶ 법령선을 가로지르는 흉터나 주름이 있
  으면 부부가 이별한다.

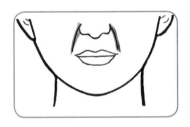

▶ 법령선 부근에 거무스름한 그늘이 지면
  현재 가지고 있는 직업에 불안한 일이
  생기거나 부모 혹은 가정 내에 좋지 않
  은 문제가 발생한다.

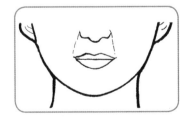

3) 힘이 없거나 탄력이 없는 느낌의
   법령선
▶ 의지력과 추진력이 약하다.
▶ 자기 주관이 뚜렷치 않다.

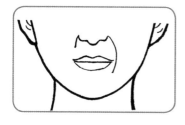

4) 좌우가 같지 않은 법령선

▶ 한쪽 부모와 인연이 멀었던 상.

▶ 직업에 대한 애정 부족이거나 자부심
  이 없다.

▶ 성격적으로 결함이 있을 수 있고 육체
  적으로도(다리나 관절) 이상이 있을 수
  있다.

13. 관골

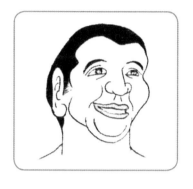

관골(觀骨, 광대뼈)

▶ 광대뼈가 솟아 있고 풍채가 당당하면 건강하고 이름을 떨치며 부귀하다.

▶ 살이 잘 감싼 광대뼈는 적극성과 신념이 굳은 노력파로 생활력이 강하다.

▶ 광대뼈는 뼈가 드러나지 않아야 좋다.

▶ 광대뼈가 적당히 솟아 있으면 재물이 모인다.

▶ 광대뼈가 이마를 향해 있으면 재물을 얻는다.

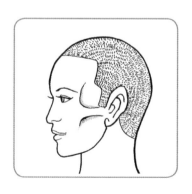

1) 옥양골

▶ 옥양골(玉梁骨, 광대뼈에서 귀로 연결된 뼈)이 있으면 장수한다.

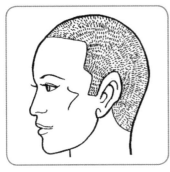

2) 튀어나온 광대뼈

▶ 여자 광대뼈가 콧마루 보다 위에 있으면 시샘이 많아서 빈방을 지키는 과부가 된다.

▶ 툭 튀어나온 광대뼈를 가지고 있는 여자가 남자 목소리가 나면, 일곱 남자를 얻어도 사이가 순조롭지 않다.

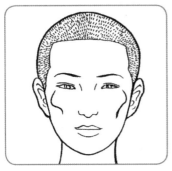

▶ 여자 광대뼈가 뾰족히 튀어나와 있으면 남편과 이별한다.

▶ 여자의 볼이 광대뼈 보다 높으면 중년에 이르러 부부 이별한다.

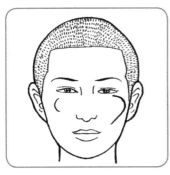

3) 좌우 높이가 맞지 않은 광대뼈

▶ 광대뼈의 좌우 높낮이가 다르면 한쪽 부모와의 인연이 멀다.

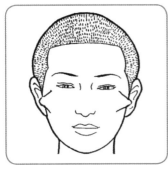

4) 옆으로 불거진 광대뼈

광대뼈도 앞으로 불거진 형이 있고 옆으로 불거진 형이 있다.

▶ 자신의 노력과는 다르게 힘든 일들이 많이 발생한다.

- ▶ 집을 떠나 먼 거리나 해외에 나가 사는 일이 생긴다.
- ▶ 여성은 남편과의 심각한 갈등을 일으키거나 헤어질 수도 있다.

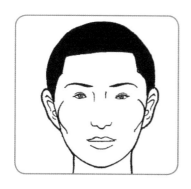

5) 광대뼈가 높고 눈이 작은 상
- ▶ 이기적이고 교활하며 매정하다.
- ▶ 자신의 능력 이상의 욕심을 부리면 실패가 잦다.

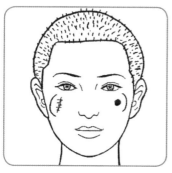

6) 점이나 흉터가 있는 광대뼈
- ▶ 저항심과 반골기질이 있다. 그 때문에 주변 혹은 사회적으로 시끄러운 일을 벌인다.
- ▶ 이성과의 갈등을 일으킨다.

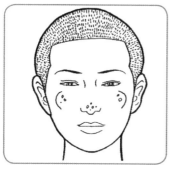

- ▶ 광대뼈와 준두에 빨간 반점이 생기면 남자는 치질이 생기고 여자는 출산에 어려움이 있다.

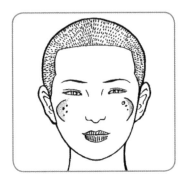

▶ 광대뼈에 빨간 반점이 생기고 푸르스름한 색이 깔리면서 입술이 창백해지면 중풍을 조심해야 한다.

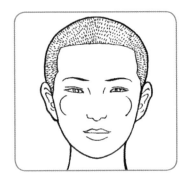

7) 광대뼈의 색

▶ 광대뼈에 푸르스름한 색이 나타나면 출산에 어려움이 있다.

▶ 광대뼈가 푸르스름하면 형제간에 구설수가 있다.

▶ 광대뼈에 하얀 기운이 있어 창백하면 형제 혹은 가까운 친척이 큰 사고를 만난다.

남자 얼굴 주요명칭

신체부위로 본 길흉

사독四瀆

1. 상체와 하체의 균형

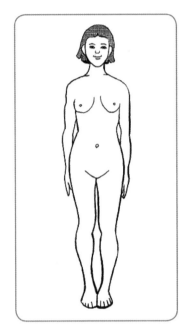

　다리보다는 롱다리가 선망의 대상이 되고 보기도 좋다.

　그러나 관상적으로는 다리만 길다고 해서 좋은 것은 아니다. 그렇다고 짧은 다리가 좋다는 뜻도 아니다. 다리가 보기 싫을 정도로 짧지 않으면서 상체가 약간 긴 듯한 체형이 안정성 면과 대인 관계에서의 심리적인 면에서 더 좋다. 상체에 비해 다리가 휘청휘청 긴 사람은 몸을 쉬지 않고 분주히 움직이면서 살아가는 상이다.

2. 어깨

어깨가 위로 치켜 올라간 사람

▶ 의욕이 넘치고 허풍도 세다.

▶ 주변과의 타협심이 없고 독선적이다.

아래로 많이 처진 어깨

▶ 적극성과 뒷심이 부족하다.

▶ 가난하든가 명이 그리 길지 못하다.

좌우의 높이가 같지 않은 어깨

▶ 한쪽 부모와의 인연이 좋지 못하다.

3. 목

▶ 여자가 목이 굵고 젖가슴이 크면 남편을 억누르고 자식복이 없다.

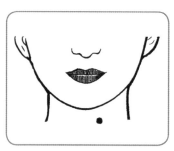

▶ 목에 검은 점이 있으면 말로 인해 화를 당한다.

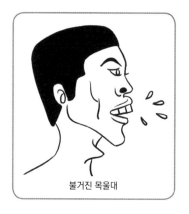

불거진 목울대

▶ 목의 울대(인후)가 툭 불거지고 이가 늘 훤히 드러나 보이는 상은 형제간에 우애가 나빠 떨어져 지낸다.
▶ 목의 울대가 툭 불거져 있으면 자식도 없이 객사할까 염려된다.

▶ 목울대가 튀어나오고 앞 치아가 늘 보이면 타향에서 방황하다 죽는다.
▶ 음식을 먹을 때 고개를 쑥 내밀고 먹는 사람은 운수가 막히고 가난하다.

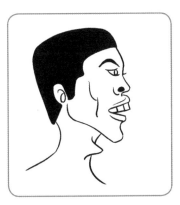

▶ 깡마른 사람의 목젖이 지나치게 튀어나오면 가난하든가 긴 수명을 누릴 수 없다.

▶ 뚱뚱하면서 목젖이 도드라진 사람은 뜻하지 않은 액운이 닥친다.

▶ 마른 사람이 목 길이가 짧으면 하는 일이 자주 꼬인다.

▶ 몸은 뚱뚱한데 목이 가늘고 길면 가난하다.

목의 정면에서 보이는 점

▶ 옛날엔 이곳에 점이 있으면 자살점이라는 말이 있었다. 그러나 그런 의미가 아니고 부부 사이가 나빠 갈라설 수 있는 점이다.

▶ 남편에게 점이 있으면 부인을 힘들게 하고 부인에게 점이 있으면 남편을 괴롭힌다.

▶ 목 옆의 점이 있으면 정력적이고 색정이 깊다.

4. 배

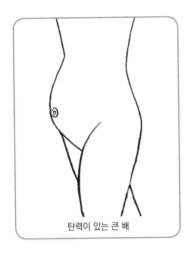

탄력이 있는 큰 배

▶ 몸의 체형과 비교해서 둥그스름하면서
도 탄력이 있는 큰 배는 의지력과 체력,
활동성이 좋다.

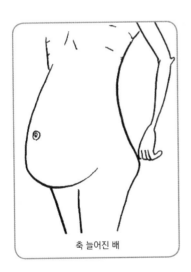

축 늘어진 배

▶ 큰 배라도 탄력이 없고 축 늘어져 있으
면 순발력이 떨어지고 체력도 약하다.
▶ 몸 전체는 말랐는데 배만 크면 내부 장
기의 질병을 조심해야 한다.

5. 배꼽

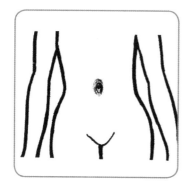

▶ 뱃가죽이 두터우면서 배꼽이 튀어나오지 않고 깊으면 길상이다.

▶ 배꼽이 넓고 깊으면서 위로 향하면 복이 많고 마음도 넓다.

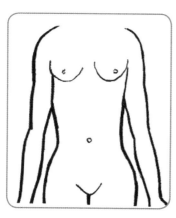

배꼽에 살구씨 하나가 들어갈 정도의 깊은 배꼽

▶ 그릇이 크다.

▶ 세상 보는 시야가 넓다.

▶ 뱃심이 있다.

▶ 여자의 배꼽이 얕으면 난산한다.

▶ 배꼽에 좁고 아래로 향하면 어리석고 요사스러우며 복이 적다.

배꼽이 크면서도 깊이가 얕고 늘어진 느낌의 배꼽

▶ 경박스럽다.

▶ 주변 사람이나 이성과의 관계에서 문제를 자주 일으킨다.

▶ 결단성도 부족하고 진지함이 떨어진다.

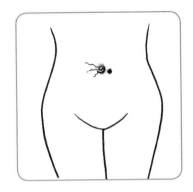

검정 사마귀가 있던지 털이 3~4개 나있는 배꼽

▶ 부귀하고 성공한다.

▶ 자녀로 인해 이름을 얻는다.

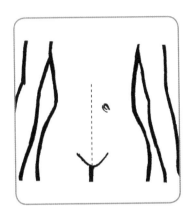

배꼽이 삐뚤어져 있든가 제 위치가 아닌 사람

▶ 대인관계나 일에서 쉽게 순응하지 못하고 사사건건 반대를 일삼는다.

▶ 사람이나 일에 대한 혐오감이 커서 처세에 지장이 많다.

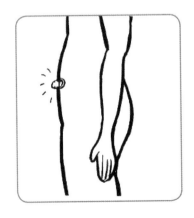

성인이 되어서도 튀어나온 배꼽

▶ 부부나 이성과의 관계에 변화가 많다.

▶ 인생에서 굴곡이 많다.

▶ 건강에 이상이 있을 수 있다.

6. 팔과 다리

▶ 늘 발뒤꿈치가 땅에 닿지 않게 걸으면
서 얼굴색이 푸르스름하면 재산을 다
팔아먹고 타향으로 달아난다.

살이 없는 다리

▶ 장딴지에 살이 없으면 배우자와 백년해
로를 못하고 고독하고 가난하게 산다.
▶ 장딴지가 길기만 하고 살이 없으면 쉴
틈도 없이 바쁘게 다니면서 산다.

▶ 손과 다리가 거칠면 부귀하기 힘들다.
▶ 손과 발이 크면서 살이 없고 힘줄이 드
러나 있으면 힘들고 가난하게 산다.

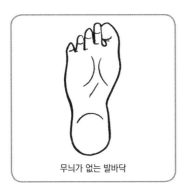

무늬가 없는 발바닥

▶ 발바닥에 발선이 없는 사람은 하천하다.

▶ 발이 크더라도 살이 없으면 하천하다.

▶ 발이 비록 두터워도 모양이 바르지 않고 뒤틀려 있으면 힘들고 가난하다.

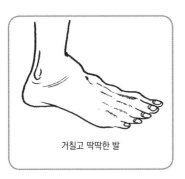

거칠고 딱딱한 발

▶ 귀인의 발은 작으면서 두텁고 천한 사람의 발은 크면서 얇다.

▶ 발이 거칠고 딱딱하면서 발에 선이 없으면 천하다.

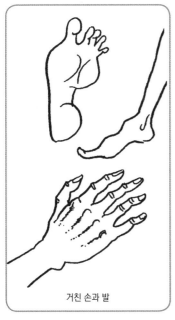

거친 손과 발

▶ 손발이 거칠고 딱딱하면서 힘줄이 불거져 나오고, 뼈가 툭 불거져 드러나고 꼬부라져서 마른 나뭇가지 같으며, 살결이 종기가 난듯 울퉁불퉁하면 가난하고 하천하다.

▶ 손마디가 거칠고 크며 메마르고 굳어져 있으며 발등에 살이 없어 야윈 사람은 고생하며 산다.

▶ 팔과 다리는 나무에 비하자면 뿌리와 가지에 해당된다. 팔과 어깨, 손마디, 무릎과 발가락의 각관절 부위가 지나치게 툭 불거져 나오면 그리 좋지 못하다.

1) 팔의 길이

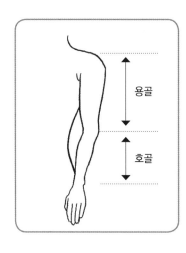

▶ 예로부터 어깨부터 팔꿈치까지를 임금을 상징하는 용골이라 했는데 길고 커야 좋다.

▶ 팔꿈치부터 손목까지를 신하를 상징하는 호골이라 불렀는데 짧고 작아야 좋다고 했다.

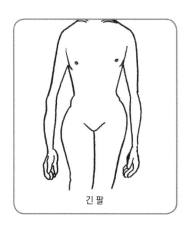
긴 팔

▶ 팔을 아래로 늘어트렸을 때 손끝이 무릎까지 내려오는 사람은 지혜로운 영웅의 기상이다.

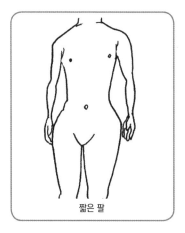
짧은 팔

▶ 허리까지만 내려오는 짧은 팔은 몸만 바쁘고 가난하다.

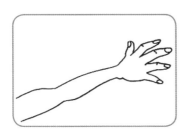

▶ 체격은 작은데 손이 큰 사람은 재물이
흩어지기 쉽다.

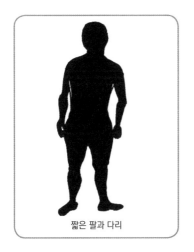

짧은 팔과 다리

▶ 체격은 큰데 팔다리가 짧은 사람은 의욕
만 넘쳐날 뿐 경솔하고 가난하다.

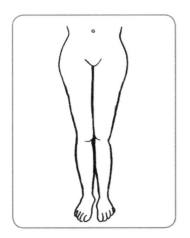

▶ 이상적인 다리 형태는 무릎과 종아리와
발뒤꿈치가 붙은 다리가 길상이다.

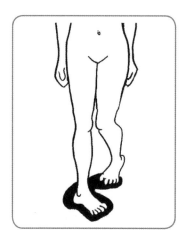

2) 안짱다리

▶ 성실하다.

▶ 적극성이 떨어지고 소극적이다.

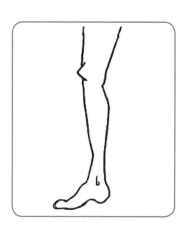

▶ 정강이가 작고 무릎이 뾰족하면 고독하다.

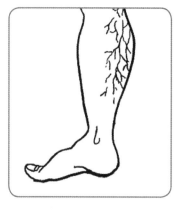

▶ 종아리에 힘줄이 선명하게 불거지면 늘 바쁘고 분주하게 다닐 상이다.

▶ 대화할 때 다리를 떠는 사람은 재산이
모이지 않고 새나간다.

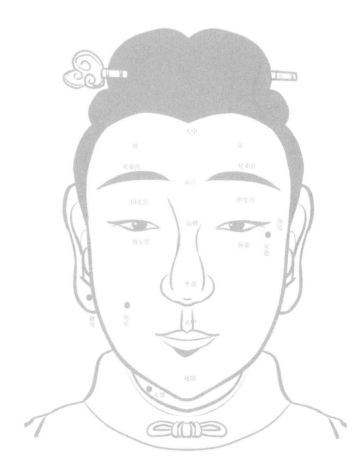

7. 발바닥

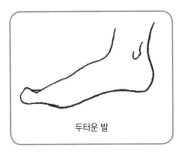

두터운 발

▶ 귀인의 발은 크고 두텁든지 작더라도 살이 두텁다.

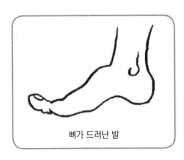

뼈가 드러난 발

▶ 가난한 사람의 발은 살이 얇고 뼈가 드러나 있다.

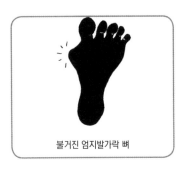

불거진 엄지발가락 뼈

▶ 엄지발가락뼈가 옆으로 불거져 나오면 자식이 드물든가 자식과의 인연이 멀고 부부 사이도 좋지 못하면서 고독하다.

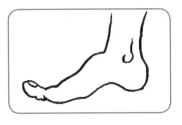

▶ 발이 크더라도 살집이 없고 얇으면 가난하다.

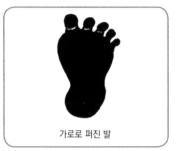

가로로 퍼진 발

▶ 발이 두터워도 가로로 많이 퍼진 넓은 발은 몸만 분주하고 성과가 적다.

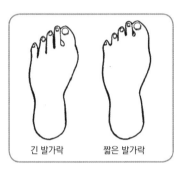

긴 발가락　　　짧은 발가락

▶ 발가락이 가늘고 길면 성품이 넉넉하다.

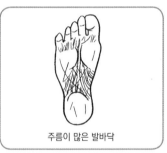

주름이 많은 발바닥

▶ 발바닥이 부드럽고 무늬가 많으면 귀하고 자손에게도 유리하다.

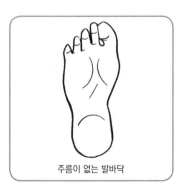

주름이 없는 발바닥

▶ 발바닥에 무늬가 없으면 성격이 단순하고 가난하다.

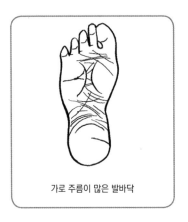

가로 주름이 많은 발바닥

▶ 발바닥의 가로금은 중단, 좌절, 장애가 잦다.

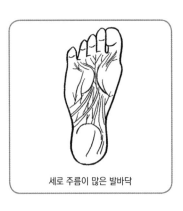

세로 주름이 많은 발바닥

▶ 발바닥의 세로금은 발전적이고 운이 열리는 길상이다.

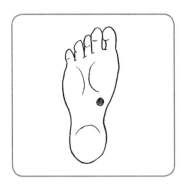

▶ 발바닥의 점이나 사마귀는 사람을 아래로 거느리고 재물운도 좋다.

8. 가슴

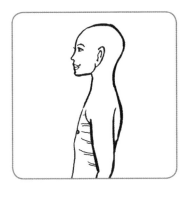

새가슴

▶ 가슴의 중앙 뼈가 앞으로 솟은 가슴을 말한다. 이런 사람은 엉덩이도 뒤로 튀어나온 형이 많은데, 이성운도 없고 소심하며 체력도 떨어지고 몸만 바쁘게 분주하다.

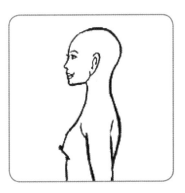

▶ 유방이 작으면 마음이 넓지 못하고 고독하다.

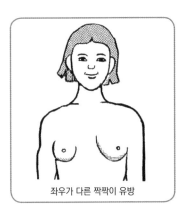

좌우가 다른 짝짝이 유방

▶ 짝짝이 유방은 자식운이 그리 좋지 않다.

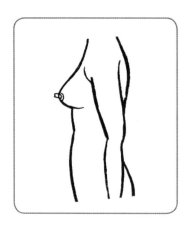

▶ 젖꼭지가 위로 향하면 귀한 자식을 둔다.

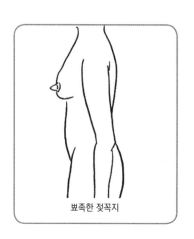

뾰족한 젖꼭지

▶ 젖꼭지가 송곳처럼 뾰족하면 재운이 그리 좋지 않고 일에 장애가 따른다.

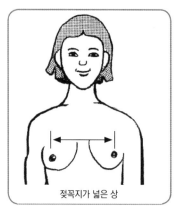

젖꼭지가 넓은 상

▶ 양쪽 젖꼭지 사이가 넓으면 건강하고 식복, 재복이 풍부하고, 사이가 좁으면 병약하고 재복이 적다.

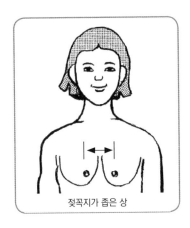

젖꼭지가 좁은 상

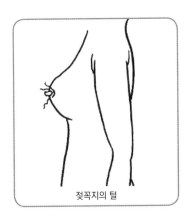

젖꼭지의 털

▶ 유두에 긴 털이 서너 개 정도 나 있으면
세상 보는 시야가 넓고 박학다식하며 장
수할 상이다.

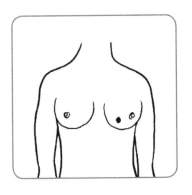

▶ 젖꼭지 좌우나 상하에 검은 점이 있으면
귀한 자식을 둔다.

9. 항문과 생식기

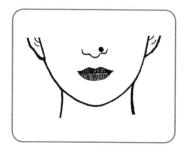

▶ 코 주변에 점이 있으면 생식기나 항문에 질병이 있다.

▶ 준두 부근에 점이 있으면 생식기에도 점이 있다.

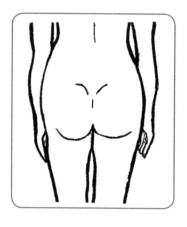

▶ 생식기 주변에 털이 없으면 의리가 없고 친한 친척도 없다.

▶ 생식기가 닫혀져 있지 않고 늘 열려 있으며 생식기에 털이 없으면 자식을 두기 어렵고 천한 상이다.

▶ 항문에 털이 많으면 성에 대한 감각이 예민하다.

10. 머리카락

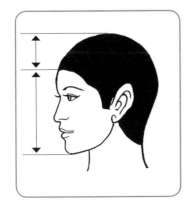

머리 전체에서 머리카락이 난 부분의
비중이 큰 사람

▶ 변화에 대한 대처능력이나 순발력이
　떨어진다.

▶ 고지식하고 보수적이다.

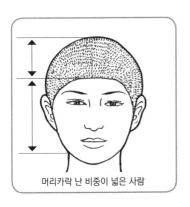

머리카락 난 비중이 넓은 사람

▶ 성격 변화가 크지 않은 안정적 성향이다.

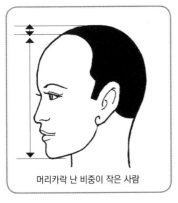

머리카락 난 비중이 작은 사람

머리카락이 난 부분의 비중이 적은 사람

▶ 변화에 대한 대처능력과 수완이 좋다.

▶ 진취적이다.

▶ 성격의 변화가 큰 편이다.

▶ 결이 곱고 부드러운 머리카락은 성격도 온유하다.

거친 머리칼

▶ 머리카락이 굵고 거칠면 성격 역시 거칠고 강하다.

▶ 머리카락 색깔이 누르스름하면 고독하고 여성은 색을 밝히고 음란하다.

11. 수염

▶ 수염이 노르스름하고 눈동자 색이 불그스름하면 끝내 재난을 만난다.

▶ 수염이 뻣뻣하고 곧으면 성품은 강직하지만 재물운은 그리 좋지 않다.

▶ 수염의 빛이 노랗든가 윤기가 없으면 고독하고 노년 운이 좋지 않다.

▶ 수염이 돌돌 말리는 사람은 형벌 수가 있다.

▶ 수염이 쑥대처럼 빽빽하거나 난잡하면 대인관계 등에서 어려움이 있고 운수의 변화 폭이 크다.

▶ 수염이 빽빽하게 나고 거칠며 불에 그을린 것처럼 누르스름한 색이 나면 부모와 등을 돌리고 자녀와도 사이가 좋지 않다.

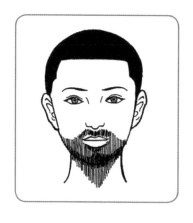

▶ 수염이 짙지 않으면서 맑으면 50세에 이르러 이름을 얻는다.

▶ 수염이 숱이 짙지 않으면서 검은빛이 나고 윤기가 흘러야 좋다. 이런 수염을 가진 사람은 몸이 감옥에 갇힐 일이 생기더라도 위기를 벗어난다.

▶ 수염에 윤기가 흐르면 건강 상태도 좋고 마음도 안정적이지만 거칠고 푸석푸석한 느낌이면 영양 상태도 나쁘고 심성이 안정적이지 못하다.

▶ 수염이 부드럽고 고운 느낌의 사람은 성품도 부드럽고 재운도 좋지만 너무 부드러우면 용기와 기백이 모자란다.

觀相이 四柱八字다

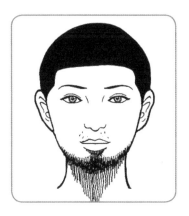

▶ 턱 수염만 나고 코 수염이 없으면 가난
하고 고독하다.

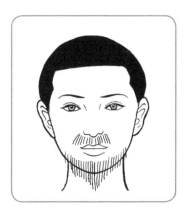

▶ 수염이 너무 듬성듬성 나서 살이 보이
는 것은 그리 좋지 않다.

거친 머리칼

▶ 중년 여자의 인중에 수염이 듬성 듬성
보이면 과부가 된다.

12. 음모

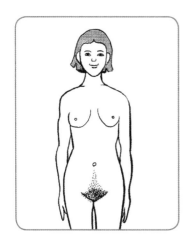

타워형

▶ 남성에게서는 종종 볼 수 있다. 하지만 여성이 이런 형의 음모를 가지고 있다면 성욕이 왕성한 호색가다.

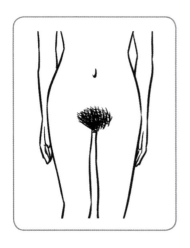

▶ 돼지털처럼 뻣뻣하고 짙은 음모의 소유자는 색을 밝히고 음란하다.

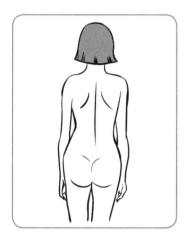

항문의 털

▶ 털이 있는 게 좋고 없는 사람은 가난하거나 병약하다.

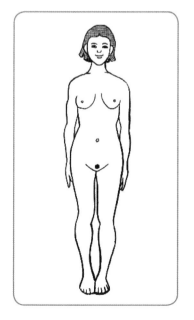

귀두나 음문에 점이 있는 남녀

▶ 귀한 자식을 얻는다.

13. 목소리

말하는 모습과 음성을 듣고도 당사자의 미래운과 심성을 엿볼 수 있다.

정신이 맑으면 기가 융화되면서 소리가 깊고 맑은 음이 나오고, 정신이 흐리면 기가 짧고 빨라서 목소리 또한 안정감 없이 흐트러지고 빠르며 목쉰 소리가 나온다. 이로써 목소리만 듣고도 상대방의 진정성과 심리 상태를 짐작할 수 있다.

귀인의 목소리는 마음의 기운과 서로 통한 뒤 하단전(배꼽 한 치 아래)에서 우러나와 목과 혀를 통해 표현된다.

마음의 기운이 단전 깊이에서 우러나오면 목소리도 무겁게 나오고 단전이 얕으면 목소리도 가볍게 나온다.

목소리가 맑으면서 둥글고, 굳세면서도 밝으며 느리면서 힘이 실려 있고, 급하면서도 온화하고 길면서도 깊이 있고, 강하면서도 절도가 있고, 크기가 큰종과 같고, 높은 곳에 올라가 북을 쳐서 진동하는 소리와 같으며, 작기가 영롱한 물방울이 떨어지는 소리 같고, 거문고를 타는 소리 같으며, 그 기색을 보면 순수하게 뒤에서 응하여 목소리와 더불어 나중에 어우러지는 이는 모두 귀인의 음성이다.

소인의 목소리는 느리면서도 껄끄럽게 들리고, 급하면서 탁하고, 깊은 듯하면서도 막히고, 얕으면서도 메마르다. 크면서도 흩어지고 깨어진 소리가 나고, 가벼움과 무거움이 뒤섞여 안정감이 없다. 또한 흘겨보면서 절조가 없이 난폭하고, 번거로우면서 들뜨고 깨진 종소리, 찢어진 북소리와 같다. 갈가마귀가 새끼에게 먹이를 주는 것 같고 거위나 오리가 목이 멘 것 같고, 병든 짐승이 짝을 찾는 것 같다. 가늘기가 지렁이 우는소리 같고 벌레들이 밤에 시끄럽게 울며 광분하는 듯하고 개나 양이 우는소리처럼 천박하게 들린다.

소인의 목소리는 모두 혀의 끝에서 발하여 빠르고 성급하면서 툭 트이게 들리지 않는다. 이것을 일견 가늘고 상냥스럽고 얌전하게 들리지만 실은 뱃속이 검은 사람으로 천박하고 간사스러운 사고방식을 가진 자이다.

▶ 남자가 여자의 목소리를 가졌으면 힘들고 가난하게 산다.
▶ 남자가 여자의 목소리 같으면 가산이 파산된다.

▶ 여자가 남자의 목소리를 가졌으면 부부 이별 수가 있다.

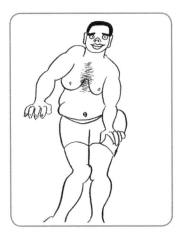

▶ 몸집은 큰데 목소리가 작으면 상대를 기로 제압하지 못한다.

▶ 몸집은 큰데 소리가 작으면 단명한다.

▶ 인위적으로 목에 힘을 잔뜩 주어서 낮고 굵은 음을 내는 사람은 음흉스럽고 무식하다.

▶ 가성을 써서 목소리를 상냥한 척 하는 자는, 겉으로는 얌전한 것 같으나 실은 뱃속이 검다. 사고방식이 가볍고 처음은 좋은 듯하나 끝이 좋지 못한 사람이다.

▶ 혀끝만 움직이는 사람은 가벼워서 믿음을 주지 못한다.

▶ 소리가 가볍게 들리는 사람은 일을 결단함이 무능하다.

▶ 빈천한 사람의 목소리는 입술과 혀끝만 나불나불 움직여서 나온다.

▶ 목소리는 형체도 없이 기와 더불어 나오는 것이니 천한 자의 목소리는 가볍고 탁하다.

▶ 목소리가 빠르면서 가는 사람은 성급하고 신중치 못한 성격이다.

▶ 중후한 느낌이 없는 가벼운 목소리는 처음은 좋은 듯 하나 끝맺음이 흐지부지하고 신중치 못하여 신뢰가 떨어진다.

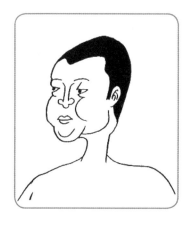

▶ 소리가 흩어지는 느낌의 사람은 일관성이 없어 하는 일마다 실패한다.

▶ 늘 목 쉰 소리가 나는 사람은 일시적으로 좋은 운이 찾아와도 결국은 깨지고 운이 나빠진다.

▶ 목 쉰 소리는 일시적으로 좋은 운이 와도 나중엔 운이 나쁘다.

▶ 목소리에 징 깨지는 소리가 나는 사람은 재산이 흩어진다.

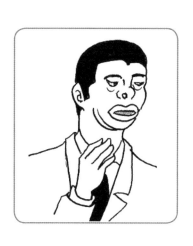

▶ 목소리가 메마르면서 고르지 못하고 처음에는 속도가 느리면서 뒤에 가서는 급한 사람은 하천하다.

▶ 목소리의 크고 작음이 고르지 않으면
서 처음에는 빠르고 뒤로 갈수록 느려
지고, 마음이 채 결정되지 않았는데 얼
굴색이 먼저 변하는 사람은 천박한 사
람이다.

▶ 목소리가 깨진 사람은 일 추진은 하지
만 끝맺음을 못한다.

▶ 목소리가 탁한 사람은 일을 추진하고
진행하는 것에 발전이 없다.

▶ 목소리가 맑지 않고 탁하면서 낮은 톤
의 사람은 좋은 운을 만나기 어렵다.

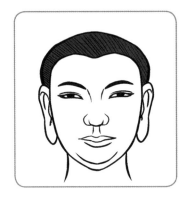

▶ 목소리가 거침이 없고 둥글면서 음폭이
넓은 사람은 언젠가는 금전운, 부부운
이 좋아진다.

▶ 목소리가 시냇물이 흐르듯이 맑고 차면
귀한 사람이다.

▶ 목소리가 맑고 밝아서 항아리 속에서
울려 퍼지는 듯한 사람은 오복을 갖춘
사람이다.

▶ 귀인의 목소리는 단전에서 비롯되고 목
구멍으로 넓게 울려나와 힘이 있다.

▶ 말을 하기 전에 얼굴빛이 안정되고 한
박자 뒤에 행동하고 대답하는 사람은
귀한 상이다.

▶ 이상적인 목소리는 단전(배꼽 아래 부근)에서 나오는 소리는 울림도 깊고 맑다. 이런 사람은 상대에게 신뢰를 줄 수 있으며 설득하는 힘을 가진 사람이다.

▶ 귀한 사람의 목소리는 맑게 넘친다.

▶ 목소리는 둥글어야 좋고 산이 가로막혔어도 들리는 것이 귀인의 목소리다.

▶ 몸집은 작으나 목소리가 웅장하면 높은 직위에 오른다.

▶ 목소리가 너무 강하면 요절하기 쉽다.

▶ 목소리가 깨진 징소리 같으면 단명한다.

▶ 목소리가 불꽃이 일어나듯이 급하게 치솟으면 주변에 의지할 사람이 없다.

▶ 목소리가 너무 부드러우면 겁이 많기 쉽다.

▶ 목소리에 늘 슬픔이 깃들어 있는 사람
은 실제 성격은 음험하며 고독하다.

▶ 쉿소리를 내는 사람은 고독하지만 착
실하다.

14. 대화의 자세

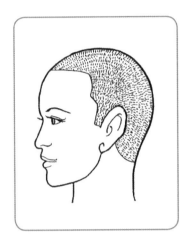

▶ 대화를 할 때 시선이 상대의 얼굴을 따뜻한 표정으로 주시하며 목소리에 뱃심이 들어가 있는 자세가 좋다.
▶ 말의 속도가 일정하면서 목소리가 낭랑하고 맑은 여운이 있는 사람은 순발력과 기지가 발달해 있다.
▶ 자신의 의견을 신중하게 정리하여 느릿느릿하게 말하는 사람은 신용도 있고 신뢰감이 든다.

눈을 감고 말하는 사람

▶ 마음에도 없는 아첨을 태연히 하면서 속마음은 음흉하다.
▶ 자신의 잇속을 챙기는데 능하다.
▶ 인정이 없고 얼굴이 두껍다.
▶ 눈을 습관적으로 자주 깜빡이는 사람은 신경질적이며 재산이 흩어질 수 있는 사람이다.

▶ 겉으로 드러난 것에서만 끈끈한 정이 있는 것처럼 말하는 사람은 음모가 숨어 있는 경우가 많다.

▶ 별로 가깝지 않으면서도 지나치게 반가워하는 사람은 무언가 속셈을 감추고 있고 정직하지 못하다.

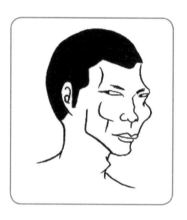

▶ 눈을 아래위로 뜨면서 흘겨보는 사람은 기회주의자이다. 자신이 불리하거나 상대가 약점을 보이면 언제든 배신할 준비가 돼 있는 사람이며 자신의 작은 이익을 위해서라면 상대의 뒤통수를 칠 사람이다.

▶ 이야기 할 때 눈동자가 불안정하게 좌우로 움직이는 사람은 결단력이 없다.

▶ 대화 중에 입술을 자주 핥거나 아랫입술을 이빨로 깨무는 여성은 거짓말을 잘하며 허영심이 많다.

▶ 이야기 할 때 미간을 모으며 말하는 사
람은 늙어서 고독할 사람이다.

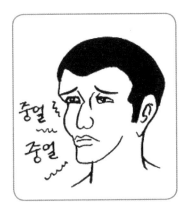

▶ 혼잣말로 중얼중얼 하는 사람은 고독하
며 자신의 운을 나쁘게 만든다.

15. 형(形)

　사람은 음양의 기를 받은 탓에 하늘과 땅의 기운을 닮았다. 그리고 오행을 근본으로 해서 만물의 영장이 되었다.

　그러므로 머리는 하늘을 본뜨고 발은 땅을 닮았으며 두 눈은 해와 달의 형상처럼 빛난다. 소리는 우뢰를, 핏줄은 강처럼 흘러야 되고 털은 풀과 나무같이 수려하고 **빽빽**하다.

　따라서 머리는 하늘처럼 높고 둥글어야 하고, 발은 땅처럼 모나고 두터워야 좋다. 눈은 해와 달처럼 빛이 나야 하고 목소리는 천둥처럼 울림이 있어야 한다.

　그리고 핏줄은 강물처럼 막힘없이 흘러야 하고 뼈는 바위처럼 단단해야 한다.

　또한 이마는 산처럼 미끈하게 솟아야 옳고 머리칼과 수염은 초목처럼 수려해야 좋다.

16. 신(神)

생긴 형상에서 피를 만들어 내고, 그 피는 기를 길러내고, 기로부터 신이 비롯된다.

따라서 물질 형태가 온전하면 기도 온전하고 기가 바르면 피도 온전하다. 이처럼 형태가 신을 길러낸다는 이치를 알아야 기 역시 완전한 것을 안다.

만일 기가 편안하지 않다면 형상 역시 안정되지 않는다. 신을 능히 편안하게 할 수 있는 자는 심신수련을 잘한 군자이다.

깨어 있을 때는 신이 눈 안에서 활동하고 잠이 들었을 때는 신이 심장으로 들어간다.

형상으로부터 신이 나오면 해와 달처럼 빛나고 만물을 볼 수 있게 된다. 그때의 신은 사실 두 눈 속에서 활동하고 있는 것이다.

따라서 눈이 밝으면 정신이 맑게 깨어 있는 상태이고 눈빛이 어두우면 정신도 흐려 있다는 것을 알 수 있다.

정신이 맑은 자는 귀하게 되고 정신이 흐린 자는 천하게 된다. 정신이 맑으면 잠이 적고 정신이 흐리면 잠이 많아지는 것이므로 잠이 많고 적음을 알면 그 사람됨이 귀하고 천함을 판단할 수 있다.

대체로 꿈과 현실의 경계는 신이 심장에 머물고 있을 때인데, 꿈이 보이는 것은 오장 육부로 느끼는 것과 실제 눈으로 보는 것과는 큰 차이가 없는 것이다.

그러므로 신이 느끼는 것과 눈으로 사물을 보는 것은 같다. 모든 것이 내 몸 안에서 작용하는 것에서 비롯되는 것이다. 따라서 꿈속에서 보이는 것은 내 몸 안에서 일어나는 작용으로 기인한 것이지 몸 밖에서 일어나는 것이 아니다.

'백안선사'라는 분이 꿈에 대해서 다섯 가지의 경계를 말했는데, 첫째는 영경(靈境)이고, 둘째는 보경(寶境)이고, 셋째는 과거경(過去境)이고, 넷째는 현재경(現在境)이오, 다섯째는 미래경(未來境)이라고 했다. 정신이 손상되면 꿈을 꾸게 되고 정신이 안정되면 꿈의 경계가 사라진다.

어떤 사물을 바라볼 때 물로 씻은 듯 맑고 밝아서 단단한지 부드러운 것인지, 가벼운지 무거운 물건인지를 짐작케 하는 것은 신이 몸 내부에서 활동하는 것이 겉으로 드러나기 때문이다.

신이 맑아서 눈에 밝은 빛이 나타나면 부귀한 사람이고, 눈빛이 흐리거나 어둡고 힘이 없으면 단명하고 복이 없다.

그러므로 얼굴과 몸의 형상이 참되고 안정된 사람은 그 신도 편안한 상태이고, 몸의 형상에서 허하거나 마음이 조급하게 비쳐지면 신 역시 괴롭다는 것을 짐작할 수 있다.

시(詩)에서 말하기를 "신이 몸 안에 있어서 형상으로 보지는 못하지만 신기를 기르는 것은 생명을 유지하는 근본이다"라고 말했다.

기가 씩씩하고 피 또한 그렇게 되면 신 역시 편안하다. 피가 마르고 기가 흩어지면 정신도 달아난다. 신이 바르게 보이고 맑으면 마음도 상쾌하고 기와 형상 역시 조화되어 정신이 맑아진다. 정신의 맑고 흐림이 얼굴 표면에 나타나서 능히 귀하고 천함을 정하는 이치를 어찌 말로 다

표현할 수 있으랴.

신은 겉으로 드러나지 말아야 하는데, 만약 신이 겉으로 나타난다면 신이 안정되지 못하고 떠도는 상태여서 반드시 나쁜 일이 일어난다.

관상에서 얼굴 형상이 좋지 못하더라도 신이 여유가 있으면 차츰 좋게 변하므로 신이 부족하지 않아야 된다.

정신이 여유 있게 되면 사람은 귀하게 되고 얼굴 형상에서 여유 있는 사람은 부유하게 산다.

무엇보다 신이 놀라지 않아야 되는데 신이 놀라면 수명도 짧아진다.

또한 신이 조급하지 않아야 한다. 무엇이든지 급하게 서두르면 행하는 일들에 잘못 판단하는 일이 많다.

관상은 먼저 그릇의 크기와 식견 여하를 살펴야 한다. 그릇이 큰 사람은 능히 상대방을 수용할 줄 알뿐더러 덕망도 크다. 학식이 높으면 사물에 밝고 심성도 맑은 법이다.

그릇이 작고 학식이 부족하면 비록 재물은 넉넉할지 모르지만 군자의 행실을 배웠다 해도 소인됨을 면치 못하리라.

- 눈빛이 맑고 선명하다.

- 눈을 옆으로 흘겨보지 않으며 눈썹에 윤기가 흐른다.

- 행동거지가 점잖다.

- 화창한 봄날에 흔들리는 봄꽃 같다.

- 일을 마주하면 호랑이가 깊은 산속에서 거니는 것 같다.

- 여러 날짐승 중에서도 봉황이 날개를 치며 구름 사이에 드러나는 것 같다.

- 말할 때 노여움을 표하지 않고 기쁘거나 화가 나는 일에도 마음까지 흔들리지 않는다.

- 움직임의 시작과 끝에 여유가 있고 얼굴빛이 맑다.

- 앉아 있는 모습이 무거운 바위와 같고 누워 있으면 갈 까마귀가 누각에 앉은 것처럼 흔들리지 않는다.

- 명예와 욕됨에 초연하다.

- 흔들리지 않고 성급치 않다.

- 신이 맑으면 재물과 명예를 누릴 수 있다.

- 술이 취하지 않았는데도 늘 술에 취한 듯 하다.
- 항상 술에 의한 질병이 있는 것처럼 보인다.
- 걱정거리가 없는 데도 걱정하는 듯 보인다.
- 졸리지 않는 데도 졸린 것 같다.
- 깊이 잠들지 못하고 설잠을 잔다.
- 울지 않았는데도 우는 것 같다.
- 갑자기 놀라다가도 금세 기뻐한다.
- 화나지 않았는데도 화난 것 같다.
- 하나도 기쁜 일이 아닌데도 기쁜 표정을 짓는다.
- 놀라지 않았는데도 놀란 것처럼 비쳐진다.
- 어리석지 않은데도 어리석은 것처럼 보인다.
- 두렵지 않은데도 두려워하는 것 같다.
- 행동이 안정되지 못하고 혼란스럽다.
- 얼굴이 어둡고 처량하게 보인다.
- 늘 잘못을 저지른 것 같다.
- 늘 제정신이 아닌 것처럼 보인다.
- 항상 공포에 휩싸인 듯 하다.
- 얼굴빛이 처음에는 밝다가도 금세 어두워진다.
- 목소리가 처음에는 쾌활했다가 뒤에 가서는 기어들어 간다.
- 신이 부족한 사람은 죄를 번번이 짓고 미치거나 나쁜 일들이 벌어진다.
- 신이 부족한 사람은 직업을 가져도 오래가지 못하고 자주 이직한다.

17. 기(氣)

산이 아름답게 보이는 것은 바위 속에 들어 있는 보석이 온 산을 빛내고 있기 때문이고, 흐르는 시냇물이 아름다운 것은 모래 속에 묻힌 금이 기를 내뿜고 있기 때문이다. 동양에서의 기는 서양의 에너지에 해당된다.

형상이란 곧 물질인데, 기가 물질 속에서 활발하게 움직여야 그 물질이 제 기능을 발휘하는 것이다.

그러므로 신이 안정되면 기도 평온해지고 신이 편안하면 기 역시 그렇게 된다.

기쁘고 화남은 신과 기의 작용이다. 신을 놀라게 하지 않으면 덕이 있게 되면서 중후하게 보이고 복이 들어온다.

세상의 물질을 크게 동물, 식물, 무생물로 나눌 때 식물 중에서도 여러 형태로 갈린다. 풀 종류와 나무 종류, 바다 식물 등 여러 갈래로 구분할 수 있다. 나무 중에서도 느릅나무, 싸리나무, 사과나무, 소나무 등 무수히 많은 종으로 갈라진다.

나무를 다듬어 그릇을 만들고 소리를 듣고 그 그릇의 크기와 좋고 나쁨을 구별할 수 있는 것을 신이한다.

기는 달리는 말과 같아서 말이 달음박질하는 데는 길의 좋고 나쁨에 따라 속도가 달라지듯이 군자는 나무를 고르고 잘 다듬어서 좋은 그릇을 만들어 내지만 소인은 이와 반대이다.

사람 각자의 그릇은 물질을 담아낼 수 있을 만큼 너그러워야 한다. 물질을 대함에 있어서 사랑스러운 마음이 있어야 하고 물질을 다스리는 데 있어서 올바르고 맑아야 한다.

그릇이 넓고 너그럽지 못한 사람은 일과의 관계에서 막힘이 많고 물질과 화합하지 못하고 애정이 없다면 어지럽게 꼬이게 된다. 마음이 맑지 못하면 신도 흐려지고 바르지 못하면 마음이 바르지 못하면 신도 삐뚤어진다.

기의 약함과 깊음을 본 뒤 들떠 있는지 혹은 안정된 색인지를 살피면 가히 군자와 소인을 구별해 낼 수 있다.

온전한 기를 가지면 시험에서 장원을 하고도 느긋하고 화애롭게 보이고 복과 장수를 누릴 수 있다. 말과 행동이 다급하고 고르지 않으면서 사나운 빛이 겉으로 드러난 사람은 소인이며 천박하다.

『의학경전』에서 말하기를 "한 번 들이쉬고 내쉬는 호흡을 일식이라고 하는데, 보통 사람은 일만 삼천오백 번을 숨 쉰다. 호흡은 사람에 따라 빠름과 느림이 다르므로 늙고 살찐 사람은 호흡이 가파르고, 어린아이와 여윈 사람은 느리다. 대개 호흡은 얼굴 표면에 나타나므로 그것을 관찰하면 그 사람의 길함과 흉함을 알 수 있다"라고 했다.

호흡은 흐트러짐이 날짐승의 깃털과 같고 그 모임이 곡식의 조와 같아서 호흡 모습을 바라보면 형체는 있으나 만져봐도 자국은 없다. 섬세한 마음가짐으로 이를 관찰하지 못한다면 길흉화복을 측정할 수 없다.

기가 나가고 들어옴에 소리가 없으므로 귀를 기울여도 살피지 못한다. 누워 자는 숨소리가 들리지 않는 호흡을 거북 숨이라 하는데, 이는 장수한다. 반대로 늘 호흡이 가쁘고 넘쳐서 몸까지 흔들리는 사람은 죽음이 머지않았다. 욕심에 어두워 자신의 이익만을 탐하는 자는 그 색과 기가 거칠고 사납다.

시에서 말하기를 "기는 곧 형상의 근본이 된다. 잘 관찰하면 밝음과 어리석음이 나타날 것이다. 소인은 성급하고 방정맞으며 군자는 너그럽고 차분하다. 기가 사납고 거칠면 재앙이 닥칠 것이오, 기가 깊고 안정되면 복록이 풍성하다. 이 법은 호해지사(湖海之士: 초야에 묻혀 살면서 큰 뜻을 지니고 있는 인물)를 중하게 여긴다 해도 받을 능력이 있는 자여야만 그것을 누릴 수 있으리라."